古典文獻研究輯刊

三二編

潘美月・杜潔祥 主編

第21冊

雜家文獻書錄解題
（第一冊）

司馬朝軍 著

國家圖書館出版品預行編目資料

雜家文獻書錄解題(第一冊)／司馬朝軍 著 -- 初版 -- 新北市：
花木蘭文化事業有限公司，2021〔民110〕
目 14+196 面；19×26 公分
（古典文獻研究輯刊 三二編；第 21 冊）
ISBN 978-986-518-402-5（精裝）
1. 雜家 2. 文獻學 3. 解題目錄
011.08   110000606

ISBN-978-986-518-402-5

9 789865 184025

古典文獻研究輯刊
三二編　第二一冊　　　　　　　ISBN：978-986-518-402-5

雜家文獻書錄解題（第一冊）

作　　　者　司馬朝軍
主　　　編　潘美月、杜潔祥
總　編　輯　杜潔祥
副總編輯　楊嘉樂
編　　　輯　許郁翎、張雅淋　美術編輯　陳逸婷
出　　　版　花木蘭文化事業有限公司
發 行 人　高小娟
聯絡地址　235 新北市中和區中安街七二號十三樓
　　　　　　電話：02-2923-1455／傳真：02-2923-1452
網　　　址　http://www.huamulan.tw 信箱 service@huamulans.com
印　　　刷　普羅文化出版廣告事業
初　　　版　2021 年 3 月
全書字數　1516793 字
定　　　價　三二編 47 冊（精裝）台幣 120,000 元　　　版權所有·請勿翻印

雜家文獻書錄解題
（第一冊）

司馬朝軍　著

作者簡介

司馬朝軍，上海社會科學院歷史研究所研究員、古代史室主任。曾任武漢大學國學院經學教授、歷史學院專門史教授、信息管理學院文獻學教授、中國傳統文化研究中心研究員、四庫學研究中心主任。著有《四庫全書總目研究》《四庫全書總目編纂考》《四庫全書總目精華錄》《續修四庫全書雜家類提要》《四庫全書與中國文化》等四庫學系列著作，主撰《辨偽研究書系》，此外出版國學系列著作多種（如《國故新證》《國故新衡》《國故新語》《漢志諸子略通考》《子略校釋》《黃侃年譜》《黃侃評傳》等），著述數十種，遍及四部。組織主持「經學論壇」與「江南學論壇」，主編連續性學術集刊《傳統中國研究集刊》與不定期學術集刊《江南學論叢》。

提　　要

　　該書收錄為《續修四庫全書》所收雜家類 354 種著作所撰寫的提要，對每種書的作者、內容旨要、主要觀點、學術價值、版本源流等方面詳加敘述，間有考訂，充分吸收古今研究成果，窮搜博採，提要鈎玄。該書作為一部書目解題工具書，是對雜家類文獻的一次全面系統的清理，力爭做到「辨章學術，考鏡源流」，對子部雜家類之文獻學研究尤具開創之功，對於古代文獻研究、版本目錄學研究具有極高的學術價值。

自　題

行吟北麓誦詩騷，擬向空林運禿毫。

汲井心情羞綆短，吞舟氣象喜潮高。

鈎玄有法尖如隼，提要無方鈍似羔。

最是雜家評不得，解牛莫忘覓鸞刀。

2011 年 8 月 23 日草擬，2020 年 3 月 28 日改定

【自注】吾初撰此書之時，居珞珈山之南麓，北麓即武漢大學校園，風景如繪，遊人如織。「行吟北麓」，每日翻越珞珈山，奔走於校園，如斷雁孤鴻，如閒雲野鶴，設若騎上毛驢，定然酷似行吟詩人。「空林」喻指雜家文獻，此類為「三不管地帶」，向來鮮有問津者。然雜家文獻乃學問淵海，深不可測矣，吾沉潛其中，如鼠飲河，自得其樂。得意忘言，解人難索。庖丁解牛，目無全牛。釋刀之日，如釋重負。入門四顧，悵然若有所失；迷途羔羊，豈敢躊躇滿志？繼而悻悻然善刀而藏之。初始心情如臨深井而羞綆短，後來氣象則可吞舟矣。竊以為，遵循新雜家之舊途徑，弘揚舊文化之真精神。何謂真精神？

目次

自　題
第一冊

雜家文獻書錄解題

墨子閒詁十五卷附錄一卷後語二卷　（清）孫詒讓撰

　　孫詒讓（1848～1908），字仲容，號籀廎，瑞安人。同治六年（1867）舉人，光緒十二年（1886）官刑部主事。著有《周禮正義》《契文舉例》《溫州經籍志》等書，今人整理為《孫詒讓全集》。生平事蹟見《清史稿·儒林傳》、孫延釗《孫衣言孫詒讓父子年譜》、朱芳圃《孫詒讓年譜》、李海英《樸學大師——孫詒讓傳》。

　　汪中《述學·墨子序》云：「墨子之學，其自言者曰：『國家昏亂，則語之尚賢、尚同；國家貧，則語之節用、節葬；國家喜音沉湎，則語之非樂、非命；國家淫僻無禮，則語之尊天、事鬼；國家務奪侵陵，則語之兼愛、非攻。』此其救世亦多術矣。《備城門》以下，臨敵應變，纖悉周密，斯其所以為才士與！傳曰，世之學老子者則絀儒學，儒學亦絀老子，惟儒墨則亦然。儒之絀墨子者，孟氏、荀氏。荀之《禮論》《樂論》，為王者治定功成盛德之事，而墨之《節葬》《非樂》，所以救衰世之敝，其意相反而相成也。若夫兼愛，特墨之一端，然其所謂兼者，欲國家慎其封守，而無虐其鄰之人民畜產也，雖昔先王制為聘問弔恤之禮，以睦諸侯之邦交者，豈有異哉！彼且以兼愛教天下之為人子者，使以孝其親，而謂之無父，斯已枉矣！後之君子日習孟子之說，而未睹墨子之本書，其以耳食，無足怪也。世莫不以其誣孔子為墨子罪。雖然，自今日言之，孔子之尊固生民以來所未有矣。自當日言之，則孔子魯之大夫也，而墨子宋之大夫也，其位相垺，其年又相近，其操術不同而立言務

以求勝，雖欲平情核實，其可得乎？是故墨子之誣孔子，猶孟子之誣墨子也，歸於不相為謀而已矣。吾讀其書，惟以三年之喪為敗男女之交，有悖於道。至其述堯、舜，陳仁義，禁攻暴，止淫用，感王者之不作，而哀生人之長勤，百世之下如見其心焉！《詩》所謂『凡民有喪，匍匐救之』之仁人也！其在九流之中，惟儒足與之相抗，自餘諸子皆非其比。歷觀周、漢之書，凡百餘條，並孔墨、儒墨對舉。楊朱之書惟貴放逸，當時亦莫之宗，躋之於墨，誠非其倫。」此論甚為弘通，詒讓稱此敘揚州刻本為後人竄改，文多駁異，從阮刻本校正，附於書後，以為奧援。

「閒詁」者，取許慎《淮南子閒詁》之目，以署其書。此書前列光緒二十一年（1895）俞樾序、詒讓自序、《墨子閒詁總目》及詒讓附記、畢沅和洪頤煊關於《墨子》目錄之考說。至於各家考訂墨子之說，則集為一卷，附錄於篇後。已而更考墨學流傳之顛末，為《後語》二卷，為目有六：曰《墨子傳略》，曰《墨子年表》，曰《墨學傳授考》，曰《墨子緒聞》，曰《墨學通論》，曰《墨家諸子鉤沈》。詒讓自序稱，先秦諸子之訛舛不可讀，未有甚於此書者。《墨子》一書舊有魯勝《墨辯注》（見《晉書·隱逸傳》）、樂臺注（見鄭樵《通志·藝文略》），今皆失傳。清代中葉以降，考據學大興，治《墨子》者甚眾，如盧文弨、孫星衍、畢沅、汪中、王念孫、張惠言、洪頤煊、顧千里、俞樾諸人，或校或注，或為雜志、劄記、叢錄、平議之屬。至詒讓，乃兼攬眾家，擇善而從，撰成《墨子閒詁》，可謂前修未密，後出轉精。其校以畢沅本為底本，又吸收吳寬、閻若璩、吳玉搢、惠棟、錢大昕、王念孫、王引之、顧千里、蘇時學、洪頤煊、黃紹箕、江聲、王紹蘭、陳喬樅、孔廣森、俞樾、戴望諸人成果；後又得張惠言《墨子經說解》、楊葆彝《墨子經說校》二書以補正。此書審定文例，疏證名物，有所發明，然並非孫氏代表之作。所見《墨子》版本甚少，除以畢刻為底本外，僅據吳寬殘抄本、《道藏》本、日本寶曆本殘秩等參校，而《道藏》本尚未見原書，所見異本有限，往往沿襲畢刻訛誤。然尋繹諸說，時有未安，籀誦本文，非無遺義可拾，其後糾謬補缺，指不勝屈，王景曦《墨商》、張純一《墨子閒詁箋》、李笠《墨子閒詁校補》、劉再庚《續墨子閒詁》、陳漢章《墨子閒詁批校》、吳毓江《墨子校注》、馬宗霍《墨子閒詁參正》諸書，多所匡補，一時引發墨學研究之熱潮。

清人王景曦《墨商跋》稱其興廢舉絕，與晉魯勝同功，而精博則不啻倍

莪，其表彰孤學之心不可謂不盛。〔註1〕黃紹箕跋稱此書援聲類以訂誤讀，案文例以迄錯簡，推篆、籀、隸、楷之遷變以刊正訛文，發故書雅記之晦昧以疏證軼事；又稱其所變易，灼然如晦之見明，其所彌縫，奄然若合符復析云云。梁啟超《中國近三百年學術史·清代學者整理舊學之總成績（二）》亦曰：「大抵畢（即畢沅）注僅據善本讎正，略釋古訓；蘇氏（即蘇時學）始大膽刊正錯簡；仲容（即孫詒讓）則諸法並用，識膽兩皆絕倫，故能成此不朽之作。然非承盧（即盧文弨）、畢、孫（即孫星衍）、王（即王念孫）、蘇、俞（即俞樾）之後，恐亦未易得此也。仲容於《修身》《親士》《當染》諸篇能辨其偽，則眼光遠出諸家之上。其《附錄》及《後語》，考訂流別，精密閎括，尤為向來讀子書者所未有。蓋自此書出，然後《墨子》人人可讀。現代墨學復活，全由此書導之。古今注《墨子》者固莫能過此書，而仲容一生著述，亦此書為第一也。」其概括可謂精當，其評說可謂公允。〔註2〕

此書有稿本二種，一存十四卷（卷一至卷十三、卷十五），今藏上海圖書館，一存一卷（卷十），今藏瑞安縣玉海樓。又有光緒二十年蘇州毛翼庭聚珍木活字本、宣統二年定本。此本據清光緒三十三年刻本影印。

【附錄】

【俞樾《墨子閒詁序》】孟子以楊、墨並言，辭而闢之，然楊非墨匹也。楊子之書不傳，略見於列子之書，不過自適其適而已。墨子則達於天人之理，熟於事物之情，又深察春秋、戰國百餘年間時勢之變，欲補弊扶偏，以復之於古，鄭重其意，反覆其言，以冀世主之一聽。雖若有稍詭於正者，而實千古之有心人也。尸佼謂孔子貴公，墨子貴兼，其實則一。韓非以儒、墨並為世之顯學，至漢世猶以孔、墨並稱。尼山而外，莫尚於此者乎？墨子死，而墨分為三，有相里氏之墨，有相夫氏之墨，有鄧陵氏之墨。今觀《尚賢》《尚同》《兼愛》《非攻》《節用》《節葬》《天志》《明鬼》《非樂》《非命》，皆分上中下三篇，字句小異，而大旨無殊，意者此乃相里、相夫、鄧陵三家相傳之本不同，後人合以成書，故一篇而有三乎？墨氏弟子網羅放失，參考異同，具有條理，較之儒分為八，至今遂無可考者轉似過之。乃自唐以來，韓昌黎外，無一人能知墨子者。傳誦既少，注釋亦稀。樂臺舊本久絕流傳，闕文錯

〔註1〕王景曦：《墨商》，嚴靈峰編《無求備齋墨子集成》本第17冊，臺灣成文出版社，1975年第167頁。

〔註2〕詳細評論可參考鄭傑文先生《中國墨學通史》之相關部分。

簡無可校正，古言古字更不可曉，而墨學塵薶終古矣。國朝鎮洋畢氏始為之注，嗣是以來，諸儒益加讎校。途徑既闢，奧窔粗窺，墨子之書稍稍可讀。於是瑞安孫詒讓仲容乃集諸說之大成，著《墨子閒詁》，凡諸家之說，是者從之，非者正之，闕略者補之，至《經說》及《備城門》以下諸篇，尤不易讀，整紛剔蠹，鉥摘無遺，旁行之文盡還舊觀，訛奪之處咸秩無紊。蓋自有墨子以來未有此書也。以余亦嘗從事於此，問序於余。余何足序此書哉？竊嘗推而論之。墨子惟兼愛，是以尚同；惟尚同，是以非攻；惟非攻，是以講求備禦之法。近世西學中光學、重學，或言皆出於墨子，然則其備梯、備突、備穴諸法，或即泰西機器之權輿乎？嗟乎！今天下一大戰國也。以孟子反本一言為主，而以墨子之書輔之，倘足以安內而攘外乎？勿謂仲容之為此書，窮年兀兀，徒敝精神於無用也。

【孫詒讓《墨子閒詁自序》】《漢志》墨子書七十二篇，今存者五十三篇。《魯問篇》墨子之語魏越云：「國家昏亂，則語之尚賢、尚同；國家貧，則語之節用、節葬；國家憙音湛湎，則語之非樂、非命；國家淫僻無禮，則語之尊天、事鬼；國家務奪侵凌，則語之兼愛、非攻。」今書雖殘缺，然自《尚賢》至《非命》，三十篇所論略備，足以盡其旨要矣。《經說》上下篇與莊周書所述惠施之論及公孫龍書相出入，似原出墨子，而諸鉅子以其說綴益之。《備城門》以下十餘篇，則又禽滑釐所受兵家之遺法，於墨學為別傳。惟《修身》《親士》諸篇，誼正而文靡，校之它篇，殊不類。《當染篇》又頗涉晚周之事，非墨子所得聞，疑皆後人以儒言緣飾之，非其本書也。墨子之生，蓋稍後於七十子，不得見孔子，然亦甚老壽，故前得與魯陽、文子、公輸般相問答，而晚及見田齊太公和，又逮聞齊康公興樂及楚吳起之亂，身丁戰國之初，感悕於獷暴淫侈之政，故其言諄復深切，務陳古以剴今，亦喜稱道《詩》《書》及孔子所不修百國春秋，惟於禮則右夏左周，欲變文而反之質，樂則竟屏絕之，此其與儒家四術六藝必不合者耳。至其接世務為和同，而自處絕艱苦，持之太過，或流於偏激，而《非儒》尤為乖盭。然周季道術分裂，諸子奔馳，荀卿為齊魯大師，而其書《非十二子》篇於游、夏、孟子諸大賢皆深相排笮，洙泗齗齗，儒家已然，墨儒異方，跬武千里，其相非寧足異乎？綜覽厥書，釋其純駁，甄其純實，可取者蓋十六七。其用心篤厚，勇於振世救敝，殆非韓、呂諸子之倫比也。莊周《天下篇》之論墨氏曰：「不侈於後世，不靡於萬物，不暉於數度，以繩墨自矯，而備世之急。」又曰：「墨子真天下之好也，將求之不得也。雖

枯槁不捨也，才士也。」夫斯殆持平之論與？墨子既不合於儒術，孟、荀、董無心、孔子魚之倫咸排詰之，漢晉以降，其學幾絕，而書僅存。然治之者殊尟，故挩誤尤不可校，而古字古言轉多沿襲未改，非精究形聲通假之原，無由通其讀也。舊有孟勝、樂臺注，今久不傳。近代鎮洋畢尚書沅始為之注，藤縣蘇孝廉時學復刊其誤，創通途徑，多所諟正。余昔事讎覽，旁摭眾家，擇善而從，於畢本外又獲見明吳寬寫本、顧千里校《道藏本》，用相勘核，別為寫定，復以王觀察念孫、尚書引之父子、洪州倅頤煊及年丈俞編修樾、亡友戴茂才望所校，參綜考讀，竊謂《非儒》以前諸篇誼旨詳焯，畢、王諸家校訓略備，然亦不無遺失《經說》《兵法》諸篇，文尤奧衍凌雜，檢攬舊校，疑滯殊眾，礛核有年，川思略盡，謹依經誼字例為之詮釋。至於訂補《經說》上下篇旁行句讀，正《兵法》諸篇之訛文錯簡，尤私心所竊自喜，以為不謬者輒就畢本更為增定，用遺來學。昔許叔重注淮南王書，題曰《鴻烈閒詁》，閒者發其疑牾，詁者正其訓釋。今於字誼多遵許學，故遂用題署，亦以兩漢經儒本說經家法箋釋諸子，固後學所睎慕而不能逮者也。

【錢曾《讀書敏求記・墨子》】《墨子》十五卷，潛溪《諸子辨》云：「《墨子》三卷，戰國時宋大夫墨翟撰。上卷七篇號曰經，中卷、下卷六篇號曰論，共十三篇。考之《漢志》七十一篇，《館閣書目》則六十一篇，已亡《節用》《節葬》《明鬼》《非樂》《非儒》等九篇，今書則又亡多矣。」潛溪之言如此。予藏弘治己未舊抄本，卷篇之數恰與其言合；又藏會稽鈕氏世學樓本，共十五卷七十一篇，內亡《節用》等九篇，蓋所謂《館閣書目》本或即此歟？潛溪博覽典籍，其辨訂不肯聊且命筆，而止題為三卷，豈猶未見完本歟？抑此書兩行於世而未及是正歟？姑識此，以詢藏書家。

【詒讓案】墨子書七十一篇，即漢劉向校定本，著於《別錄》，而劉歆《七略》、班固《藝文志》因之，舊本當亦有劉向進書奏錄，宋以後已不傳。《史記・孟子荀卿傳》索隱：「按《別錄》云：今按《墨子》書有文子，文子即子夏之弟子，問於墨子，如此，則墨子者在七十子之後也。」此即劉錄之佚文。考文子，今書未見，它書載子夏弟子，亦無文子，唯《史記・儒林傳》云「如田子方、段干木、吳起、禽滑釐之屬，皆受業於子夏之倫」，則疑文子當為禽子。又《耕柱篇》「子夏之徒問於子墨子曰君子有鬥乎」，子政或兼據彼文也。又案：《漢志》兵技巧家注云：「省，墨子重。」則《七略》墨子書，墨家與兵書蓋兩收。班《志》始省兵而專入墨，此亦足考劉、班著錄之

異同。謹附記之。劉《略》入兵技巧家者，蓋即《備城門》以下二十篇也。

【孫詒讓《墨子後語小敘》】馬總《意林》僅錄胡非、隨巢二家，餘並不存，而別增《纏子》一家，則即《漢志》儒家董無心之書也。至宋《崇文總目》而盡亡（惟《纏子》為《董子》，宋時尚在。《崇文目》及《宋史·藝文志》併入儒家）。（《籀廎述林》卷五）

【黃紹箕《墨子跋》】《漢志》，《墨子》書列在為墨學者我子及隨巢子、胡非子之後。其敘錄稱：「墨家出於清廟之守，茅屋采椽，是以貴儉；養三老五更，是以兼愛；宗祀嚴父，是以右鬼；以孝視天下，是以上同。及蔽者為之，見儉之利，因以非禮，推兼愛之意，而不知別親疏。」其文蓋出《別錄》。然則詳劉向之意，七十一篇之書，多弟子所論纂。孟、荀、孔鮒諸所據以排斥墨氏者，抑亦有蔽者增附之言，其本師之說不盡如是也。墨子生當春秋之後，戰國之初，憤文勝之極敝，欲一切反之質家，乃遂以儒為詬病。其立論不能無偏宕失中，故傳其說者益倍譎不可訓。然其哀世變而恫民殷之心，宜可諒也。南皮張尚書嘗語紹箕曰：「荀卿有言：『矯枉者必過其直。』諸子志在救世，淺深純駁不同，其矯枉而過直一也。自非聖人，誰能無過？要在學者心知其意斯可矣！」自太史公敘六家，劉向條九流，各以學術名其家，獨墨家乃繫以姓，豈非以其博學多方，周於世用，儒家之匹亞，異夫一曲不該姝姝自悅者與？今觀其書，務崇儉約，又多名家及兵技巧家言，《備城門》以下二十□篇今七九篇，《漢志》兵技巧家注云「省墨子」，不言篇數。省者，《別錄》有而《志》省也。西漢諸子多別行本，篇數多寡不一，觀《管子》、《晏子》、《孫卿書錄》可見。任宏因楊僕兵錄之舊，專輯兵書，與劉向所定著未必一本。《漢志》兵家都數注云「省十家二百七十一篇」，以兵權謀家省九家二百五十九篇計之，則技巧家之《墨子》僅十二篇，疑字有脫誤。《明鬼》、《非命》往復以申福善禍暴之義，與佛氏果報之說同。《經上》以下四篇兼及幾何、算學、光學、重學，則又今泰西之所以利民用而致富強者也。然西人覃思藝事，期於便己適用為閒慢以自娛樂而已。墨子備世之急，而勞苦其身，又善守禦而非攻，而西人逐逐焉惟兼併之是務，其宗旨蓋絕異。今西書，官私譯潤，摯覽日眾，況於中國二千年絕學、強本節用、百家不能廢之書，知言君子其惡可過而廢之乎？往讀鎮洋畢氏注本，申證頗多，而疑滯尚未盡釋。蓋墨書多引古書古事，或出孔子刪修之外，其難通一也；奇字之古文，旁行之異讀，訛亂逪竄，自漢以來，殆已不免。加以誦習者稀，楮槧俗書，重貤怪謬，無從

理董，其難通二也；文體繁變，有專家習用之詞，有雅訓簡質之語，有名家奧衍之旨，有兵法藝術隱曲之文，其難通三也。江都汪氏中、武進張氏惠言皆嘗為此學，勒有成書，而傳本未覯。世丈孫仲頌先生，旁羅異本，博引古書，集畢氏及近代諸儒之說，從善匡違，增補扁略，取許叔重《淮南閒詁》之目以署其書。太史公曰：「書缺有間，其軼乃時時見於他說。」鄭康成《尚書大傳敘》曰：「音聲猶有訛誤，先後猶有差舛，重以篆隸之殊，不能無失。數子各論所聞，以己意彌縫其閒，別作章句。」所謂閒者，即指音聲之訛誤，先後之差舛，篆隸之殊失而言。彌縫其閒，猶云彌縫其闕也。先生此書，援聲類以訂誤讀，審文例以逆錯簡，推篆、籀、隸、楷之遷變，以刊正訛文，發故書雅記之晻昧，以疏證軼事。其所變易，灼然如晦之見明；其所彌縫，奄然若合符復析。許注《淮南》全帙，不可得見，以視高誘、張湛諸家之書，非但不愧之而已。紹箕幸與校字之役，既卒業，竊喜自此以後，孤學舊文，盡人通曉。亦淵如先生所云不覺僭而識其末也。

【四庫提要】《墨子》十五卷（兩江總督採進本），舊本題宋墨翟撰。考《漢書‧藝文志》「《墨子》七十一篇」，注曰：「名翟，宋大夫。」《隋書‧經籍志》亦曰宋大夫墨翟撰。然其書中多稱「子墨子」，則門人之言，非所自著。又諸書多稱墨子名翟，《因樹屋書影》則曰：「墨子姓翟，母夢烏而生，因名之曰烏，以墨為道。今以姓為名，以墨為姓，是老子當姓老耶？」其說不著所出，未足為據也。《宋館閣書目》稱《墨子》十五卷、六十一篇。此本篇數與《漢志》合，卷數與《館閣書目》合。惟七十一篇之中，僅佚《節用下》第二十二、《節葬上》第二十三、《節葬中》第二十四、《明鬼上》第二十九、《明鬼中》第三十、《非樂中》第三十三、《非樂下》第三十四、《非儒上》第三十八，凡八篇，尚存六十三篇，與《館閣書目》不合。陳振孫《書錄解題》又稱有一本止存十三篇者，今不可見，或後人以兩本相校互有存亡，增入二篇歟？抑傳寫者訛以六十三為六十一也？墨家者流，史罕著錄，蓋以孟子所辟，無人肯居其名。然佛氏之教，其清淨取諸老，其慈悲則取諸墨。韓愈《送浮屠文暢序》稱「儒名墨行，墨名儒行，以佛為墨，蓋得其真」，而《讀墨子》一篇乃稱「墨必用孔，孔必用墨」，開後人「三教歸一」之說，未為篤論。特在彼法之中，能自嗇其身，而時時利濟於物，亦有足以自立者，故其教得列於九流，而其書亦至今不泯耳。第五十二篇以下皆兵家言，其文古奧，或不可句讀，與全書為不類，疑因五十一篇言公輸般九攻，墨子九拒之事，其徒因採摭其

術，附記其末。觀其稱弟子禽滑釐等三百人已持守圉之器在宋城上，是能傳其術之徵矣。（《四庫全書總目》卷一百十七「子部二十七・雜家類一」）

【續修四庫全書總目提要（稿本）35～55】《墨子閒詁》十五卷目錄一卷附錄一卷後語二卷（家刻本），清孫詒讓撰。詒讓字仲容，瑞安人。同治六年舉人，官刑部主事。初讀《漢學師承記》及《皇清經解》，漸窺通儒治經、史、小學家法。謂古子、群經有三代文字之通假，有秦、漢篆隸之變遷，有魏、晉正草之混淆，有六朝、唐人俗書之流失，有宋、元、明校讎之屢改。匡違捃佚，必有誼據，先成《札迻》十二卷，又著《周禮正義》八十六卷、《逸周書斠補》四卷、《九旗古義述》一卷、《古籀拾遺》三卷……閒詁者，取許叔重《淮南閒詁》之目以署其書也……自唐以來，韓昌黎外，無一人能知《墨子》者，傳誦既少，注釋亦稀，樂臺舊本久絕流傳，闕文錯簡無可校正，古言古字更不可曉，而墨學遂塵埋終古。因此塵埋而研討之者，乃有三難：蓋墨書多引古書古事，或出於孔子刪修之前，其難通一也；奇字之古文，旁行之異讀，訛亂迻竄……無從董理，其難通二也；文體繁變，有專家習用之詞，有雅訓簡質之語，有名家奧衍之旨，有兵法藝術隱曲之文，其難通三也。有此三難，故研習者至鮮。清時畢沅始為之注。自後諸儒益加校讎，途徑既闢，奧窔粗窺，墨子之書乃稍稍可讀。而詒讓是書，則集諸說之大成。凡諸家之說，是者從之，非者正之，闕略者補之。至《經說》及《備城門》以下諸篇，尤不易讀。整紛剔蠹，鈲摘無遺，旁行之文，盡還舊觀，訛奪之處，咸秩無紊。蓋自墨子以來，未有此書也。（下略）

【清史稿・儒林傳】孫詒讓，字仲容，瑞安人。父衣言，自有傳。詒讓，同治六年舉人，官刑部主事。初讀《漢學師承記》及《皇清經解》，漸窺通儒治經、史、小學家法。謂古子、群經，有三代文字之通假，有秦、漢篆隸之變遷，有魏、晉正草之混淆，有六朝、唐人俗書之流失，有宋、元、明校讎之屢改。匡違捃佚，必有誼據，先成《札迻》十二卷。又著《周禮正義》八十六卷，以為：「有清經術昌明，於諸經均有新疏，《周禮》以周公致太平之書，而秦、漢以來諸儒不能融會貫通。蓋通經皆實事、實字，天地、山川之大，城郭、宮室、衣服制度之精，酒漿、醢醓之細，鄭注簡奧，賈疏疏略。讀者難於深究，而通之於治，尤多謬盭。劉歆、蘇綽之於新、周，王安石之於宋，膠柱鍥舟，一潰不振，遂為此經詬病。詒讓乃以《爾雅》《說文》正其訓詁，以《禮經》《大小戴記》證其制度。研覃廿載，稿草屢易，遂博採漢、唐以來迄乾嘉

諸經儒舊說，參互繹證，以發鄭注之淵奧，裨貫疏之遺闕。其於古制，疏通證明，較之舊疏，實為淹貫。而注有違牾，輒為匡糾。凡所發正數十百事，匪敢壞『疏不破注』家法，於康成不曲從杜、鄭之意，實亦無悖。而以國家之富強，從政教入，則無論新舊學均可折衷於是書。」識者韙之。光緒癸卯，以經濟特科徵，不應。宣統元年，禮制館徵，亦不就。未幾卒，年六十二。所著又有《墨子閒詁》十五卷，《目錄》《附錄》二卷，《後語》二卷。精深閎博，一時推為絕詣。

　　【孫詒讓傳】孫詒讓，字仲容，浙江瑞安人也。父衣言，清太僕卿，性骨鯁，治永嘉之學，而詒讓好六藝古文。父諷之曰：「孺子徒自苦。經師如戴聖、馬融，不阻群盜為姦劫，則賤善人，寧治史志，足以經世致遠。」詒讓曰：「以人廢言不可。且先漢諸黎獻，風義矯然，經訓之以徒舉一二人僻邪者，史官如沈約、許敬宗可盡師耶？」父乃授《周官經》。其後為《正義》，自此始。年二十，中式丁卯科鄉試，援例得主事，從父官於江寧。是時德清戴望、海寧唐仁壽、儀徵劉壽曾皆治樸學，詒讓與遊，學益進。以為典莫備於六官，故疏《周禮》；行莫賢於墨翟，故次《墨子閒詁》；文莫正於宗彝，故作《古籀拾遺》。其他有《名原》《古籀餘論》《契文舉例》《九旗古義述》《周書斠補》《尚書駢枝》《大戴禮記斠補》《六曆甄微》《廣韻姓氏刊誤》《經迻》《札迻》《述林》。又發抒官禮為《周禮政要》，〔註3〕述方志為《永嘉郡記》。初，賈公彥《周禮疏》多隱略，世儒各往往傳以今文師說。而拘牽後鄭義者，皆仇王肅，又糅雜齊魯間學。詒讓一切依古文彈正，郊社、禘祫則從鄭，廟制、昏期則從王，益宣宛子春、少贛、仲師之學，發正鄭、賈凡百餘事。古今言《周禮》者，莫能先也。《墨子》書多古字古言，《經》上、下尤難讀，《備城門》以下諸篇，非審曲勿能治。始南海鄒伯奇比次重差、旁要諸術，轉相發明，文義猶詰詘不馴。詒讓集眾說，下以己意，神旨迥明，文可諷誦。自墨學廢二千歲，儒術孤行，至是較著。詒讓行亦大類墨氏。家居任恤，所至興學，與長吏楀柱，雖眾怨弗恤也。自段玉裁明《說文》，其後小學益密，然說解猶有難理者。又經典相承諸文字，少半缺略，材者欲以金石款識補苴。程瑤田、阮元、錢坫往往考奇字，徵闕文，不審形聲，無以下筆。冀自珍治金文，益繆體滋多於是矣。詒讓初辨彝器情偽，擯北宋人所假名者，審其刻畫，不跌毫釐，即部居形聲不可知，輒置之；即可知，審其刻畫，不跌毫釐，然後傳之六書。所定文

〔註3〕《太炎文錄初編》本無下劃線部分，據《晚清文選》本補。

字，皆隱括就繩墨，古文由是大明。其《名原》未顯於世。《札迻》者，方物王念孫《讀書雜志》。每下一義，妥昳寧極，淖入湊理。書少於《諸子平議》，校讎之勤，倍《諸子平議》。詒讓學術，蓋龍有金榜、錢大昕、段玉裁、王念孫四家。其明大義，鈞深窮高過之。晚年嘗主溫州師範學校，充浙江教育會長。清廷徵主禮學館，不起。年六十一，光緒三十四年五月，病中風，卒。贊曰：叔世士大夫，狃於外學，才得魄莫，視樸學若土梗。詒讓治六藝，旁理墨氏，其精專足以摩揗姬、漢，三百年絕等雙矣。遭時不淑，用晦而明，若日將莫，則五色柳谷愈章。而學不能傳弟子，勉為鄉里起橫舍，顧以裂餘見稱於世。悲夫！（章絳撰文，見《太炎文錄初編》文錄卷二）

【章太炎師事孫詒讓】瑞安孫仲容先生詒讓，尊人琴西先生衣言，任湖北布政使時，與鄂中文士最善。仲容幼時隨宦，琴西問仲容曰：「汝喜讀何書？將來治何書？」仲容對曰：「《周禮》。」琴西曰：「《周禮》難讀，漢學家多譏為偽書，汝豈能斷此公案？」仲容曰：「因難解難斷，是以專治。」鄂老輩多傳此說。鄂人既刊仲容先生《墨子閒詁》，又集楚學社刻其《周禮正義》。武昌舉義後，《正義》後半未刻，夏斗寅主鄂，捐資屬鄂老輩完成之，可見鄂人對孫氏父子之推重矣。瑞安孫氏姻戚居鄂者曰：「仲容得美婦，能文，善治事，侍仲容居樓上，七年未出門。樓唯夫婦能登，外無一人敢闖入。樓上置長桌十餘，每桌面書卷縱橫，稿書錯雜，丹黃墨漬，袍袖卷帙皆滿。寫何條注，翻何書籍，即移坐某桌，日移坐位，十餘桌殆遍。篝燈入睡前，桌上書稿，夫人為清理之。外人只知仲容閉戶著書，但不知所著何書。七年後，始知與夫人孜孜不倦者，即今日鄂刻之《周禮正義》也。」《周禮正義》最精到處，先列各家之說，而以仲容總斷為自成一家之定義。讀其書，初觀浩如煙海，細按則提要鈞玄，洵近代治經獨創體例之佳書也。張之洞督鄂，所不能致者二人，一為長沙王葵園先謙，一為瑞安孫仲容詒讓，知先生學望之尊矣。章太炎創革命排滿之說，其本師德清俞曲園先生大不為然，曰：「曲園無是弟子，逐之門牆之外，永絕師生關係。」太炎集中有《謝本師》文。當時太炎聲望尚低，既棄於師，乃走海至瑞安，謁孫仲容先生。一談即合，居仲容家半載。仲容曰：他日為兩浙經師之望，發中國音韻、訓詁之微，讓子出一頭地，有敢因汝本師而摧子者，我必盡全力衛子，是太炎又增一本師矣。故太炎集中署名「荀漾」者，即孫詒讓也。以「荀子」亦名「孫子」；詒讓二字，反切為「漾」。仲容與太炎來往書札，皆用此姓名。仲容非箋注章句之儒，實通經致用之儒，

鄂老輩與仲容父子最善，太炎亦與鄂近世學人最善。鄂人刻《周禮正義》而傳太炎學派，其有息息相感召之意歟？（劉禺生《世載堂雜憶》，中華書局1960年版第125～126版）

尸子二卷存疑一卷　　（清）汪繼培輯校

　　汪繼培（1775～1819？），字因可，一字厚叔，號蘇潭，蕭山人。汪輝祖之四子。嘉慶十年（1805）進士，官吏部主事。因淡於官場，告假請歸，一心研經史。家有「環碧山房」，搜討藏書，校勘不倦，樂此不疲。乾隆五十八年（1793），與弟繼壕分家，所藏之書歸於繼培，汪輝祖稱「培兒尚知慕學，匙歸收管，培如他出，聽其交託，但不得付不知學問之人經手。」其藏書喜收藏經部、集部書，藏書印有「蕭山汪氏環碧山房珍藏」。與同里藏書家陳春友善，每得一善本，則舉書相示。陳春每刊印新書，聘汪氏為其校定欲刊之書。又續成其父所著《遼金元三史同名錄》《九史同名錄》等，所校《列子》亦精，並收錄於《湖海樓叢書》中。著有《周代書冊制度考》《鹽鐵論箋釋》《尸子校正》《潛夫論箋校正》等書。所校《列子》亦精，在《湖海樓叢書》中。周中孚《鄭堂讀書記補逸》稱蘇潭續學淵博，考證極精，嘗箋釋《鹽鐵》《潛夫》二《論》，陳東稱其「鉤稽乙注，眇極繭絲」，惜年未中壽而沒云云。生平事蹟見《兩浙輶軒續錄》卷二十三。《孫淵如先生全集》之《平津館文稿》卷下《詁經精舍題名碑記》列名於「詁經精舍講學之士九十二人」之中。今考，其生年據《汪輝祖年譜》〔註4〕，卒年待考。

　　書前嘉慶十六年（1811）繼培自序，稱劉向序《荀子》謂《尸子》著書非先王之法，不循孔氏之術。劉勰又謂其兼總雜術，術通而文鈍。今原書散佚，未究大旨，諸家徵說，率旨採擷精華，翦落枝葉，單詞剩誼，轉可寶愛。其書原本，先民時有竊取，後出諸子又或餐挹其中，傳相蹈襲，今輒刺取各書，略明歸出，欲以證釋同異云云。〔註5〕今按《尸子》佚文，兼綜儒、墨、名、法、陰陽，確為雜家，但書中究竟保存多少先秦《尸子》內容，難於辨析。然錢穆《先秦諸子繫年·尸佼考》謂《尸子》二十篇者在當時固已非出尸子自為，今則亡逸已多，並不足以見尸子為學之大綱也。又據同時學風以

〔註4〕 鮑永軍：《紹興師爺汪輝祖研究》附錄三，人民出版社，2006年版，第491頁。
〔註5〕《續修四庫全書》第1121冊，上海古籍出版社，2002年版，第275頁。

為推測，則尸子之學當與李悝、吳起、商鞅為一脈云云。

《尸子》一書，陳道德仁義之紀，《漢志》著錄為雜家，其後各家著錄，或在雜家，或在法家。《漢志》著錄二十篇。《隋志》稱二十卷，其九篇亡，魏黃初中續。原書自南宋以後佚失。李淑《書目》存四卷，《館閣書目》止存二篇，合為一卷。自清代輯佚之風起，輯此書者，繼培之前，有惠棟、任大椿、孫星衍諸人，然其時《群書治要》尚未流入中國，唐人殘本無從得見，故未能盡善。繼培則以《治要》為據，又以各本皆攜摭佚文，傅會舊目，或聯綴群書，虛造名目，皆不足據，因就所攬掇，表識出處，糾拾遺謬，是正文字，復用惠棟之書，以相比較，而釐定之。以《群書治要》所載為上卷，諸書稱引與之同者，分注於下，其不載於《治要》而散見諸書者，為下卷，凡一百八十餘條，不能定其篇名。至其引用違錯，及各本誤收者，別為《存疑》，附於書後。〔註6〕

繼培輯校，最稱精審。〔註7〕文廷式《純常子枝語》卷三稱繼培輯本甚詳備。劉咸炘《內景樓檢書記》引復堂曰：「孫以諸書先後為次，汪以文義類從。輯錄之例，固當從孫，而孫本信《諸子匯函》，汪以《君治》《止楚師》為非篇名，又存疑十許條，皆汪為矜慎。」（子類第551頁）呂思勉《經子解題》亦許之為最善之本，又稱此書雖闕佚特甚，然確為先秦古籍，殊為可寶云。呂先生又稱，今本《尸子》「據今所輯存者，十之七八皆儒家言，此書蓋亦如《呂覽》，兼總各家而偏於儒，實足以通儒、道、名、法四家之郵」。又稱其文極樸茂，今雖闕佚已甚，然單詞碎義，足以取證經子者，實屬指不勝屈，此外典制故實，足資考證者尚多云云。今按，戰國之際學者類能涉獵百氏、不主一家，如韓非子於師承則出儒家之荀子，於學理則出道家之老子，儒、道、名、法本自相通，而不止於相紬相非也。觀其《廣澤》篇從容辨章墨子、孔子、皇子、田子、列子、料子之異同，管中窺豹可見一斑矣。四庫館臣論《慎子》「道德之為刑名，此其轉關」，《尸子》或亦同類者歟？張舜徽《漢書藝文志通釋》卷三曰：「是此二十篇之書，既富儒家之言，復有水地之記。其學多方，本不限於一隅。徒以其為商君師，佐之治秦，遽謂為僅長於刑名法術之學，則猶淺視之矣。其書《隋》《唐志》皆二十卷，宋時已殘闕，後遂全佚。清儒輯本數家，以汪繼培本較勝。」

〔註6〕《續修四庫全書總目提要稿本》第26冊，齊魯書社，1996年版，第252頁。
〔註7〕參見王彥霞：《〈尸子〉汪輯本初探》，《圖書館雜誌》2005年第1期。

此書有湖海樓刻本、五松書屋刻本、湖南刻本。此本即據清嘉慶十七年《尸子尹文子》合刻本影印。

【附錄】

【汪繼培《尸子自序》】《漢書・藝文志》雜家「《尸子》二十篇」，隋、唐《志》並同。宋時全書已亡，王應麟《漢志考證》云：「《李淑書目》存四卷，《館閣書目》止存二篇，合為一卷。」其本皆不傳。近所傳者，有震澤任氏本、元和惠氏本、陽湖孫氏本。任本凡三篇，曰《仁意》，曰《君治》，曰《廣釋》，實皆攟摭佚文，傅會舊目。繼培初讀其書，就所攬掇，表識出處，糾拾遺謬，是正文字。後得惠、孫之書，以相比校，頗復有所疑異。乃集平昔疏記，稍加釐訂。以《群書治要》所載為上卷，諸書稱引與之同者分注於下。其不載《治要》而散見諸書者為下卷，引用違錯及各本誤收者別為存疑，附於後。謹按劉向《別錄》，稱《尸子》書凡六萬餘言，今茲撰錄，蓋十失八，可為歎息。然由所概見推竟端委，尚有可意會者。張湛注《列子》，其序云：「《莊子》《慎到》《韓非》《尸子》《淮南》，玄示旨歸，多稱其言。」今按「歸人」之說見《天瑞篇》，「言行響影」之說見《說符篇》，其所誦述定非數言。《淮南子・地形訓》云：「水圓折者有珠，方折者有玉，清水有黃金，龍淵有玉英。」又云：「北極有不釋之冰。」其說皆本《尸子》。章懷太子注《後漢書》，謂《尸子》書「二十篇，十九篇陳道德仁義之紀，一篇言九州險阻，水泉所起」，《地形》之文當在此篇。準是以求，則《地形訓》「九山」「九塞」「九藪」及「水泉」諸說必皆用《尸子》可知。又因引「贖人」而知為子貢事，引「悅尼來遠」而知為葉公問政，引「湯德及禽獸」而知為解網，觸類引申，課虛以責有，是在好學者之深思矣。劉向序《荀子》謂《尸子》著書「非先王之法，不循孔氏之術」。劉勰又謂其「兼總雜術，術通而文鈍」。今原書散佚，未究大旨，諸家徵說，率旨採擷精華，翦落枝葉，單詞剩誼，轉可寶愛。其書原本，先民時有竊取，後出諸子又或餐把其中，傳相蹈襲。今輒剌取各書，略明歸出，欲以證釋同異。《史記・孟荀列傳》言楚有尸子，《集解》引劉向《別錄》云：「楚有尸子，疑謂其在蜀。今按《尸子》書，晉人也，名佼，秦相衛鞅客也。衛鞅商君謀事畫計，立法理民，未嘗不與佼規也。商君被刑，佼恐並誅，乃亡逃入蜀。」《漢志》班固自注又以佼為魯人，晉、魯字形相近，未能定其然否云。嘉慶十有六年，歲在重光協洽陽月月既望，蕭山汪繼培識。

-13-

【續修四庫全書總目提要（稿本）26～252】《尸子》二卷附存疑，漢尸佼撰，清汪繼培輯……清代輯佚之風起，輯是書者，繼培之前，有孫星衍、章宗源、任大椿、惠棟諸人，然其時《群書治要》未出，故未能盡善。繼培則以《治要》為據，又以各本皆攘摭佚文，傅會舊目，或聯綴群書，虛造名目，皆不足據。因就所攬掇，表識出處，糾拾遺謬，是正文字，復用惠、孫之書，以相比較，而釐定之。以《群書治要》所載為上卷，計有《勸學》《貴言》《四儀》《明堂》《分》《發蒙》《恕》《治天下》《仁意》《廣澤》《綽子》《處道》《神明》十三篇，諸書稱引與之同者，分注於下。其不載《治要》，而散見諸書者，為下卷，凡 180 餘條，不能定其篇名。至其引用違錯，及各本誤收者，別為存疑，附於後。按：劉向序《荀子》，謂尸子著書，非先王之法，不循孔子之術。劉勰又謂其兼綜雜術，術通而文純。鄭杲《春秋說》云：「商鞅一用秦，而秦以得志，卒兼六國。故自鞅後，天下談治術者，多遵用之。刑名法術之言盈天下，大抵蹠鞅術者。」而此四字實出《尸子》。《尸子》不專言刑名、法術，大抵出於《春秋》，而雜以異端。不專學孔子，而自以為能兼諸子。又或知及止仁，不能守之。故一轉而鞅、斯、申、韓云云。其說較可徵信。今原書散佚，未究大旨，繼培所錄，較之原書，十失八九，然諸家徵說，率皆採擷精華，翦落枝葉。單詞剩誼，轉可寶愛也。

古迂陳氏家塾尹文子二卷　舊本題　（周）尹文子撰

舊本題周尹文子撰。古迂陳氏，即元陳仁子。考葉德輝《書林清話》卷四：「《古迂陳氏家塾刻尹文子》二卷，見張《志》（即《愛日精廬藏書志》——引者注），云宋刊本。按：此疑刻六臣注《文選》之陳氏古迂書院，張志列入宋本，誤。」葉氏所言甚是。

書前有《尹文子序》，殘缺不全，僅剩一行：「試條次撰定，為上下篇，亦未能究其詳也。」今按，此序為仲長氏撰。《韓非子·內儲說上》曰：「尹文與齊宣王論治國以賞罰為利器，則通於法家之囿也。」《文心雕龍·諸子篇》亦曰：「辭約而精，尹文得其要。」此書向列名家類，然《四庫全書》著錄於雜家類，文淵閣本卷首提要稱其書本名家者流，大旨指陳治道，欲自處於虛靜，而萬事萬物則一一綜覈其實，故其言出入於黃、老、申、韓之間。《周氏涉筆》謂其自道以至名，自名以至法，蓋得其真。晁公武《讀書志》

以為誦法仲尼，其言誠過，宜為高似孫《緯略》所譏。然似孫以儒理繩之，謂其淆雜，亦為未允。百氏爭鳴，九流並列，各尊所聞，各行所知。自老、莊以下，均自為一家之言，讀其文者取其博辨閎肆足矣，安能限以一格哉？

洪邁《容齋續筆》所稱其言論膚淺，多及釋氏，蓋晉、宋時衲人所作。羅根澤《尹文子探源》亦稱魏晉人偽作〔註8〕，然周山、胡家聰皆不以為偽〔註9〕。唐宋類書如《意林》《藝文類聚》《太平御覽》頗存其逸文，多為名言，如云：「兩智不能相使，兩貴不能相臨，兩辨不能相屈，力均勢敵故也。」「專用聰明則功不成，專用晦昧則事必悖。一明一晦，眾之所載。」

今本僅一卷，分《大道》上下兩篇，語錄與故事混雜，各段自成起訖。上篇論述形名理論，下篇論述治國之道。上篇云：「大道無形，稱器有名。名也者，正形者也。形正由名，則名不可差。故仲尼云『必也正名乎！名不正，則言不順』也。大道不稱，眾有必名。生於不稱，則群形自得其方圓。名生於方圓，則眾名得其所稱也。大道治者，則名、法、儒、墨自廢。以名、法、儒、墨治者，則不得離道。老子曰：『道者萬物之奧，善人之寶，不善人之所寶。』是道治者，謂之善人；藉名、法、儒、墨者，謂之不善人。善人之與不善人，名分日離，不待審察而得也。道不足以治則用法，法不足以治則用術，術不足以治則用權，權不足以治則用勢。勢用則反權，權用則反術，術用則反法，法用則反道，道用則無為而自治。故窮則徼終，徼終則反始。始終相襲，無窮極也。」可窺其大旨。下篇云：「仁、義、禮、樂、名、法、刑、賞，凡此八者，五帝、三王治世之術也。故仁以道之，義以宜之，禮以行之，樂以和之，名以正之，法以齊之，刑以威之，賞以勸之。故仁者所以博施於物，亦所以生偏私；義者所以立節行，亦所以成華偽；禮者所以行恭謹，亦所以生惰慢；樂者所以和情志，亦所以生淫放；名者所以正尊卑，亦所以生矜篡；法者所以齊眾異，亦所以生乖分；刑者所以威不服，亦所以生陵暴；賞者所以勸忠能，亦所以生鄙爭。」又云：「凡國之存亡有六徵：有衰國，有亂國，有亡國，有昌國，有強國，有治國。」又云：「名利治小人，小人不可無名利。」皆關乎治道焉。

〔註8〕羅根澤：《諸子考索》，人民出版社，1958年版，第398～409頁。

〔註9〕周山：《〈尹文子〉非偽析》，《學術月刊》1983年第10期；胡家聰：《〈尹文子〉與稷下學派——兼論〈尹文子〉並非偽書》，《稷下爭鳴與黃老新學》，中國社會科學出版社，1998年版，第258～264頁。

此本據國家圖書館藏元陳仁子刻本影印。

【附錄】

【山陽仲長氏《尹文子原序》】尹文子者，蓋出於周之尹氏。齊宣王時，居稷下，與宋銒、彭蒙、田駢同學於公孫龍，公孫龍稱之。著書一篇，多所彌綸。莊子曰：「不累於物，不苟於人，不忮於眾，願天下之安寧，以活於民命。人我之養，畢足而止之。以此白心，見侮不辱。」此其道也。而劉向亦以其學本於黃老，大較刑名家也，近為誣矣。余黃初末始到京師，繆熙伯以此書見示，意其玩之而多脫誤，聊試條次，撰定為上下篇，亦未能究其詳也。山陽仲長氏撰。〔註10〕

【子略】班固《藝文志》名家者流，錄《尹文子》。其書言大道，又言名分，又言仁義禮樂，又言法術權勢，大略則學老氏而雜申、韓也。其曰：『民不畏死，由過於刑罰者也；刑罰中，則民畏死；畏死，則知生之可樂；知生之可樂，故可以死懼之。』此有希於老氏者也。又有不變之法，理眾之法，平準之法，此有合於申、韓。然則其學雜矣，其學淆矣，非純乎道者也。

【尹文子】《漢・藝文志》名家內有《尹文子》一篇，云：「說齊宣王。先公孫龍。」劉歆云，「其學本於黃、老，居稷下，與宋銒、彭蒙、田駢等同學於公孫龍。」今其書分為上下兩卷，蓋漢末仲長統所銓次也。其文僅五千言，議論亦非純本黃、老者。《大道篇》曰：「道不足以治則用法；法不足以治則用術；術不足以治則用權；權不足以治則用勢；勢不足則反權。權用則反術；術用則反法；法用則反道；道用則無為而自治。」又曰：「為善使人不能得從，此獨善也。為巧使人不能得為，此獨巧也。未盡善巧之理。為善與眾行之，為巧與眾能之，此善之善者，巧之巧者也。故所貴聖人之治，不貴其獨治，貴其能與眾共治；貴工倕之巧，不貴其獨巧，貴其能與眾共巧也。今世之人，行欲獨賢，事欲獨能，辯欲出群，勇欲絕眾。獨行之賢，不足以成化；獨能之事，不足以周務；出群之辯，不可為戶說；絕眾之勇，不可與正陳。凡此四者，亂之所由生。聖人任道、立法，使賢愚不相棄，能鄙不相遺，此至治之術也。」詳味其言，頗流而入於兼愛。《莊子》末章，敍天下之治方術者，曰：「不累於俗，不飾於物，不苟於人，不忮於眾。願天下之安寧，以活民命，人我之養，畢足而止，以此白心，古之道術有在於是者。宋銒、尹文聞其風而悅之，作為

〔註10〕《續修四庫全書》第1121冊，上海古籍出版社，2002年版，第311頁。

華山之冠以自表。雖天下不取，強聒而不捨者也。其為人太多，其自為太少。」蓋亦盡其學云。荀卿《非十二子》有宋鈃，而文不預。又別一書曰《尹子》，五卷，共十九篇，其言論膚淺，多及釋氏，蓋晉、宋時衲人所作，非此之謂也。（宋洪邁《容齋續筆》卷十四）

【讀尹文子】《尹文子》一卷，劉向定為刑名家書。仲長統分為上下二篇，且以劉向之論為誣。然向謂為刑名家者，誠是也，特善於鄧析、田駢者耳。其說治國之道，以為人君任道不足以治，必用法術權勢。術者，人君之所密用，群下不可妄窺。勢者，制法之利器，群下不可妄為。非刑名家而何？但其為民之心頗切，末章尤中時君之弊。使舉而行之，名實正而分數明，賞罰嚴而事功舉，亦足以善其國。然其苛刻檢柅，而難於持循蹈履，非王者之道，以故君子不取。而統獨好之，遂因以斥向，殆有所激而然耶？（明方孝孺《遜志齋集》卷四）

【讀尹文子】大史公曰：申、韓皆原於道德之意。吾讀尹文子，此信矣。其造理犀利，已入木八九分，而詞色削薄，格局離披，多欠精旺。又云真質處以縱逸行之。今時作論浮縟，此可藥。（明羅明祖《羅紋山全集》卷四）

【讀尹文子】《尹文子》非偽書，其言刑名者，真能言刑名家者也。所謂智巧皆當與眾共之，獨行之賢不足以成化，獨能之事不足以周務，出群之辨不可為戶說，絕眾之勇不可以征陣，是以聖人任道以夷其險，立法以理其差，使賢愚不相棄，能鄙不相遺。能鄙不相遺，則能鄙齊功。賢愚不相棄，則賢愚等慮。此名語也。他所證多諸家書，頗覈而不倍道，故存之。（明王世貞《讀書後》卷一）

【四庫提要】《尹文子》一卷（兩江總督採進本），周尹文撰。前有魏黃初末山陽仲長氏序，稱條次撰定為上、下篇。《文獻通考》著錄作二卷。此本亦題《大道上篇》《大道下篇》，與序文相符，而通為一卷。蓋後人所合併也。《莊子‧天下篇》以尹文、田駢並稱，顏師古注《漢書》謂齊宣王時人。考劉向《說苑》載文與宣王問答，顏蓋據此。然《呂氏春秋》又載其與愍王問答事，殆宣王時稷下舊人，至愍王時猶在歟？其書本名家者流。大旨指陳治道，欲自處於虛靜，而萬事萬物則一一綜覈其實，故其言出入於黃、老、申、韓之間。《周氏涉筆》謂其自道以至名，自名以至法，蓋得其真。晁公武《讀書志》以為誦法仲尼，其言誠過，宜為高似孫《緯略》所譏。然似孫以儒理繩之，謂其淆雜，亦為未允。百氏爭鳴，九流並列，各尊所聞，各行

所知，自老、莊以下，均自為一家之言。讀其文者，取其博辨閎肆足矣，安能限以一格哉！序中所稱熙伯，蓋繆襲之字。其山陽仲長氏不知為誰。李淑《邯鄲書目》以為仲長統，然統卒於建安之末，與所云黃初末者不合。晁公武因此而疑史誤，未免附會矣。（《四庫全書總目》卷一百十七「子部二十七・雜家類一」）

【漢書藝文志疏證】《尹文子》一篇，隋、唐《志》二卷，乃分上下篇也。《書目》云：「漢末仲長統得其書，詮次為上下二篇。」《說苑》尹文對齊宣王曰：「事寡易從，法省易因。」其書言「有形者必有名，有名者未必有形。形而不名，未必失其方圓白黑之實。名而不可不尋名以檢其差，故名以檢形，形以定名，名以定事，事以檢名」，大旨為公孫龍所祖述，龍又加巂瑣焉。仲長統序稱其學於公孫龍，非也。晁氏又誤以形名為刑名類，未究其書者。然以大道為書，而雜以山雞鳳皇，字長子曰盜，少子曰毆，詼嘲無稽，是禮服獻酬，忽跳地作沐猴戲也。（清沈欽韓《漢書疏證》卷二十五）

公孫龍子注一卷校勘記一卷篇目考一卷附錄一卷
（清）陳澧撰

陳澧（1810～1882），字蘭浦，學者稱東塾先生，自號江南倦客，先世江蘇上元（今南京）人，占籍廣東番禺。侯康為粵中經史大家、開山祖師，陳澧拜於門下。又入學海堂，為阮元高第弟子。阮元嘗宴高材生於學海堂，所用器具皆三代鼎彝尊罍之屬，食品一秉《周禮》，陳澧為坐賓，語人曰：「阮公明經博古，一宴會而能令諸生悉某器某味為某形某名，受益者多且速矣。」年十七，考取縣學生。明年科試第一，同世諸名士皆出其下。年二十二，舉優行貢生。道光十二年（1832）舉於鄉。六應會試不第，中大挑二等，選授河源縣學訓導，兩月告病歸。揀選以知縣用，到班不就。請京官職銜，得國子監學錄。為學海堂學長數十年，至老為菊坡精舍山長。東塾學行純篤，持躬謹嚴，通經學道，樸茂精確，湛於古音，以為形聲之字其意即在所諧之聲，數字同諧一聲，則數字同出一意，孳乳而生，至再至三，而不離其宗。澧少時讀《說文》，窺見此意，多所發明。一代師表，足以矜式天下士民，光緒七年（1881），用耆年碩德，朝廷特加恩賞五品卿銜，以為績學篤品者勸，一時以為異數。著有《聲律通考》《切韻考》《漢書地理志水道圖

說》《漢儒通義》《說文聲統》《水經注提綱》《東塾讀書記》《琴律說》《文集》諸書，今人整理為《陳澧集》。事蹟詳見《清史稿‧儒林傳》《清史列傳‧儒林傳》、汪宗衍《陳東塾先生年譜》、黃國聲《陳澧先生年譜》。

咸、同以還，朱九江既傳其九江學派，陳澧又傳東塾派。其學以通經致用為主，調和漢、宋之學，謂漢、宋學術無偏重，不當分立門戶。珠江堤上照霞樓，為陳東塾授經處，斜陽流水，江上歸帆，流霞如錦，風景頗佳；東塾手書「濠上」二字，從容辯論，自得其樂。蘭甫著述甚富，邃於音韻之學，嘗謂粵方言與古音合者甚多，尤其與唐韻吻合，粵語之合口音屬於十一侵韻，多與古通，不可不知。其講學授徒，取顧亭林論學語，先之以「博學於文」，而尤以「行己有恥」為主，故氣節之士多出其門。〔註11〕

東塾先生注《公孫龍子》，自題手稿名《公孫龍子淺說》。道光己酉（1849）、庚戌（1850）兩度修改，自稱尚須再閱加注，以發其義，惜未及改訂。其後門人汪兆鏞得其手稿，校刻行世。原稿經門人傳抄，互有出入，兆鏞刊刻全從改本。又仿歐陽修集例，將初本並錄於下。其正文與諸刻本有牴牾者，則不敢徑改，附按語以申明之；字句歧異者，別為《校勘記》一卷。其《篇目考》一卷，專考篇目存佚。復將公孫龍事蹟見於他書足資考證者，附錄於後。大體曉暢可讀，然注較簡約，且多訛誤脫漏。汪兆鏞跋亦稱名家已成絕學，東塾先生此注發明義趣，深有裨於讀此書者。〔註12〕大體曉暢可讀，洵為難得之作。

此書有微尚齋叢刻本。原稿《指物論》初稿、改稿並存。中山大學圖書館藏有清稿本，原為陳慶龢家藏舊物，今已收入《陳澧集》。此本據南京圖書館藏民國十四年刻本影印。

【附錄】

【四庫提要】《公孫龍子》三卷（兩江總督採進本），周公孫龍撰。案《史記》，趙有公孫龍，為堅白異同之辨。《漢書‧藝文志》，龍與毛公等並遊平原君之門，亦作趙人。高誘注《呂氏春秋》，謂龍為魏人，不知何據。《列子釋文》，龍字子秉，莊子謂惠子曰：「儒、墨、楊、秉四，與夫子為五。」秉即龍也。據此，則龍當為戰國時人。司馬貞《索隱》謂龍即仲尼弟子者，非也。其

〔註11〕劉禺生：《世載堂雜憶‧嶺南學派述略》，中華書局 1960 年版，第 276 頁。
〔註12〕《續修四庫全書》第 1121 冊，上海古籍出版社，2002 年版，第 335 頁。

書《漢志》著錄十四篇，至宋時八篇已亡，今僅存《跡府》《白馬》《指物》《通變》《堅白》《名實》凡六篇。其首章所載與孔穿辯論事，《孔叢子》亦有之，謂龍為穿所絀，而此書又謂穿願為弟子，彼此互異。蓋龍自著書，自必欲伸己說。《孔叢》偽本，出於漢、晉之間，朱子以為孔氏子孫所作，自必欲伸其祖說。記載不同，不足怪也。其書大旨疾名器乖實，乃假指物以混是非，借白馬而齊物我，冀時君有悟而正名實，故諸史皆列於名家。《淮南鴻烈解》稱，公孫龍粲於辭而貿名。揚子《法言》稱，公孫龍詭辭數萬。蓋其持論雄贍，實足以聳動天下，故當時莊、列、荀卿並著其言，為學術之一。特品目稱謂之間紛然不可數計，龍必欲一一覈其真，而理究不足以相勝，故言愈辨而名實愈不可正。然其書出自先秦，義雖恢誕，而文頗博辨。陳振孫《書錄解題》概以淺陋迂僻譏之，則又過矣。明鍾惺刻此書，改其名為《辨言》，妄誕不經。今仍從《漢志》，題為《公孫龍子》。又鄭樵《通志略》載此書，有陳嗣古注、賈士隱注各一卷，今俱失傳。此本之注，乃宋謝希深所撰，前有自序一篇。其注文義淺近，殊無可取，以原本所有，姑並錄焉。

【東塾學案】自阮文達治粵，提倡學術，人材蔚興，東塾後起，尤為大師。兼以鄭君、朱子為宗主，通漢、宋之郵，意在補偏捄敝，不為無益無用之學，其宗旨特為醇正。述《東塾學案》。〇陳澧，字蘭甫，號東塾，番禺人。道光壬辰舉人。九歲能為詩文，及長，凡天文、地理、樂律、算術、小學，無不研究。中年讀諸經注疏、子史及朱子書，日有課程。六應禮部試，未第。大挑銓授河源縣訓導，到官兩月，即告歸。為學海堂學長，歷數十年，晚主講菊坡精舍，以經史實學教士，勉諸生篤行立品，成就甚眾。光緒七年，疆吏疏陳耆年碩德，請加褒異。詔嘉其學行純篤，足以矜式士林，予五品卿銜。八年卒，年七十有二。先生尤好讀《孟子》，以為孟子所謂性善者，人性皆有善，荀、揚輩皆不知也。讀鄭氏諸經注，以為鄭氏有宗主，復有不同，中正無弊，勝於許氏《異義》、何氏《墨守》之學。魏、晉以後，天下大亂，聖人之道不絕，惟鄭學是賴。讀《後漢書》，以為學漢儒之學尤當學漢儒之行。讀朱子書，以為國朝考據之學源出朱子，不可反詆朱子。又以為國朝考據之學盛矣，猶有未備者，宜補苴之。於漢學、宋學能會其通，謂漢儒言義理無異於宋儒，宋儒輕蔑漢儒，及近儒尊漢儒而不講義理，皆失之，著《漢儒通義》七卷。晚年尋求大義及經學源流、正變得失，所在而論贊之，外及九流、諸子、兩漢以後學術，著《東塾讀書記》二十一卷。於樂律、音韻尤能貫通古今，折衷求是，

著《聲律通考》十卷、《切韻考》六卷、又《外篇》三卷。謂地理之學當自水道始，知漢水道則可考漢郡縣，著《漢書水道圖說》七卷。他注有《水經注提綱》四十卷、《水經注西南諸水考》三卷、《說文聲類表》十七卷、《三統術詳說》三卷、《弧三角平視法》一卷、《琴律說》一卷、《申範》一卷、《摹印述》一卷、《東塾集》六卷。（《清儒學案》卷一百七十四）

【清史稿·儒林傳】陳澧，字蘭甫，番禺人。道光十二年舉人，河源縣訓導。澧九歲能文，復問《詩》學於張維屏，問經學於侯康。凡天文、地理、樂律、算術、篆隸無不研究。中年讀諸經注疏、子、史及朱子書，日有課程。初著《聲律通考》十卷，謂：「《周禮》六律、六同皆文之以五聲，《禮記》五聲、六律、十二管還相為宮，今之俗樂有七聲而無十二律，有七調而無十二宮，有工尺字譜而不知宮、商、角、徵、羽。懼古樂之遂絕，乃考古今聲律為一書。」又《切韻考》六卷、《外篇》三卷，謂：「孫叔然、陸法言之學存於《廣韻》，宜明其法，而不惑於沙門之說。」又《漢志水道圖說》七卷，謂地理之學當自水道始，知漢水道則可考漢郡縣。其於漢學、宋學能會其通，謂：「漢儒言義理，無異於宋儒，宋儒輕蔑漢儒者非也。近儒尊漢儒而不講義理，亦非也。」著《漢儒通義》七卷。晚年尋求大義及經學源流正變得失所在而論贊之，外及九流諸子、兩漢以後學術，為《東塾讀書記》二十一卷。其教人不自立說，嘗取顧炎武論學之語而申之，謂：「博學於文，當先習一藝。《韓詩外傳》曰『好一則博』，多好則雜也，非博也。讀經、史、子、集四部書，皆學也，而當以經為主，尤當以行己有恥為主。」為學海堂學長數十年。至老，主講菊坡精舍，與諸生講論文藝，勉以篤行立品，成就甚眾。光緒七年，粵督張樹聲、巡撫裕寬以南海朱次琦與澧皆耆年碩德，奏請褒異，給五品卿銜。八年，卒，年七十三。他著有《說文聲表》十七卷、《水經注提綱》四十卷、《水經注西南諸水考》三卷、《三統術詳說》三卷、《弧三角平視法》一卷、《琴律譜》一卷、《申範》一卷、《摹印述》一卷、《東塾集》六卷。

【魏源師友】陳澧，字蘭甫，廣東番禺人。道光十二年舉人，河源縣訓導。九歲能為詩文。及長，與同邑楊榮緒、南海桂文耀為友，復問詩於張維屏，問經學於侯康。凡天文、地理、樂律、算術、古文、駢文、填詞、篆隸真行書，無不研究。中年讀諸經注疏、子史及朱子書，日有課程，遂輟作詩。初著《聲律通考》十卷，又著《切韻考》六卷、《外篇》三卷。其於漢學、宋學能會其通。謂：「漢儒言義理，無異於宋儒。宋儒輕蔑漢儒者，非也；近儒講

漢而不講義理，亦非也。」因著《漢儒通義》七卷。晚年尋求大義及各家源流、正變、得失所在，為《東塾讀書記》若干卷。於《禮》宗鄭注，以為最精；《易》則闢虞氏之注，謂「多不可通，所言卦象尤纖巧」。《春秋公羊》以叔術為賢者，此公羊之謬，不宜墨守。何劭公注有穿鑿之病。三傳各有得失。知三傳之病，而後可以治《春秋》；知杜、何、范注，孔、徐、楊疏之病，而後可以治三傳。為學海堂長數十年。至老，主講菊坡精舍，與諸生講論文藝，勉以篤行立品，成就甚眾。吾邵魏默深著《海國圖志》初成，中有可議者。澧論辨之後，默深至粵，見而大悅，遂與定交，並改其書。光緒八年卒，年七十三。著述除上錄外，尚有《說文聲表》十七卷、《水經注提綱》四十卷、《水經注西南諸水考》三卷、《三統術詳說》三卷、《弧三角平視法》一卷、《琴律譜》一卷、《申範》一卷、《摹印述》一卷、《東塾集》六卷。（李柏榮《魏源師友記》卷六）

【陳澧自述】余年六十有二，大病幾死。自念死後，書我墓石者，虛譽而失其真，則惡矣。生平無事可述，惟讀書數十年，著書百餘卷耳。病癒乃自述之，或者壽命猶未艾乎，他時當有續述也。述曰：陳澧，字蘭甫。先世江南上元人，祖考捐職布政使司理問，遷廣東番禺。考候補知縣，生二子，長諱清，次則澧也。年十歲，知縣君卒。年十五，伯兄卒。十七，督學翁文端公考取縣學生。明年，錄科第一，同時諸名士皆出其下，文端公命入粵秀書院肄業。山長陳先生厚甫賞譽之。與桂星垣、楊浦香為友。復問詩學於張南山先生，問經學於侯君模先生。年廿二，舉優行貢生。廿三，中舉人。六應會試不中，大挑二等，選授河源縣學訓導，兩月告病歸。揀選知縣，到班不願出仕。請京官職銜，得國子監學錄。為學海堂學長數十年，至老為菊坡精舍山長，英偉之士多出其門焉。少好為詩，及長棄去，泛濫群籍。中年讀朱子書，讀諸經注疏、子、史，日有課程。尤好讀《孟子》，以為《孟子》所謂性善者，人性皆有善，荀、楊輩皆未知也。讀鄭氏諸經注，以為鄭學有宗主，復有不同，中正無弊，異於許氏《異義》、何氏《墨守》之學。魏、晉以後，天下大亂，而聖人之道不絕，惟鄭氏禮學是賴。讀《後漢書》，以為學漢儒之學尤當學漢儒之行。讀朱子書，以為國朝考據之學源出朱子，不可反詆朱子。又以為國朝考據之學盛矣，猶有未備者，宜補苴之。著《聲律通考》十卷，謂古有十二宮，且有轉調，今俗樂惟存七調，然古律尺度俱在，可考歷代樂聲高下。晉十二笛可仿而製，唐《鹿鳴》《關雎》十二詩譜可按而歌，而古樂不墜於地。又

著《切韻考》六卷，外篇三卷，謂孫叔然、陸法言之學存於《廣韻》，宜明其法，而不惑於沙門之說。又著《漢書地理志水道圖說》七卷，謂地理之學當自水道始。知《漢志》水道，則可考漢郡縣，以及於歷代郡縣。又著《漢儒通義》七卷，謂漢儒善言義理，無異於宋儒。宋儒輕蔑漢儒者，非也。近儒尊漢儒而不講義理，亦非也。其餘有《說文聲表》十七卷、《水經注提綱》四十卷、《三統術說》三卷、《弧三角說》一卷、《琴律說》一卷、文集若干卷。生平不欲為文章，然有為先人而作者，及為親友碑傳事蹟不可沒者，故過而存之。晚年所著書曰《東塾讀書記》，今未成。性疏直平易，頗厭俗事，惟好與學者談論不倦。值賊亂夷亂，家計不給，晏如也。生四子：宗誼、宗侃、宗詢、宗穎。宗誼早卒，宗侃生子慶鯀為其後。同治十年二月述。

【嶺南學派述略】咸、同以還，朱九江既傳其九江學派，陳澧又傳東塾派。澧號蘭甫，著《東塾集》《東塾讀書記》，學者稱東塾先生。其學以通經致用為主，調和漢、宋之學，胡元玉、於式枚等，皆其徒也。珠江堤上照霞樓，為陳東塾授經處，斜陽流水，江上歸帆，流霞如錦，風景頗佳；東塾手書「濠上」二字尚存。蘭甫著述甚富，邃於音韻之學，嘗謂粵方言與古音合者甚多，尤其與唐韻吻合，粵語之合口音屬於十一侵韻，多與古通，不可不知。其講學授徒，取顧亭林論學語，先之以「博學於文」，而尤以「行己有恥」為主，故氣節之士多出其門。胡漢民伯兄衍鶚及弟毅生，均私淑蘭甫，而傳其學者。至汪兆鏞伯序，則受經東塾，為入室弟子。清亡，兆鏞為學海堂長，閉門傳經，不問世事。（劉禺生《世載堂雜憶》）

鬼谷子三卷篇目考一卷附錄一卷　（梁）陶弘景注　（清）秦恩復輯

秦恩復（1760～1843），字近光，號敦夫，晚號狷翁，江都人。觷子。幼穎異，克秉父教。乾隆四十八年舉人，乾隆五十二年（1787）成進士，改翰林院庶吉士，散館授編修。嗣丁內艱，服闋，將入都，疽發於背，醫治就痊，而體弱不支，由是閉戶養痾，構屋東，偏築室三楹，顏曰五笥仙館，蓄書數萬卷。又作「石研齋」，亦為貯書之所。家居十載，宿疾盡蠲。嘉慶十一年入都供職，逾歲回里。明年遊浙，阮文達公時撫浙，延主講詁經精舍。十四年，兩淮鹽政又延主講樂儀書院。二十年，復聘校刊《欽定全唐文》，一時名流咸集，唱和燕聚，稱極盛焉。二十三年，入都，閱四年，仍乞假歸。

讀書好古，精於校勘，聘顧廣圻於館中，共相商榷，堪定古書。手校《鬼谷子注》《列子》及《隸韻》《法言》《三唐人集》《詞林韻釋》諸書，世稱善本，海內爭購。著有《石研齋書目》《石研齋集》《享帚詞》等書。生平事蹟見《碑傳集補》卷八、《國朝詞綜補》卷十七、《江都縣續志》卷二十五。

《四庫全書》著錄一卷本，無注，疑是《子匯》本。前有嘉慶乙丑（1805）恩復自序，稱乾隆五十二年（1787）與孫星衍校書於文源閣，暇日出《道藏》本以相示，翌年冬取而校之。〔註 13〕後盧文弨見錢曾手抄本，知《道藏》本脫誤不可勝計。乾隆五十四年（1789），秦敦復始據《道藏》本校刊。嘉慶十年（1805），恩復又據以重刊，並加考證，成三卷本。王欣夫謂此本號稱善本。〔註 14〕盧文弨、阮元俱為之跋。阮元跋稱恩復博覽嗜古，精於校讎。〔註 15〕《四庫提要》稱鬼谷子其術雖不足道，其文之奇變詭偉，要非後世所能為也。

全書僅二萬言，凡三卷，自《捭闔》至《符言》，凡十二篇，《轉丸》《胠篋》二篇舊亡，又有《本經》《陰符》七篇及《持樞》《中經》，共二十一篇。此書不見《漢志》，至隋、唐始著錄，《隋書》作三卷，《舊唐書》《新唐書》皆作二卷，又作三卷，直題曰蘇秦撰。《史記索隱》引樂壹注云，蘇秦欲神秘其道，故假名鬼谷。《鬼谷子》世多有其書，而陶弘景注不傳，向非《道藏》所存，則亦終湮失。恩復因剌取唐、宋書注所引，校正文字，一二舊注亦掇而存之，附於本文之下，其或他書所引本文，今本不載，及稱鬼谷事蹟足相考證者，並附錄於後。

此書有《子匯》本、《十二子》本、綿眇閣本、明崇德書院本、錢遵王手抄本、守山閣本、盧抱經補《道藏》本、乾隆五十四年江都秦氏刊本、嘉慶十年江都秦氏重刊本。此本據華東師大圖書館藏乾隆五十四年江都秦氏刊本影印。

【附錄】

【長孫無忌《鬼谷子序》】《隋書·經籍志》：《鬼谷子》三卷，皇甫謐注。鬼谷子，楚人也，周世隱於鬼谷。梁有陶弘景注三卷，又有樂壹注三卷，從橫者所以明辯說、善辭令，以通上下之志者也。《漢書》以為本行人之官，受命

〔註 13〕《續修四庫全書》第 1121 冊，上海古籍出版社，2002 年版，第 338～339 頁。
〔註 14〕王欣夫：《蛾術軒篋存善本書錄》，上海古籍出版社，2002 年版，第 1664 頁。
〔註 15〕《續修四庫全書》第 1121 冊，上海古籍出版社，2002 年版，第 380 頁。

出疆，臨事而制，故曰：「誦《詩》三百，使於四方，不能專對，雖多亦奚以為？」《周官》掌交「以節與幣，巡邦國之諸侯及萬姓之聚，導王之德意志慮，使辟行之，而和諸侯之好，達萬民之說；諭以九稅之利，九儀之親，九牧之維，九禁之難，九戎之威」，是也。佞人為之，則便辭利口，傾危變詐，至於賊害忠信，覆亂邦家。

【秦恩復《鬼谷子自序》】《鬼谷子》陶弘景注三卷，同年孫淵如編修讀《道藏》於華陰岳廟時所錄本也。乾隆丁未，恩復與淵如校書於文源閣，暇日出以相示，計欲付梓，旋以乞假歸里不果。戊申冬，來京師，因取而校之。按：鬼谷子不知何人，《道藏目錄》云姓王名詡，晉平公時人，《史記》云蘇秦師事鬼谷先生，《拾遺記》則以鬼谷為歸谷，蓋歸、鬼聲轉。《爾雅》曰：「鬼之為言歸也。」其謂蘇幫託名鬼谷者，以《史記·蘇秦列傳》有簡練以為揣摩，期年揣摩成之語，而鬼谷子適有《揣》《摩》二篇，遂附會其說，實無所據。或云周時豪士，隱於鬼谷者，近是。書凡三卷，自《捭闔》至《符言》，凡十二篇，《轉丸》《胠篋》二篇，舊亡，又有《本經陰符》七篇及《持樞中經》共二十一篇。考《說苑》《史記注》《文選注》《太平御覽》《意林》諸書所引，頗有數條為今書所不載，或文與今本差異，則知書之脫佚，不僅《轉丸》《胠篋》二篇也。是書不見《漢志》，至隋、唐始著錄，《隋書》作三卷，《舊唐書》《新唐書》皆作二卷，又作三卷，直題曰蘇秦撰。《史記索隱》引樂壹注云：「蘇秦，欲神秘其道，故假名鬼谷。」然《漢書》從橫家有《蘇子》三十二篇，使假名鬼谷，何以班固略而不注也？柳子厚嘗譏其「險盭峭薄，妄言亂世」。今觀其書，詞峭義奧，反覆變幻，蘇秦得其緒餘，即掉舌為從約長，真從橫家之祖也。至注鬼谷者，舊有樂壹、皇甫謐、陶弘景、尹知章四家。陶注至《中興書目》始見，樂注《文選注》中一引之，《太平御覽》游說部所引注皆與陶注不同，意亦樂氏注也。今藏本不著注者名氏，淵如據注中有元亮曰云云。元亮為陶潛字，弘景引其言，故去姓稱字，斷為陶注。恩復按：《中興書目》、晁公武《讀書志》、陳振孫《書錄解題》、錢遵王《讀書敏求記》皆稱陶弘景注，則知陶注自宋迄今猶存。又有嘉祐二年刻本中引陶注者三，皆與今注合，益信為陶注無疑。《鬼谷子》世多有其書，而陶注不傳，向非《道藏》所存，則亦終湮失矣。恩復因刺取唐、宋書注所引，校正文字，一二舊注亦掇而存之，附於本文之下，其或他書所引本文，今本不載，及稱鬼谷事蹟足相考證者，並附錄於後，以備觀覽焉。乾隆五十四年四月朔，翰林院庶吉

士江都秦恩復撰。

【盧文弨《鬼谷子跋》】《鬼谷子》，小人之書也。凡其捭闔鈎箝之術，只可施於闇君耳。其意欲探厥意指之所向，從而巧變其說以要結之，使得親悅於我，膠固而不可離。千古姦邪之愚弄其主者，莫不如是，彼豈待教之而後知學之而後能哉！〔註16〕

【阮元《鬼谷子跋》】恩復博覽嗜古，精於校讎，又稱書中多韻語，又其《抵巇篇》讀巇如呼合古聲訓字之義，非後人所能依託。其篇名有飛箝，又《揣摩》二篇似放《蘇秦傳》簡練以為揣摩之語為之。〔註17〕

【四庫提要】《鬼谷子》一卷（兩江總督採進本），案《鬼谷子》，《漢志》不著錄。《隋志》縱橫家有《鬼谷子》三卷，注曰周世隱於鬼谷。《玉海》引《中興書目》曰，周時高士，無鄉里族姓名字，以其所隱，自號鬼谷先生。蘇秦、張儀事之，授以《捭闔》至《符言》等十有二篇，及《轉丸本經》《持樞中經》等篇。因《隋志》之說也。《唐志》卷數相同，而注曰蘇秦。張守節《史記正義》曰，鬼谷在洛州陽城縣北五里。《七錄》有蘇秦書，樂壹注云，秦欲神秘其道，故假名鬼谷。此又《唐志》之所本也。胡應麟《筆叢》則謂《隋志》有蘇秦三十一篇，張儀十篇，必束漢人本二書之言，薈萃為此，而託於鬼谷，若子虛、亡是之屬。其言頗為近理，然亦終無確證。《隋志》稱皇甫謐注，則為魏、晉以來書，固無疑耳。《說苑》引《鬼谷子》有「人之不善而能矯之者難矣」一語，今本不載；又惠洪《冷齋夜話》引《鬼谷子》曰「崖蜜，櫻桃也」，今本亦不載；疑非其舊。然今本已佚其《轉丸》《胠篋》二篇，惟存《捭闔》至《符言》十二篇，劉向所引或在佚篇之內。至惠洪所引，據王直方《詩話》，乃《金樓子》之文，惠洪誤以為《鬼谷子》耳（案：王直方《詩話》今無全本，此條見朱翌《猗覺寮雜記》所引）。均不足以致疑也。高似孫《子略》稱其「一闔一闢，為《易》之神。一翕一張，為老氏之術。出於戰國諸人之表」，誠為過當。宋濂《潛溪集》詆為「蛇鼠之智」，又謂「其文淺近，不類戰國時人」，又抑之太甚。柳宗元辨《鬼谷子》，以為「言益奇而道益隘」，差得其真。蓋其術雖不足道，其文之奇變詭偉，要非後世所能為也。

【秦恩復傳略】秦恩復，字近光，號敦夫，蘷子。幼穎異，克秉父教。乾隆四十八年舉人，五十二年成進士，改庶常，授編修。嗣丁內艱，服闋，將入

〔註16〕盧文弨：《抱經堂文集》，中華書局1990年版，第146～147頁。
〔註17〕《續修四庫全書》第1121冊，上海古籍出版社，2002年版，第380頁。

都，疽發於背，醫治就痊，而體弱不支，由是閉戶養痾，構屋東，偏築室三楹，顏曰五笥仙館，藏書極富。家居十載，宿疾盡蠲。嘉慶十一年入都供職，逾歲回里。明年遊浙，阮文達公時撫浙，延主講詁經精舍。十四年，兩淮鹽政又延主講樂儀書院。二十年，復聘校刊《欽定全唐文》，一時名流咸集，唱和燕聚，稱極盛焉。二十三年，入都，閱四年，仍乞假歸。晚年自號狷翁，明其志也。性喜填詞，每拈一調，參考諸體，必求盡善，無一曼聲懈字。著有《享帚詞》三卷，平居收藏書畫法帖，泊瓷銅玉石之類，鑒別精確，勘定古書，慎選良工，以付剞劂，海內爭購。曾刊《列子》《鬼谷子》《揚子法言》《駱賓王集》《李元賓集》《呂衡州集》《奉天錄》《隸韻》《詞林韻釋》諸古本行世。卒年八十有四。（《江都縣續志》卷二十五上）

淮南鴻烈閒詁二卷　　（漢）許慎撰　　（清）葉德輝輯

東漢許慎（30～124），字叔重，汝南召陵（今河南郾城）人。官至太尉南閣祭酒。著有《說文解字》《五經異義》等書。師事賈逵，博通經籍，時有「五經無雙」之稱。生平事蹟見《後漢書》本傳及張震澤《許慎年譜》、張同標《許慎評傳》。葉德輝（1864～1927），字奐彬，一字煥彬，號郋園，祖籍江蘇吳縣，寄籍湖南湘潭。著有《書林清話》《郋園讀書志》《說文故訓》等，匯為《郋園全書》。生平事蹟見汪兆鏞《葉郋園先生事略》、許崇熙《郋園先生墓誌銘》、葉德輝《郋園六十自述》及楊樹達《郋園學行記》、王逸明《葉德輝年譜》。

《淮南子》有許慎、高誘二家之注，隋、唐目錄皆別傳行，至宋，二本混淆，已難辨別。宋蘇頌《校淮南子題序》曰：「今校崇文舊書，與蜀川印本，暨臣某家書，凡七部，並題曰《淮南子》，二注相參，不復可辨，惟集賢本卷末有前賢題載云：許標其首皆『詁』，『鴻烈』之下謂之『記上』，高題卷首皆謂之『鴻烈解經』，『解經』之下曰『高氏注』，每篇之下皆曰『訓』，又分數篇為上下，以此為異。《崇文總目》亦云如此。又謂高注詳於許氏，本書文句亦有小異。然今此七本皆有高氏訓，敘題卷仍各不同，或於解經下云許慎記上，或於間詁上云高氏，或但云鴻烈解，或不言高氏注，或以《人間篇》為第七，或以《精神篇》為第十八，參差不齊，非復昔時之體。」〔註18〕當時據文推

〔註18〕《蘇魏公文集》卷六十七。

次，頗見端緒，因不錄許注，其後又難辨如故。王世貞《藝苑巵言三》亦云：「《淮南鴻烈》雖似錯雜，而氣法如一，當由劉安手裁。楊子雲稱其一出一入字直百。」

此書前有葉德輝《輯淮南鴻烈閒詁序》〔註19〕。漢儒注書之名，約有數家，曰傳，曰注，曰解，曰箋，曰解詁，而無「閒詁」之名，或有疑義，光緒二十年（1894）其弟葉德炯《淮南鴻烈閒詁跋》釋之曰：「此箋類也。本書閒詁，猶言夾註，與箋同實而異名。蓋其書為許君未卒業之書，僅約略箋識其旁，若夾註然，故謂之閒詁。」〔註20〕

葉氏治學宗許慎，又謹守吳派遺法，輯錄此書，用力甚勤，竭十年之力，冥搜博採，始克成編。《淮南鴻烈閒詁》一書，傳本早佚。今檢電子版《文淵閣四庫全書》，僅見唐瞿曇悉達《唐開元占經》引用三次，足見此書輯佚難度之高，亦可推見葉氏功力之深。

此本據國家圖書館藏清光緒二十一年長沙葉氏郋園刻本影印（底本有墨筆校勘）。

【附錄】

【淮南鴻烈解】《淮南鴻烈解》二十一卷，漢劉安撰。安，淮南厲王長之子，招致蘇飛、李尚、左吳、田由、雷被、七披、伍被、晉昌等八人，及諸儒大山、小山之徒，講論道德，總統仁義，著《內書》二十一篇。《李氏書目》云：「第七、第十九亡。」《崇文總目》云：「存者十八篇。」今所傳《原道》《俶真》《天文》《地形》《時則》《冥覽》《精神》《本經》《主術》《繆稱》《齊俗》《道應》《氾（按：氾當作汜）論》《詮言》《丘略》《說山》《說林》《人間》《務修》《泰族》等訓，連卷末《要略》，共二十一篇，似未嘗亡也。又有《中篇》八卷，言神仙黃白之術。又有《外書》三十三篇，《漢志》與《內書》同列於雜家。《中》《外書》余皆未見。《淮南子》多本《文子》，而出入儒、墨、名、法諸家，非成於一人之手。故前後有自相矛盾者，有亂言而乖事實者。既曰「武王伐紂，載屍而行，海內未定，故不為三年之喪」，又曰「武王欲昭文王之令德，使戎狄各以其賄來貢，遼遠未能至，故治三年之喪，殯兩楹以俟遠方」。三代時無印，周官所掌之璽節，鄭氏雖謂如今之印章，其實與玉、角、

〔註19〕《續修四庫全書》第1121冊，上海古籍出版社，2002年版，第381～382頁。
〔註20〕《續修四庫全書》第1121冊，上海古籍出版社，2002年版，第404頁。

虎、人、龍、符、旄諸節並用，不過手執之以表信耳。今乃曰「魯國召子貢，授以大將軍印」。如是之類，不能盡舉也。昔呂不韋相秦，亦致辯士，使人人著所聞，集論以為《十二記》《六論》《八覽》。其說雖未純，要其首尾以類，粲然成一家言，非《淮南》之雜也。古人論立言者，漢不如秦，秦不如周，信矣哉！

淮南萬畢術一卷　（清）丁晏輯

丁晏（1794～1875），字儉卿，號柘唐，晚號石亭居士、頤志老人，山陽（今江蘇淮安）人。性穎敏，博聞強識，九經皆成誦。嘉慶中，阮元試士書院，以漢《易》十五家發策，晏草萬餘言上之，分條析派，博而有要，阮元與山長江藩異之。王引之嘗序所著書，以為能紹閻若璩之學。道光元年（1821）舉人，大挑得教諭，不謁選，一意著書，同里李宗昉稱其搜討勤，援引博，用心苦，斐然有述作之志云。北宋開封篆、隸二體石經原石久佚，拓本罕見，咸豐七年，晏以制錢數百文，購得元以前舊拓孤本於舊書肆中，凡《周易》《書》《詩》《春秋》《禮記》《周禮》《孟子》七經，各有殘帙，共得三百柒拾餘張，分裝四巨冊。因撰《北宋二體石經記》一卷，以考證舊文，刊入自撰之《頤志齋叢書》中。生平讀書為學，篤守有恆之訓。治一書已，方治他書。躬自校訂，丹鉛不去手。通經世之術，嘗謂講學者多疏於治事，故於振恤、災荒、築城、濬渠諸役多有建議，有功桑梓。由侍讀銜內閣中書加三品街。著有《論語孔注證偽》《毛鄭詩釋》《鄭氏詩譜考正》等，彙編為《頤志齋叢書》。編輯《山陽詩徵》，復與何紹基同修《山陽縣志》。生平事蹟見《清史稿·儒林傳》《清史列傳·儒林傳》《續纂山陽縣志》卷十、《淮安府志》卷二十九。門人丁一鵬編《丁柘唐先生歷年紀略》，其子丁壽恒等編《柘唐府君年譜》（均收入《晚清名儒年譜》第二冊）。

此書前有道光七年（1827）丁晏《抄淮南萬畢術序》，稱自來神仙家類多幻言。〔註21〕書後有丁晏跋，稱道光丁亥（1827）讀《太平御覽·淮南萬畢術》一卷，同治乙丑（1865）長夏無事，檢舊本重鈔云云。〔註22〕《淮南萬

〔註21〕《續修四庫全書》第 1121 冊，上海古籍出版社，2002 年版，第 404～406 頁。
　　　　今按：大概其中有一些是利用科學技術搞的幻術。參見洪震寰《淮南萬畢術及其物理知識》，《中國科技史料》1983 年第 3 期。
〔註22〕《續修四庫全書》第 1121 冊，上海古籍出版社，2002 年版，第 410 頁。今

畢術》，蓋五行家言，其書早佚，《隋書‧經籍志》稱梁有《淮南萬畢經》，即此書也。陳碩甫云：「萬畢，人姓名，見《史記‧龜策列傳》，蓋八公之輩，有《術》一卷，漢涿郡高誘注，見《淮南外篇》。」今按：《淮南萬畢術》為古代有關物理、化學之重要文獻，主要討論變化，力圖通過人為努力，實現與常情相悖之變化，由此可追溯淮南學派之探索軌跡。丁晏為傳統之學者，當時並未認識其書之科學價值。〔註23〕《丁柘唐先生歷年紀略》稱：「嘗謂漢學、宋學不可分門戶之見。漢儒正其詁，詁定而義顯；宋儒析其理，理明而詁精（詳叢書讀經說中）。且為學守有恆之訓，治一書畢，方治他書，不見異思遷，不偶作中輟，手校書籍極多，必徹始終。早歲治經而外，熟復《通鑒》，於溫公論斷尤研玩弗置，以故經世優裕。」〔註24〕於此可窺丁晏之學術大旨與治學方法。

　　光緒十九年，羅振玉於滬上書肆中得此書稿本，遂為之校補脫誤，後以示其弟振常，今入藏國家圖書館。此本即據國家圖書館藏稿本影印。

【附錄】

【茆泮林《淮南萬畢術序》】《漢書‧淮南王傳》載劉安著《內書》二十一篇、《外書》甚眾，其中篇八篇多言黃白變幻之事。《藝文志》有《淮南內篇》《外篇》，而不言中篇，意神仙之術說多隱秘，故當時未著萬畢之名，惟《隋志》有《淮南萬畢經》《淮南變化術》，《唐志》有《淮南萬畢術》各一卷，今其書久佚。後代所見《萬畢術》散引於《初學記》《藝文類聚》《太平御覽》書中者，豈即中篇遺跡歟？雖言不雅馴，且大約索隱之流多依附內篇為之，然褚少孫補《史記》已用其說，瓌奇詭異，足以動人耳目者，往往森然羅列其間。余故撮而錄之，以竊擬中篇遺跡云。道光癸未八月既望，高郵茆泮林識。

【茆泮林《淮南萬畢術跋一》】泮林編是書成，復聞瀋陽孫氏舊有輯本，因於友人處得借觀焉。其中為餘集所未備者，《開元占經》《法苑珠林》二事，亟為補入。其有孫本所未採，或僅採本文而未及注文者，或僅採注文而未及本文者，或採本文注文而未全者，更不下二十餘條，且孫本如岑作笒，頌作

按：《齊民要術》《意林》《初學記》《太平御覽》等保存若干條。

〔註23〕朱新林認為，《淮南萬畢術》是淮南王劉安門客中的方士編纂而成的一部方術資料彙編，儘管流傳下來的文字較少，但從中仍可窺見當時的一些樸素自然科技思想，對我們理解《淮南子》及西漢的方術與科技思想有參考價值。見氏著《淮南萬畢術考論》，《管子學刊》2013年第2期。

〔註24〕《晚清名儒年譜》第二冊，北京圖書館出版社，2006年版，第493頁。

頂，鵄作鷯，柳作柳，折甄誤連為句，駭難誤引《抱朴子》文，字句亦多有未審，然余固不敢沒其搜討之勤也。茲特從校補之例，並略為依類編次，以便覽焉。道光甲申嘉平月既望，再識。（《清十種古逸書本》）

【茆泮林《淮南萬畢術跋二》】萬畢之書，惟晉人葛洪所見最詳，故既於《神仙傳》言之，而於《抱朴子·遐覽篇》著有《萬畢符》《萬畢高丘先生法》，又云劉君安未仙去時嘗因《墨子·五行記》抄取其要，以為一卷，其法用藥用符最變化之術之大者，其次有《玉女隱微》一卷，亦大術也，尤為《淮南鴻寶萬畢》之所不及。然其所抄當時已少，能譜之術遂不傳，惟萬畢時時見於他說。予兄以其書為古大儒好道者之所稱述，撮而錄之成帙，則知學人洞明五經之外，又豈不可以是為旁搜之一助哉？（《清十種古逸書本》）

【丁晏傳】丁晏，字儉卿，號柘唐。性穎敏，博聞強識，九經皆成誦。嘉慶中，阮漕督元試士書院，以漢易十五家發策，晏草萬餘言上之，分條析派，博而有要，文達與江山長藩異之。湯學使金釗以《大學》格物、《論語》正名、《易》之爻辰、《詩》之五際、《禮》之禍襲諸義策諸生，復對數千言，大為學使所賞。王尚書引之嘗序所著書，以為能紹鄉人閻百詩之學。由舉人大挑得教諭，不謁選，一意著書。咸豐初，粵冠南下，江寧、揚州相繼陷，當事者延主團練，時賊鋒逼近，人情惕息，督師揚州者忽棄軍走郡城，土冠乘勢揭竿起，晏以方略贊守士者鎮遏內外，禽劇賊，散逆黨，城鄉復定。有仇家構於軍帥，事聞，逮赴揚州行營，逾年讞上，以贖論。年八十二卒。生平讀書為學，篤守有恆之訓。治一書已，方治他書。躬自校訂，丹墨不去手。嘗謂講學者多疏於治事，故於鄉里利病，凡振恤、災荒、築城、濬渠諸役，每為當事者牽挽，多有成效。長子壽昌，原志有傳。仲子壽祺，字仲山，進士，歷官內閣中書、刑部郎中，出為迤西道，未赴任，養親卒。壽祺天性篤實，以父兄為師，力學有家法，居刑曹久，讞獄平恕，為長官所倚重，再隨使者勘辦事件，清操益勵，集同人修輯縣志。三弟壽恒與焉。壽恒字叔居，諸生，淵源家學，熟於文獻，有才識。晏所設施，多壽恒為之贊助云。晏，國史有傳。（《續纂山陽縣志》卷十）

【贈丁儉卿】丁生十七氣浩汧，權奇天驥脫羈絆。渥窪一出馳籋雲，俗眼何曾識豪骭。紛紛少年抱一編，咿唔竟日力文軟。強命屬詞神不偕，文狐蒙戎雜青豻。黑白不辨學貴耳，紫鳳天吳漫璀璨。就中才質賦清白，情思昏如閱欹案。問途略識歧中歧，倏復迷離捨書歎。俗師不導交衢舞，逼入荊榛

作龜竈。劇憐含美不成章，明珠乃取石來鍛。之子汲古轉鹿盧，奧秘潭潭絕畔岸。偶施意匠神鬼驚，移晷掃盡千兔翰。閉門獨造喻甘苦，日不停披慮脫腕。我察譽言恐溢美，清辭再閱發驚惋。未能空洞函古初，豹彩斕斕已彪煥。聞子矢志窮群經，鄙懷結轖似冰泮。祇空剽輕任血氣，立足未定轉離叛。否則瑣瑣注蟲魚，枉是刓精訂漫漶。古來文章有直路，俗工蠑糾自謾讕。群經大義高麗天，照耀靈臺日初旦。眾家傳注勿驟觀，以我一筏涉混瀚。我意成熟參眾家，如一赤絲萬珠貫。不然先入塞吾竅，得不及全失其半。莊荀屈馬擇尤雅，築墉亦欲資版幹。此外高閣束數年，捧日目不見煽燀。理明氣定精內充，百派支流易區判。吁嗟聖道布經籍，獨恃幽通協神斷。子觀禋祀求煮蒿，潔齊鬱邑首重裸。腥焰薦熟後天事，精誠那寄眾臑胖。入途不正異時悔，勢必糅錯合冰炭。胸中疆界未申畫，冰雪聰明亦凌亂。縱使操管摹前民，浩朗青天黑雲慢。丁生丁生知讀經，至道堅剛有鎬鑽。小家訓詁窮豪芒，耿耿元精日消散。名場文字況未技，專政愈非一代冠。暗中福命奪人魄，點者夤緣鬻珍玩。彌天揮灑糠與秕，見人學古目屢眴。生也彩豪幸天授，電光在舌閃爛爛。譸言交攻滋子疑，仗子慧劍力捫扞。宗經徵聖子所習，打雀慎勿費珠彈。箏琶得志詗鈞天，空山素琴自操縵。我聞前訓轉相語，不顧旁人笑漫漢。女床一鳥飛驚天，那待枋榆拙鳩喚。只因姿骨病且醜，引鏡生慚發顛汗。入塾受書二十載，雞棲名不出里閈。禿筆如篆有何用，供作勞薪爇炊爨。酸鹹歷盡轉爽口，剉我詞鋒失勁悍。晨起誦經十忘幾，批捩眊耗迨日旰。尚思攘袖揮塵氛，俗骨勤求大丹換。矧子英年軼同輩，思理勃窣鮮遺算。積成學業崑崙丘。部婁群言只低看。天生異材致實用，敢隨眾口妄褒贊。一時得失百年事，努力壇宇壯雕奐。房駟精英踔萬里，休學鄉閭策款段。他時仰配古作者，不負奇書讀東觀。（潘德輿撰文，載徐世昌《晚晴簃詩匯》卷一百三十二）

淮南許注異同詁四卷補遺一卷續補一卷 （清）陶方琦撰

　　陶方琦（1845～1885），字子縝，一字子珍，號湘湄、蘭當、噢廬，會稽（今浙江紹興）人。光緒二年（1876）進士，選翰林院庶吉士，散館授編修，督學湖南。生性恬靜，沉默寡言，常寂坐於斗室之中，研習經史。淡漠仕途，篤學好古，著書立說未曾中輟。專治《易經》鄭注，又習《大戴禮記》《毛詩》

《爾雅》漢注，兼攻駢文。曾拜同鄉李越縵為師。《清史稿‧文苑三》稱李慈銘弟子著錄數百人，同邑陶方琦為最。陶方琦《寄呈李越縵先生》詩云：「思隨杖履集都門，花外琴書笑語溫。卜宅湖塘分柘柳，采風瀟水長蘭蓀。千秋中壘傳經業，一曲震川數醉痕。見說春城桃李豔，薰風何處不開尊。」同治十三年（1874）會試，李慈銘不售，陶方琦亦未取。李慈銘送子縝南還，詩中有：「經國奇才如子少，天涯落魄幾人同？」大有惺惺相惜之意。師徒二人時有唱和。方琦邃於《說文》，著《許氏疑年表》，諸可寶商榷之力居多。〔註25〕他著有《字林考逸補本》《噚廬駢文選》《漢孳室文鈔》《漢孳室遺著》《湘纍閣遺集》。生平事蹟見《清史稿‧文苑傳》《兩浙輶軒續錄》《寒松閣談藝瑣錄》及《清秘述聞續》。譚獻為之撰傳，文載《復堂文續》卷四。〔註26〕

《淮南子》原有許慎、高誘二注。許注久佚，高注獨存。方琦輯各家經籍所引許注，與《道藏》本相校，其間有同者，有異者，成《異同詁》四卷，每卷數十條。其大要以本書證本書，如《原道訓》三仞之城下注云八尺曰仞，而《覽冥訓》注作七尺曰仞。以《說文》仞，伸臂一尋八尺推之，知云八尺者乃許注矣。次則以引書證本書，如《俶真訓》溪子之弩，高注溪子為弩，而《史記索隱》引許注正作南方溪子蠻夷出柘弩及竹弩也。以是類索，古義益出。厥後又從蕭吉《五行大義》補九則，杜氏《通典》補一則，慧琳《一切經音義》補九十餘則，復為《補遺》一卷。既而又得見唐人寫本《玉篇》、隋杜臺卿《玉燭寶典》、希麟《續一切經音義》等，更補寫若干則，為《續補》一卷。其考訂之法悉如正編，而又加詳焉。〔註27〕

《淮南許高注二家異同考》手稿本有二種：一有譚獻批，今藏上海圖書館，一存一卷，今藏浙江圖書館。此書有清光緒七年陶氏漢孳室刻本。又有清張氏儀鄭廬抄本，清王仁俊校並跋，存二卷（卷一、卷二），今藏南京圖書館。此本據國家圖書館藏清光緒刻本影印。

【附錄】

【陶方琦《淮南許注異同詁自序》】《淮南》《道藏》本較通行本為楸密，而踳敚亦甚，方琦讀而病之，遂為《淮南參正》一書。許、高二注並出東漢，

〔註25〕《杭州府志》（民國鉛印本）卷一百四十六《人物八‧文苑三》。
〔註26〕有關李越縵的研究早已成為顯學，而陶方琦其人其學的研究還是空白，亟待填補。
〔註27〕《續修四庫全書總目提要稿本》第35冊，齊魯書社，1996年版，第48頁。

浚長詁記說尤古樸，濮令之注，雖祖南郡，要非其匹也。己巳之歲，閒居無事，翻紉群冊，刺取許氏逸說，香為一卷。舊傳《道藏》本有許注羼入，相沿累代，疇能釐析，嘗疑《原道》以次十三篇多詳（《原道》《俶真》《地形》《時則》《覽冥》《天文》《精神》《本經》《主術》《氾論》《說林》《說山》《修務》），《繆稱》以次八篇多略（《繆爾》《齊俗》《道應》《詮言》《兵略》《人間》《泰族》《要略》），詳者當是許、高注雜，略者必係一家之言，解故簡塙，尤近許氏。後讀宋蘇魏公文集內有《校淮南子題敘》，略云是書有後漢時太尉祭酒許慎、東郡濮陽令高誘二家之注，隋、唐……以是類索，古誼益出。至若當時許本必與今本文義互有異同，如《文選注》引「坐相連也」、「璐美玉也」、「裝束也」、「猥總凡也」，皆指為許注《淮南》之說，一見再見，信而可徵，而撢究本書，或多變易，即近考史傳志注及古冊徵引，與今本縣區者多為許氏義矣。蓋今時《淮南》之本迭經變竄，唐人引《淮南》之注（《開元占經》及《意林》《群書治要》等書）皆為許本，故與今高注並異，後人不知，遂日翳隱也。考《淮南》之注，傳者惟許、高二家，惟《後漢·馬融傳》言融曾為《淮南注》，《隋志》不錄，書已早逸。然高誘之師為盧植，植之師即為馬融。誘自序云「從故侍中同縣盧君受其句讀，誦舉大義」，是高誘當親見馬氏注本，承用師說，必多相合，故與許氏注說亦不甚異也。況高出漢季，去許未遠，所云深思先師之訓，即指為馬氏注本，故音訓之詳確，非魏晉以後可隸，今必別白同異，亦緣許注久湮，後人匙知精討，疑信相乘，古解日替（如劉盧泉以為許慎記上，而高氏為之注，疑許氏並無注，又如南宋以後諸儒引高注皆訛為許注之類是也），遂使南閣舊義蹖駁羼亂於高氏注中，亦非高氏所安也。故為《異同詁》四卷，方琦復著《淮南許注存疑》一書，以輯存其剩義（凡《北堂書鈔》《初學記》《藝文類聚》《太平御覽》諸書所引《淮南》舊注，不標許君注者，雖與高氏注異，亦退入存疑中，非得確徵，不輕採入），頻悥憂患，汔未卒業。先出此書，以質同學。略傳徵據，特取照記簡絲數米煩而不謷，竊幸不受鴻烈之議也。〔註28〕（又見陶方琦《漢孳室文鈔》，《皇清經解續編》第5冊，1355～1365頁）

【陶方琦《淮南許詁八篇徵序》】方琦於癸亥之歲侍宦閩中，從蘇觀察得其家刻《蘇魏公集》，見其集中有《校淮南子題敘》一篇，「有云『故曰因以題篇』者十三篇為高注本，無『故曰因以題篇』者八篇為許注本」，始知今《道

〔註28〕《續修四庫全書》第1121冊，上海古籍出版社，2002年版，第412頁。

藏》本每篇目下皆有「故曰因以題篇」等字，惟《繆稱》《至要略》八篇獨無，蓋即許注本也。烈間詁卷十等字至末篇要略訓又題間詁二字，由是觀之，高氏既闕八篇，後人遂益以許注，而別以有題篇、無題篇字並題間詁，以誌釐別，相傳已久，不得其解，遂有謂許注盡亡者。有謂許但有記上，而並無注者，更有謂十三篇中高注即許注者，望文生義，謬論踵起。考隋、唐《志》，許、高二注並列。《宋志》高注但云十三卷，與魏公十三篇之說符合。《郡齋讀書志》《淮南》二十一卷慎標其首，皆曰閒詁，次曰鴻烈，自名注曰記上今存十六篇，季氏書目云第七第十九亡。《崇文目》則云存者十八篇（蘇魏公亦云許注十八篇）。蓋季氏亡二篇，崇文亡三篇，家本又少其一，俟求善本正是之。《玉海》又云：「蘇頌去其重複，共得高注十三篇、許注十八篇。」皆親見許詁舊本者也。余十年以來，又剌取史傳志注、唐人類書及釋藏等書，共得五卷，凡昔人所引許詁在十三篇中者，注文多異，在八篇中者則盡同，益喜故人之言信而有徵。又得《許詁存疑》四卷，思於暇日仍寫《淮南》原文二十一篇，以完歸閒詁舊本。凡許詁皆附其下，唐人所引《淮南》正文與今本異者多為許本，亦並載之，庶幾許、高分列，不相羼雜，亦以守《隋志》舊編之緒也。今歲逭暑滬西門家退莽方伯家，樓外綠陰如海，朝爽時至，復校篇籍，為許注八篇，徵凡八卷，理而董之，是在異日。丁丑七月八日，書於翠樓。（出自陶方琦《漢孳室文鈔》，《皇清經解續編》第 5 冊，1355～1365 頁）

【陶方琦《淮南許注異同詁補遺序》】方琦輯《許君淮南注》，廿載搆綴，乃就斯編，今茲讀禮匿伏，菆疚朝餔之暇，尋繹廢簡，屢從姚子海槎窺涉古籍，揚斠奧文，奇書碩記，互相披析，因又從蕭吉《五行大義》補九則，杜氏《通典》補一則，唐釋慧琳《大藏音義》補九十餘則。《大藏音義》者傳於雒東獅谷，阮文達《眾經音義提要》云西明寺慧琳《大藏音義》一百卷，今已不傳。乾嘉經師均未逮見，余以閒居獲睹異冊，旁引秘文，非世諗習瑰寶盈前，攟摭不盡，爰事次簡，緝補前書。識大識小，信而有徵，且與昔恉若合符節，在八篇者盡同，在十三篇者多異。觸事廣之，演其未及。昭茲來許，令得用諝閒詁之誼，庶無遺焉。

【陶方琦《許注淮南存疑敘》】余自讀蘇魏公《校正淮南敘》，而知八篇、十三篇之分，又博採史傳志注、字書音義、唐人選注、類書，凡引及《淮南》舊注有與今本不同者，存為許注，又本書中有云一曰某某，及或作某某者，皆許、高二注羼亂之久，後人別白於此，雖不盡出許本，而許義為多。更以高

氏《呂覽注》及本書中注文前後互異者判斷一是，歸之汯長，名曰存疑，存其真也。今人為淮南之學者少，為許氏淮南之學者尤少。許君東漢大儒，《說文解字》《五經異義》，經學、小學不廢萬古。覃討有年，尚未成書。今春乞假還里，頤奉高堂之暇，孳孳先籍之餘，杜門養病，獲有休閒，寫定是書，以成夙志。附諸《淮南許注異同詁》後，尊許學者亦所不捨，嘗肉而嗜一胹，未始非知味者也。

【陶方琦《淮南許注異同詁續補跋》】鄂中刻補遺一卷，後又獲見日本近出古書數種，如唐人卷本《玉篇》零部三冊，又續出絲部一冊，及隋杜臺卿《玉燭寶典》十一卷、希麟《續一切經音義》十卷，重得淮南許詁如此，始知異書迭顯，向學靡止，再有續聞，必勤斟錄。前閱畢氏《關中金石記》，云唐人有史崇道藏《一切經音義》引據古書，亦稱博雅，尚書歿後，迄未刊行，世無其書，知者並尟。倘假以編帙前緣翻帑，餘暇續搜《聞詁》，力歸完書，並世學者，當有同志。甲申秋日，陶方琦跋於郡齋之雙禕隋室。
〔註29〕

【續修四庫全書總目提要（稿本）35～48】《淮南許注異同詁》四卷《補遺》一卷《續補》一卷（光緒七年刻本），清陶方琦撰。方琦字子珍，浙江會稽人。光緒二年進士，翰林院編修，督學湖南。事蹟具詳譚獻所為傳。此《淮南許注異同詁》者，乃方琦精力所粹之著也。《淮南子》原有許慎、高誘二注。許注久佚，僅高注存……方琦因復輯各家經籍所引許注，與《道藏》本相讎，其間有同者，有異者，成《異同詁》四卷，每卷數十則。其大要以本書證本書，如《原道訓》三仞之城下注云「八尺曰仞」，而《覽冥訓》注作「七尺曰仞」。以《說文》「仞，伸臂一尋八尺」推之，知云八尺者乃許注矣……次則以引書證本書，如《俶真訓》溪子之弩，高注溪子為弩，而《史記索隱》引許注正作南方溪子蠻夷出柘弩及竹弩也……以是類索，古義益出，而許注乃明。厥後又從蕭吉《五行大義》補九則，杜氏《通典》補一則，唐釋慧琳《大藏音義》補九十餘則，復為《補遺》一卷。既而又得見唐人寫本《玉篇》、隋杜臺卿《玉燭寶典》、希麟《續一切經音義》等，更補寫若干則，為《續補》一卷。其考訂之法悉如正編，而又加詳。蓋自方琦成此編後，而許注乃復重見於世也。

〔註29〕《續修四庫全書》第1121冊，上海古籍出版社，2002年版，第492頁。

【陶編修傳】陶君名方琦，字子珍，浙江會稽人，世居陶家堰。曾祖兆麟，直隸大城縣典史。祖際堯，湖南永州知府。父良翰，福建興化知府。先世皆文學飾治，有聲仕籍。方琦淵淵，覃思天人，少漸庭誥，綜群籍。避亂山中，擁書吟諷。既冠，補諸生。逾年，同治丁卯，並補甲子科舉人，兄方管同榜。方琦靜穆寡言笑，雖徵歌酣燕，寂坐蕭然。至斗室中同志友人討古辨疑，斷斷不自知。庚午秋，偕同年友餘姚朱衍緒震甫，就譚獻論群經九流之流別，旁逮文辭正變，密坐千言，逾晷忘疲。至二君後先捐館舍，獻理其緒言，往往雪涕。方琦樂善人規誨，輒精思求益也。成丙子進士，官翰林院編修。督學湖南時，所學大就。治《易》鄭注、《詩魯故》《爾雅》漢注，又習《大戴禮記》。其治《淮南王書》，方以推究經訓，搜採許注，拾補高誘。再三屬草，矻矻十年。故其視學實事求是，得士如衡山李子茂、衡陽夏時濟、武陵陳銳，所造就者皆能窮經；桂陽陳兆葵、長沙蕭榮爵，文章蔚然。在官丁母憂，歸葬禮成，湖北奏請總修省志。遊於武昌，手茸所著書，未卒業。詩詞駢儷文，約略寫定。釋服，北上供職，逡巡染疾。薦直南齋，已不能赴，病數月，光緒十年十二月卒於京邸，年甫四十。君學有本末，汲汲於古，述造無間歲時。今《漢孳室遺書》，四方傳抄及所手訂者行世，有《淮南許注異同詁》《許君年表》《倉頡篇字林補輯》《漢孳室文鈔》《潠廬駢文選》《湘麋閣遺詩》《蘭當館詞餘稿》，尚藏於家。賢婦王，孝敬守禮，生四子，後君十年卒。子詞光、謍光、譽光、謨光。庶子撰光、誠光、議光。贊曰：式詹興化，服被家學。琦也益昌，研經後覺。理道質文，紆徐卓犖。無年不朽，斯樸斯斲。（譚獻《復堂文續》卷四）

淮南天文訓補注二卷　（清）錢塘撰

錢塘（1735～1790），字學淵，一字禹美，號溉亭，嘉定（今屬上海市）人。乾隆四十五年（1780）進士，選江寧府學教授。錢大昕族子，為「嘉定九錢」之一，於聲音、文字、律呂、推步尤有神解。著有《律呂古義》《史記三書釋疑》《述古錄》等。事蹟附《清史列傳·錢大昕傳》。

天文之學，本諸馮相。錢塘以《淮南·天文訓》一篇，多《周官》馮相保章遺法，高誘注頗闕略，罕所推闡，因作《補注》二卷，以通其旨。錢大昕序稱其足為九師之功臣，讀之可上窺渾蓋、宣夜之原，旁究堪輿、叢辰之

應云。〔註30〕乾隆四十五年（1780）翁方綱序歎其賅洽。〔註31〕乾隆四十五年（1780）謝塙序稱其旨正、其文博，又稱其以道藏證儒書云。〔註32〕道光八年（1828）淡春臺跋稱《天文訓》一篇論述閎深，尤多三代遺術。又稱據稿本校刻行世云云。〔註33〕

《淮南子》原有許慎、高誘二注。存者僅高注，許注已亡於五代。然《正統道藏》本有許注，首列高序，乃宋人屪入之本，以校高注，增多十之三四。錢塘以為其間當有許注，但《天文訓》則無一字增加，而中有「誘不敏也」之文，疑出於高誘之所注，而高誘於術數未諳，遂不能詳言其義，因以算數稽諸載籍，於高氏所未及者皆詳言之。析為二卷。其書體例為：先之以原書，次之以高注，再次之以補注。其書大旨以淮南所用為顓頊曆，信而有徵。以八風配奇門，亦足訂術家休生相次之謬云云。〔註34〕

今考，《補注》詳盡解釋原篇之曆法、宇宙理論、術數、律呂、分野、觀測方法等重要內容，其中對歲星紀年法和顓頊曆「曆元」之討論尤其有價值。此書以算學推證而出，並列圖以明之，圖凡十四，曰《八十歲日復之圖》，曰《咸池右行四仲日所在圖》，曰《日行十六所合堪輿之圖》，曰《律應二十四氣之變圖》，曰《六十律旋宮圖》，曰《七均清濁和繆之圖》，曰《候氣三律圖》，曰《二十歲刑德離合圖》，曰《八合之圖》，曰《正朝夕圖》，曰《測日遠句股比例圖》，曰《測日高句股比例圖》，曰《日景出人前表益損之圖》，曰《天維十二月小周天之圖》。此書為研究《淮南子·天文訓》之重要參考書，於研究秦漢天文學以及中國古代術數學亦頗具參考價值。〔註35〕

此書成於乾隆四十四年，乾隆五十三年修訂，遂為定本。流傳版本有乾

〔註30〕《續修四庫全書》第1121冊，上海古籍出版社，2002年版，第504頁。

〔註31〕《續修四庫全書》第1121冊，上海古籍出版社，2002年版，第503頁。

〔註32〕《續修四庫全書》第1121冊，上海古籍出版社，2002年版，第502～503頁。

〔註33〕《續修四庫全書》第1121冊，上海古籍出版社，2002年版，第583頁。

〔註34〕《續修四庫全書》第1121冊，上海古籍出版社，2002年版，第505頁。今按：《續修四庫全書總目提要》稿本亦採用此處材料。

〔註35〕徐鳳先：《淮南天文訓補注評介》，《中國科技史雜誌》1996年第2期。今按：陶磊博士認為，《淮南子·天文》記述的甲寅元曆是古六曆中的殷曆，而非通常所認為的顓頊曆。《天文》有完整的「五家曆」的記載，所謂「五家曆」，是古代術士以歲、月、日、星、辰為基礎判斷吉凶的數術。從對《天文》的內在結構分析看，《天文》當成於一人之手，為一家之言，故文章提出，《天文》是漢初殷曆家的作品。詳見氏著《淮南子天文研究》，中國社會科學院研究生院2002年博士學位論文。

隆五十三年刊本、指海本、守山閣叢書本、崇文書局本、道光八年嘉定刊本、道光二十一年刻本。此本據天津圖書館藏清道光八年刻本影印。

【附錄】

【錢大昕《淮南天文訓補注序》】溉亭主人嘿而湛思，有子雲之好；一物不知，有吉茂之恥。讀《淮南·天文訓》，謂其中多三代遺術，今人鮮究其旨，乃證之群書，疏其大義，或意有不盡，則圖以顯之，洵足為「九師」之功臣，而補許、高之未備者也。嘗考天之言文，始於宣尼贊《易》，一陰一陽之謂道，道有變動曰物，物相雜曰文，天文即天道也。經傳言天道者，皆主七政、五行、吉凶、休咎而言，子貢「億則屢中」，而猶謂「性與天道不可得而聞」，則天道之微，非箕子、周公、孔子不足以與此，此子產譏裨灶「焉知天道」，而梓慎之見屈於叔孫昭子也。然古者祝宗、卜史亞於太宰，馮相、保章官以世氏，習其業者皆傳授有本，非矯誣疑眾。五紀六物，七衡九行，子卯之忌具存，昏旦之中可紀，天道不諂，文亦在茲。是以名卿學士，就而諮訪，以察時變，睹火流而知失閏，望鳥帑而識棄次，八會之占，驗於吳楚；玉門之策，習於種、蠡。雖小道有可觀，而夫子焉不學。詎如後之學者，未窺六甲，便演先天，不辨五行，乃汩《洪範》，握算昧正負之目，出門迷鉤繩之方也哉！秦火以降，典籍散亡，《淮南》一篇，略存古法。溉亭為引而伸之，觸類而長之，讀之可上窺渾蓋、宣夜之原，旁究堪輿、叢辰之應，但恐君山而外無好之者，不免覆醬瓿之嘲爾。（錢大昕《潛研堂集》文集卷二十五）

【溉亭別傳】溉亭姓錢氏，名塘，字學淵，一字禹美。世居嘉定之望仙橋。曾大父惟亮，廩膳生，與先奉政公為從祖昆弟，生太學生衡臣，有三子，彥昭早卒，彥輝、永輝皆太學生。溉亭為永輝長子，甫在抱，而彥輝撫以為後。始就傳習舉業，出語便不凡。既補博士弟子，與諸澱艚、汪絅青、王鶴溪、王耿仲唱和，為古今體詩，即為王西莊光祿、王蘭泉侍郎激賞。然溉亭意慊然猶未足，不欲以詞人自命。及選拔入成均，試闕下，歸益肆力於經史之學。乾隆四十五年，舉江南鄉試，對策為通場第一。明年成進士，需次當得縣宰，而溉亭自以不習吏事，呈吏部願就教職，選授江寧府學教授。公務多暇，益刻苦撰述，於聲音、文字、律呂、推步之學尤有神解。體素羸弱，夏月常畏寒擁絮。而考辯精到，議論風生，不假公明三斗酒也。春秋五十有六，終於江寧官廨。溉亭著《律呂古義》六卷，自序云：「古之律傳而尺不傳，律法待尺以為用，尺不傳，則律不傳矣……夫言律必求其實，用律之數，寓於度量權

衡，而其聲應乎金石絲竹，律本無不通，故以是數物為其用，通則有法焉，即黃鐘之律是也。故曰為萬事根本。」其《明算篇》曰：「算莫難於算圜。圜周者，圜幂之本也。以方容圜，徑同而周異，圜周之有圜幂，若方周之有方幂，故周異則幂亦異，倍其徑者四其幂，則初以為周者，繼以為幂矣。以方周除圜周而十之，亦即圜之幂也。由是定為方圜之率，任所得之為方為圜，無不可以推知其所未得。而術有古今疏密之不同，古術方周四則圜周三，是幂亦方四而圜三也……」其《較度篇》曰：「《晉志》列十五等尺，以晉前尺為主，謂之周尺。《玉海》列六等尺，以司馬公所摹高若訥漢泉尺為主，謂之周尺。其時漢尺之外，實未見周尺也。今曲阜孔氏所藏漢慮俿銅尺，建初六年八月造，當今工匠尺七寸四分，與《晉志》云『晉前尺』即劉歆鍾律尺，建武銅尺者正同，即司馬公家周尺亦無不同也。周尺今藏曲阜顏氏，以今匠尺校之，長六寸四分八釐。昔人以漢尺為周尺者，非也。周有八寸、十寸尺，以顏氏尺四分加一得今匠尺之八寸一分，是為古十寸尺，昔人謂之夏尺，別於周也。商尺，蔡邕言長九寸，鄭樵言長一尺二寸半，按《考工記》，夏后氏世室度以步，殷人重屋度以尋。步長六尺，十寸尺也。尋長八尺，八寸尺也。殷制用尋，明別無殷尺矣，蓋二尺三代同用也。蔡說出自臆撰，鄭樵則據三司尺言之。三司尺范景仁謂之黃帝時尺，雖未可信，要非宋始有之，以漢尺推算，當長一尺三寸五分，即今匠尺也。三司尺之八寸一分即古十寸尺，十寸尺制律，三代當同，愈於用漢尺遠矣。」又著《史記三書釋疑》，於律曆、天官家言皆究其原本，而以它書疏通證明之。《律書》「上九、商八、羽七、角六、宮五、徵九」數語，注家皆不能曉，小司馬疑其數錯，溉亭據《淮南子》《太玄經》證之，始信其確不可易。又以《淮南・天文訓》一篇多《周官》馮相、保章遺法，高氏注頗闕略，罕所證明，作《補注》三卷以闡其旨。晚年讀《春秋左氏經傳》，精心有得，作《古義》若干卷，以補杜氏之闕，且糾其謬。其所作古文曰《述古編》四卷，詩曰《□□齋吟稿》，皆刊刻行世。溉亭少時執經於先君子，予長於溉亭七歲，相與共學。予入都以後，溉亭與其弟垙及予弟大昭相切磋，為實事求是之學，蘄至於古文而止。比予歸田，而溉亭學已大成，每相見，輒互證其所得。吾邑言好學者稱錢氏，而溉亭尤群從之白眉也。惜其未及中壽，而撰述或不盡傳，因仿魏、晉人別傳之例，述其事目如右。（錢大昕《潛研堂文集》卷三十九）

【續修四庫全書總目提要（稿本）35～53】《淮南天文訓補注》二卷（光

緒三年刻本），清錢塘撰。塘字學淵，別署溉亭居士，嘉定人。大昕族子。乾隆四十五年進士，改教職。塘少大昕七歲，相與共學，又與大昕弟大昭及弟坫相切磋，為實事求是之學，於聲音、文字、律呂、推步尤有神解。著《律呂古義》……是書亦以算學推證而出，並列圖以明之。《淮南子》原有許慎、高誘二注。存者僅高注，許注久佚。然明正統《道藏》本有許注，首列高序，乃宋羼入之本，以校高注，增多十之三四。錢塘以為其間當有許注，但《天文訓》則無一字增加，而中有「誘不敏也」之文，疑出於誘之所注，而誘於術數未諳，遂不能詳言其義，因以算數稽諸載籍，於高氏所未及者皆詳言之。析為二卷。體例：先之以原書，次之以高注，再次之以補注。其書大旨以淮南所用為顓頊曆，信而有徵。以八風配奇門，亦足訂術家休生相次之謬。其糾正舛誤最甚者，如天一元始，正月建寅，日月入寅室五度，天一以始建，即是顓頊曆。上元則天一當為太乙，而高氏無注。二十四時之變，反覆比十二律，故一氣比一音，而注以十二月律釋之。（下略）

風俗通義校正二卷風俗通義補逸一卷 　（清）朱筠撰

朱筠（1729～1781），字竹君，一字美叔，號笥河，學者稱笥河先生。大興（今屬北京）人。學行高朗，少有令譽。年十三，通五經。十五，文成斐然。與弟珪同補諸生，負文名。鄉試不售，劉文定綸延之家，修盛京志。凡參決大事，每從諮訪。筠從容諷公以古大臣之事，每頷之，以為疏雋奇士。乾隆十九年（1754）成進士，選庶吉士，授編修。綸喜謂曰：「君無復以古大臣責我，老夫無能為望，君努力耳。」擢翰林院侍讀學士，充日講起居注官。奉命督安徽學政，為刊舊藏宋槧許氏《說文》，廣布學宮，語諸生曰：「古學權輿專在是矣。」朝廷頒求遺書之詔，笥河首倡開四庫館，校理各省上進之書及《永樂大典》。聚書數萬卷，種花滿徑，來請謁者不拒，考古著錄，窮日夜不倦。笥河以經學、六書訓士，稱人之善，唯恐不及，提攜後學，不遺餘力，提倡風雅，以興起斯文為己任，汪中、章學誠、黃景仁、武億、李威、邵晉涵、王念孫諸人皆遊其門，一時奉為學界祭酒。〔註36〕著有《笥河詩文集》。生平事蹟

〔註36〕林存陽：《朱筠與清中葉學術變遷》，《中國史研究》2011年第1期。該文認為，在清代學術演進過程中，清廷開《四庫全書》館，是清中葉學術發生變遷的一個重要標誌，樸實考經證史之風因緣而興。朱筠倡議開館從《永樂大典》中輯校遺書，在其間發揮了不可忽視的作用。而朱筠之所以發此倡議，

見孫星衍《朱先生筠行狀》、章學誠《朱先生墓誌銘》、姚鼐《朱竹君先生別傳》《清史列傳·儒林傳》《清史稿·儒林傳》、姚名達《朱筠年譜》、張俊嶺《朱筠年譜新編》。

此書卷首有朱筠自記一行：「乾隆丁亥陬月十日始得大德中刻本用校一通。」〔註37〕又有道光七年（1827）其子錫庚識語，稱是本為明何氏《漢魏叢書》中刊本，其父據大德間刊本手校一通，筆於簡端，錫庚謹取以錄出。〔註38〕

《風俗通義》一書，在宋時已非完本。自盧文弨《群書拾補》為之考文訂事，篳路藍縷，導夫先路；其後，錢大昕、臧鏞堂、顧明、孫志祖、郝懿行諸人續有是正。朱筠主要以元大德本《風俗通義》，校訂何氏《漢魏叢書》本。其書體例為：依原本改正者，注曰「今本誤作某」；從大德本改正者，疑而未決或可兩道者，只注「大德本作某」；考訂時，參考《玉篇》《廣韻》《文選注》《後漢書注》等書，亦有以己意考正者。所考多有可取，足資參考焉。

《補逸》一卷，朱筠《風俗通義補逸題識》稱，辛未（1751）夏，清高宗偶問劉統勳趙高束蒲為脯事出何書，劉統勳退訪於朱筠，一事不知，深以為恥，朱筠遂廣為搜集，錄為一編。書末又有道光七年（1827）朱錫庚跋，詳述始末云：「先大夫為諸生時，館於諸城相國家，值上以趙高束蒲為脯顧問大臣語出何書，劉文正公退訪於先大夫，其時遽以李善《文選注》所引《風俗通義》為對，既而遍檢應氏原書，實無其文，乃取《文選注》及《後漢書注》《唐類函》《事類賦注》、宋以前諸書所徵引今本所無者，共得十事，復取宋大中祥符間重修《廣韻》，於姓氏中採出百五十五則，其非關姓氏者十一則，蓋所傳之本不惟訛誤已甚，即其篇數亦闕漏大半。」〔註39〕朱筠《風俗通義補逸

與其「識字以通經」的為學取向密切相關。在朱筠的積極倡導、扶持下，這一為學取向還對一時學風士習的轉移產生了重要影響，並有力地推進了「通經稽古」新治學趨向的發皇。因此，探究清中葉的學術變遷，朱筠是一位值得關注的人物。

〔註37〕《續修四庫全書》第1121冊，上海古籍出版社，2002年版，第585頁。
〔註38〕《續修四庫全書》第1121冊，上海古籍出版社，2002年版，第587頁。
〔註39〕《續修四庫全書》第1121冊，上海古籍出版社，2002年版，第595頁。今按：諸城相國即劉統勳。朱筠中進士前，曾住在劉統勳家，在其幕下修《盛京志》，參議政事，頗得劉統勳的賞識。時劉統勳已是刑部尚書、軍機大臣，也是他的恩師。後來，朱筠做了官，劉統勳也升為上書房總師傅、內閣大學

題識》稱古人之書，有源有委，其用意甚深至，為學甚博大，今不得見全書，而徒撮其散失之言，一掛萬漏，不足以存古人云云。〔註40〕

此書未刊，抄本傳世。此本據國家圖書館藏清抄本影印。

【附錄】

【清史稿·文苑二】朱筠，字竹君，大興人。乾隆甲戌進士，選庶吉士，授編修。由贊善大考擢侍讀學士，屢分校鄉會試。庚寅，典福建鄉試。辛卯，督安徽學政。詔求遺書，奏言翰林院藏《永樂大典》內多古書，請開局校輯。旋奉上諭：「軍機大臣議覆朱筠條奏校核《永樂大典》一節，已派軍機大臣為總裁。又朱筠所奏將《永樂大典》擇取繕寫，各自為書，及每書校其得失，撮舉大旨，敘於本書卷首之處，即令承辦各員，將各原書詳細檢閱，並書中要旨總敘厓略，呈候裁定；又將來書成，著名《四庫全書》。」《四庫全書》自此始。筠又請仿漢熹平、唐開成故事，校正「十三經」文字，勒石太學。未幾，坐事降編修，充《四庫全書》纂修官，兼修《日下舊聞考》。高宗嘗稱筠學問文章殊過人。尋，復督學福建。歸，卒，年五十有三。筠博聞宏覽，以經學、六書訓士。謂經學本於文字訓詁，周公作《爾雅》，《釋詁》居首；保氏教六書，《說文》僅存。於是敘《說文解字》刊布之。視學所至，尤以人才經術名義為急務，汲引後進，常若不及。因材施教，士多因以得名，時有朱門弟子之目。好金石文字，謂可佐證經史。諸史百家，皆考訂其是非同異。為文以鄭、孔經義，遷、固史書為質，而參以韓、蘇。詩出入唐、宋，不名一家，並為世重。筠銳然以興起斯文為己任，搜羅文獻，表章風化，一切破崖岸而為之。好客，善飲，談笑窮日夜。酒酣論天下事，自比李元禮、范孟博，激揚清濁，分別邪正，聞者悚然。著有《笥河集》等。

【翰林院編修朱公墓誌銘】珪自去年八月十四日聞予兄竹君之病狀，十六日忽得凶耗，哭失聲。既而得任錫鹵等所為行述，且曰明春將葬，叔其為銘。嗚呼已矣！珪悔不從兄學古文，而何以銘吾兄耶？公諱筠，字竹君，一字美叔，號笥河，順天大興人。先世德三公居浙蕭山之黃閣河，當明洪武、永

士、翰林院掌院學士、首席軍機大臣，但朱筠從來不去拜訪他。一次，在朝中相遇，劉統勳問：「你難道忘了老夫嗎？」朱筠對曰：「非公事不敢過丞相門，怕別人背後議論，有損恩師的形象。」劉統勳聽了連稱他「狷者狷者」，意即獨善其身，有所不為。

〔註40〕《續修四庫全書》第1121冊，上海古籍出版社，2002年版，第594頁。

樂間。德三公之曾祖福三公，自元時初居越寨，以上無徵矣。由福三公而下，皆葬西山，世業農。八世至高祖尚綱公，明末官游擊，亦不詳其地。曾祖諱必名。祖諱登俊，起家湖廣長陽、四川琪縣知縣，卒官中書科中書舍人。先考諱文炳，年十七，入大興籍，為諸生，官陝西盩厔縣知縣，累封至中憲大夫、福建糧驛分巡道。曾祖考三世皆誥贈通奉大夫、山西布政使司布政使。曾祖妣白氏、祖妣何氏、馮氏、妣徐氏皆贈夫人。先妣生予兄弟四人：長兄堂原，任陝西大荔縣縣丞；仲兄垣，辛未科進士，歷官山東濟陽、長清二縣知縣。其次公。行五珪，其季也。女兄弟六人。公生而神慧，長珪二歲，皆生於盩厔。九歲至京師，十三通「五經」，學為文。十五文成斐然。先大夫喜，賜之硯。其年癸亥七月，先妣見背。公與珪同臥起，夜讀古書，手抄默誦，雞鳴不休。明年，珪遂病，而公愈強力。乙丑孟冬，服除，應郡試，府丞石首鄭公其儲擢珪第一，公稍次，偕謁鄭公，笑曰：「是皆美才，弟可先兄耶？」告之學使少司農臨桂呂公燨。十二月院試，呂公擢公第一，試《鵬翼摶風歌》，大奇之，遍告諸公。明年正月，京尹常州蔣公炳邀其同鄉劉文定公綸、程文恭公景伊、錢文敏公維城、今侍郎莊公存與及其弟培因，設筵召予兄弟面試。劉公授題《昆田雙玉歌》，詩成，諸公驚喜。明日皆先來就訪。明年，珪竊科名，而公學日以富。庚午鄉試，編修嘉興鄭公虎文薦公卷不售，名益振。諸城劉文正公延之家，修《盛京志》。乾隆十八年癸酉舉於鄉，同考官編修建昌饒公學曙，座師協辦大學士、吏部尚書興縣孫文定公嘉淦、禮部侍郎滿洲嵩公壽。明年甲戌會試中式，同考官贊善溧陽史公奕簪，座師大學士海寧陳文勤公其倌、禮部侍郎滿洲倉公福內閣學士錢公維城。殿試賜莊培因榜進士出身，改庶吉士，丁丑散館授編修，充方略館纂修官。辛巳充會試同考官。甲申丁先大夫憂，珪自閩奔喪歸，與公聚首者二年。公自為諸生，即授弟子，至是從遊者數十人。丙戌歲杪服闋，公欲不出，而為名山大川遊，已告假矣。明年正月服除，珪詣宮門，召見，上諭家事，始知兄名，曰：「編修無定額，汝兄已可補官，不比汝需缺也。」珪未即對，上曰：「非耶？」珪謹唯曰：「是。」出則告之翰林院，取公假呈以歸。曰：「兄實無疾，倘上再詰，不敢欺也。強為弟起。」公不答，既而聽然曰：「汝敗我雅興矣！」是冬，授贊善。明年五月，御試二等，擢翰林院侍讀學士，旋充日講起居注官、戊子科順天鄉試同考官。三十四年，欽派協辦內閣學士批本事，充己丑科會試同考官。庚寅，奉命為福建鄉試正考官。辛卯，會試同考官。至是上知公深，歲持文柄，多得名下士，公

益卓然以韓、歐陽、蘇自任，振起古學，獎藉寒畯，有一善者譽之如不及，天下之士翕然稱之，曰竹君先生。是秋，奉命視學安徽。安徽故有樸學，公躬拜莫婺源故士江永、汪紱之主，祠之鄉賢，以勸士曰：「讀書不可不識字。」為刻舊本許氏《說文解字》，揭以四端，曰部分、字體、音聲、訓詁。又曰：「稽古莫如金石文字，可證經史之訛。」所在披剔榛薉，聚至千種。時上方詔求遺書，公奏言翰林院庫貯明《永樂大典》，中多逸書，宜就加採錄。上覽奏，異之，亟下軍機大臣議，行《御製七言八韻詩》紀其事，乃命纂輯《四庫全書》，得之《大典》中者五百餘部，皆世所不傳，次第刊布海內，實公發之也。公又言請仿漢、唐故事，擇儒臣校正「十三經」文字，勒石太學。奉朱批：「候朕緩緩酌辦。」癸巳春，仲兄卒。其秋，以某生欠考事部議降級，得旨：「朱筠學問尚優，加恩授編修，在《四庫全書》處行走。」比歸，總辦《日下舊聞》纂修事。是時，金壇于文襄公敏中掌院為總裁，于公直軍機，凡館書稿本，披核辨析，苦往復之煩，欲公就見面質，而公執翰林故事，總裁、纂修相見於館所，無往見禮，訖不肯往，愛公者強拉公至西園相見，持論侃侃不稍下，金壇間為上言：「朱筠辦書頗遲。」上曰：「命蔣賜棨趣之。」蔣公以舊侍郎直武英殿，真特恩也。乙未，珪自山西歸，復入翰林，從容為公言，宜稍和同者。公曰：「子亦作是言耶？」珪心愧之。先是，珪與公同官翰林，共車馬者七年，至是比鄰居，宅後可通往來，而伯兄居老屋對門，珪自名所居曰鄂不草廬。公既久次，望益重，則大言「翰林以正品讀書為職」，終歲足不至達官門，惟門生好友醵酒必應，輒盡醉乃罷。聚書至數萬卷，種花滿徑，來請益者不拒。考古著錄，窮日夜不倦。古文以鄭孔經義、遷固史書為質，覼縷鉅細，事辨時地，真氣勃出，成一家言。賦則陽張陰闔，馬、揚以下不道也。前後遇大典禮告成，祝釐宣上功德，鴻篇奧冊，裒然推首。詩初學昌穀、昌黎。五言力逼漢、魏，既而導匯百家，變化創闢，神明獨得。制義自荊川、震川而下，貫串數千篇，與古文為一。書法則一本六書，自然勁嫵。蓋公之學與年進，海涵嶽蠹，不足喻其所蘊也。己亥八月，特旨以公督學福建時，珪方典闈試，閩人士聞公來，無不抃舞。珪與公相遇於石門舟次，公至閩，一以經學六書為倡，口講指畫，示以鄉方。閩清某生為攝令某鍛鍊殺人，公發其覆，大吏雪之，扶持士氣，行義若渴，重倫節，勸懲有加焉。暇則搜奇巖洞，遍著手跡。明年秋，上以珪代公，異數也。公題使院之寢曰韡雅。十一月十八日，珪至與公對床者半月。公日則出，至他館應酬諸生，手不停筆，夜歸，談盡三鼓，復作詩文

竟夜。珪曰：「宜少惜精力。」公不厭也。十二月三日，送公於芊原舟次，公淚下。珪曰：「兄今與伯兄聚，比三年，珪即還耳。」嗚呼！孰知其為永訣耶？明年二月，覆命上溫霽詢諭人以為必嚮用也。公素強固，性喜山水，於黃山再登其巔，觀雲海於閩之武夷，朂崱、玉華諸名勝皆躋探峻幽，從者卻焉。六月二十一日夜，忽遘痰疾，翼日漸瘳，二十六日疾復作，夜四鼓，遂卒。公生於雍正七年六月六日丑時，卒於乾隆四十六年六月二十七日丑時，年五十有三。是月，蕭山始祖墓有古松高五六丈，大風折其末丈餘，非偶然也。四方之士，知者痛惜，如失所杖。公孝友直諒，恬淡達觀，不愧所學。在安徽時，奏以本官貤贈庶祖妣李氏為淑人，得旨准行。貤贈之廣，自此始。李太淑人撫視珪者也，公書來曰：「我為弟成此志。」所著古文數百篇，古今詩數千首，他文稱是，皆可必傳於後。娶王氏，敕封安人，例封淑人。生子二：長錫鹵，次錫庚，均府學生。女子五：長適陽湖龔怡，次適舉人通州魏紹源，三適大興徐焯，四適大興學生翁樹端，五待字。孫二，女孫一，俱錫鹵生。乾隆四十七年某月某日，葬於西山二老莊祖塋之北。銘曰：導源三江，降神蓉屋。日下騰騰，名符其實。家無長物，擁經抱書。大言炎炎，獨出古初。群雅輻湊，問奇載酒。忘其饑渴，不嗇其口。恬於榮利，恥於繫援。開徑交柯，落花無言。雲海黃嶽，天舟武夷。謫仙遊戲，騎麟不羈。颭風何來，撼我宰木。連枝中披，得不抱哭。公名在世，公神何往？嗚呼後死，吾歸曷放。西山之麓，先塋之右，誌此幽砥，千秋不朽。（朱珪撰文，見《湖海文傳》卷五十七）

【朱竹君先生傳】朱竹君先生，名筠河，大興人，字美叔，又字竹君。與其弟石君珪少皆以能文有名。先生中乾隆十九年進士，授編修，進至日講起居注官、翰林院侍讀學士，督安徽學政，以過降級，復為編修。先生初為諸城劉文正公所知，以為疏俊奇士。及在安徽，會上下詔求遺書，先生奏言，翰林院貯有《永樂大典》，內多有古書，世未見者，請開局，使尋閱。且言搜輯之道甚備。時文正在軍機處，顧不喜，謂非政之要，而徒為煩，欲議寢之。而金壇于文襄公獨善先生奏，與文正固爭執，卒用先生說上之，《四庫全書》館自是啟矣。先生入京師，居館中，纂修《日下舊聞》。未幾，文正卒，文襄總裁館事，尤重先生，先生顧不造謁，又時以持館中事與意迕，文襄大憾，一日見上，語及先生，上遽稱許朱筠學問文章殊過人，文襄默不得發，先生以是獲安。其後督福建學政，逾年，上使其弟珪代之，歸數月，遂卒。先生為人，內友于兄弟，而外好交遊，稱述人善，惟恐不至，即有過，輒覆掩之，後進之士

多因以得名。室中自晨至夕，未嘗無客，與客飲酒談笑，窮日夜，而博學強識不衰，時於其間屬文，其文才氣奇縱，於義理事物情態無不備，所欲言者無不盡。尤喜小學，為學政時，遇諸生賢者，與言論若同輩，勸人為學先識字，語意諄勤，去而人愛思之。所欲著書皆未就，有詩文集合若干卷。姚鼐曰：余始識竹君先生，因昌平陳伯思，是時皆年二十餘，相聚慷慨論事，摩厲講學，其志誠偉矣，豈第欲為文士已哉？（下略）（姚鼐《惜抱軒詩文集》文集卷十，又見《碑傳集》卷四十九，改題《朱竹君先生別傳》）

【孫星衍《朱先生筠行狀》】先生姓朱，諱筠，字竹君，號笥河，順天大興人。先世居浙江蕭山，父文炳入順天籍為諸生，官陝西盩屋縣知縣，封中憲大夫、福建糧巡道，贈光祿大夫。先生以雍正七年六月生於盩屋，有兩兄一弟，九歲入都，十三歲通「五經」，有文名。乾隆十八年癸酉舉於鄉，明年甲戌成進士，改庶吉士，越四年授職編修，充方略館纂修官。三十二年冬授贊善。明年大考，擢翰林院侍讀學士，旋充日講起居注官。三十四年協辦內閣學士，批本事，其秋督學安徽。三十八年以生員欠考事降級，奉旨：「朱筠學問尚優，加恩。」授編修，命總纂《日下舊聞》，兼《四庫全書》館纂修事。四十四年督學福建，凡充辛巳、己丑、辛卯科會試同考官及戊子科鄉試同考官。卒於四十六年六月二十七日，春秋五十有三。先生少英異，至性過人，與弟文正公珪俱擅文名，為巨公契賞，及丁父憂，服闋，不肯出仕，欲為名山大川之遊。會文正公入覲，上詢及先生，乃不敢引疾，謂弟曰：「汝敗我雅興矣。」先生以南宋已來說經之學多蹈虛，或雜以釋氏宗旨，明儒學無淵源，矯枉不得其正。又牽於制義聲律，而經學放絕焉。國朝顧氏炎武、閻氏若璩雖創通大義，惠氏士奇父子抱殘守缺，而向學者尚未殷盛。先生以為經學本於文字訓詁，又必由博反約。周公作《爾雅》，《釋詁》居首；保氏教六書，《說文》僅存。於是刊布許氏《說文》於安徽以教士，覆奏請採錄《永樂大典》逸書，上覽奏，異之，乃命開《四庫全書》館，御製詩以紀其事。又以「十三經」文字傳寫訛舛，奏請仿漢熹平、唐開成故事，擇儒臣校正立石太學，奉諭緩辦，因著《十三經文字同異》若干卷，藏於家。於是皖、閩之士聞緒言餘論，始知講求根柢之學。四海好學能文者，俱慕從先生遊。而戴徵君震、邵學士晉涵、王觀察念孫諸人，深於經術訓詁之學，未遇時皆在先生幕府，卒以撰述名於時，蓋自先生發之。先生剛腸疾惡，俗流不敢至其門，寒畯有一善，譽之如不容口，其在都載酒問字者車轍斷衢路，所至之處從遊百數十人，既資深望重，

則大言翰林以讀書立品為職。不能趨謁勢要,時相大學士金壇于文襄公頗專擅,進退天下士。先生引翰林稱後輩。故事:呼以「于老先生」,又長揖無屈一膝。禮議館事,不肯私宅相見。時相既不樂,乃言於上,以為辦書遲緩。上深知而保持之,命促之而已。其督學安徽,旌表婺源故士江永、汪紱等,祠其主於鄉賢,以勸樸學之士。在福建,與弟珪相代,一時傳為盛事,而閩士攀轅走送者數百里不絕。時士入饋一石,積試院成山,起亭曰三百三十有三士亭。其後文正主持文教,海內名流皆以暗中索拔,多先生所賞契者,故世稱據經好古之士為朱派云。先生窮年考古,兼好金石文字,謂可證佐經史。為文仿遷、固、淵、雲,尤長於敘事。書法參通六書,有隋以前體格,藏書萬卷,坐客常滿,譚辯傾倒一世。手不持珠玉,每言「古之君子必佩玉,今之小人必佩玉」。所至名山川,搜奇攬勝,都人士傳誦吟詠,至今不輟。蓋郭林宗之識士,鄭康成之通經,兼而有之矣。子二,長錫卣,福建鹽場大使;次錫庚,山西候補直隸州知州。錫庚能讀父書,亦以耿介取忤於流俗。孫五人。星衍不識先生,而受知文正,與先生子錫庚交最久,故深悉先生學行,具列事實如右,敢布告於史館,以備述儒林者採錄焉。(見《碑傳集》卷四十九)

【朱侍讀學士筠傳】君諱筠,字美叔,一字竹君,順天大興人。自幼穎異,年十四五,通「五經」,善屬文,與其弟石君珪俱有聲,日下名公鉅卿多先就訪之者。乾隆甲戌成進士,授編修。丁父艱,服闋,即乞假期,將為汗漫之遊,欲遍歷名山大川以自廣。既而其弟珪除服,召見,上前詢問家事甚悉,又問汝兄編修宜即補官,不似汝候缺也。珪以兄實無疾,不敢飾詞妄奏,則謹應聲曰:「是。」出即遍告翰林,取前假狀銷毀,強君起官。君佇思良久,已乃欣然曰:「只無奈一段奇緣不成耳。」自是洊歷官至侍讀學士,中間數充卿會試同考官,一典福建鄉試,旋奉命視學安徽。君言:「吾於是役將使是邦人士為注疏之學,而無不窮經,為《說文》之學,而無不識字。」甫下車,即拜奠婺源故士江永之木主,崇祀鄉賢以勸學。江永者,故安徽樸學,能究窮《十三經注疏》而有得於己者也。又刻舊本許氏《說文解字》,標楬四端,曰部分,曰字體,曰音聲,曰訓詁,為學六書之學者大啟溝澮。又言「稽古莫如金石文字,可證經史之訛」,所在叢祠野廟破荒剔蘚,聚至千餘種。初,翰林院貯有《永樂大典》,中多古書,割裂字句,分隸《洪武正韻》,率散而無統,伏而未發,會上下詔求遺書,君乃奏請開局,纂錄《大典》,且條畫搜輯之法甚備。經軍機大臣議行,御製《七言八韻詩》紀其事。其後纂輯《四庫全書》,

得自《大典》中者至五百餘部，皆宋、元來經義傳說、子史記載及星曆、算數、方技諸秘本為世所不見不傳者，一旦次第刊行，布流海內，皆自君發其端也。又請仿漢、唐故事，擇儒臣較正「十三經」文字，勒石太學，其後以過降級，得旨復為編修，在《四庫全書》處行走，總辦《日下舊聞》纂修事。初，君為諸城劉文正公所知遇以不次。至是，文正卒，金壇于文襄公以掌院學士領總裁，尤心重君。文襄夙夜直軍機，凡館書稿本有宜往復辨析、瑣碎繁難者，意欲君就見面質，而君堅執翰林故事，總裁、纂修相見於館所，訖不造門請謁，遇朱墨披駁盤錯處，君則直己陳所見，侃侃辯論，不稍下。文襄以間奏言：「朱筠辦書頗遲。」上曰：「可命蔣賜棨促之。」而君自若也。其弟石君珪自山西藩使，緣事復入翰林，從容為君言宜稍自勉強，抑損和同者。君曰：「吾弟亦作是言耶？」君既久次，望益重，則大言翰林以立品讀書為職業，不宜修小禮，曲意委順於達官貴勢，惟喜獎藉，寒畯見有一善者，輒譽之如不及，有請益者，必誠告之，惟恐不盡。一時材雋輻輳其門，多所成就，以故士心公論皆翕然歸君。室中聚書數萬卷，君於其間考古著述，窮日夜不倦。性嗜酒，客至，則命酒酬嬉淋漓，酒罷落筆，無論大篇短紙，目奇氣橫溢，怒生不可逼視，而莊諧正譎，開合雜糅，又無不曲折盡情態。其後又視學福建，提挈經義六書，一如安徽某生為攝令某鍛鍊殺人，君發其覆，雪之大吏，士氣賴以扶持，及逾年，上使其弟珪代之。君固喜山水，及輶車所至，更得恣心廣意，於黃山再登，於五夷、䴢𫝈、玉華諸名勝皆躋攀幽峻，窮覽不厭，歸自閩數月，遂病卒。著詩古文集若干卷行世。君口吃詞澀，然忠告讜論，遇義即啟，謇謇不可遏抑。性孝友坦易，實乃恬於勢利，恥於婟嫛，終日矻矻皇皇，欲求文章成名於後世。喜接引後進，欲成人才，於一時可謂直諒多聞，不愧所學能舉其官者矣。君之將赴安徽也，廷燦草薦吳秀才書一通，命館吏齎上，君熟視之，曰：「吾後車已延致十一人，皆宿彥也，頗不謂無助。」雖然，妙文不可虛，奇士不可失，即命車就訪，引吳秀才同載而歸。又明日聯鑣十二乘出國門，一時國門傳學使賓從之盛，無有與朱學士儔者。君之好士好文，大率類此。（下略）（余廷燦《存吾文稿》，《續修四庫全書》第1456冊）

【翰林院編修朱君墓表】乾隆三十六年春，日講起居注官翰林院侍講學士安徽學政朱筠上言：「伏見皇上稽古右文，勤求墳典，請訪天下遺書，以廣藝文之闕。而前明《永樂大典》古書僅有存者，宜選擇繕寫，入於著錄。」又請立校書之官，參考得失，並令各州縣鍾鼎碑碣悉拓進呈，俾資甄錄。奏入，

上嘉之，乃命開經、史、子、集《四庫全書》館，以大學士劉文正公統勳、于文襄公敏中、尚書王文莊公際華充總裁官，文襄公復選翰林、中書二百餘人充校對官以任之，分日呈覽，凡十餘年而書成，藏於文淵閣，度其副於盛京、圓明園、翰林院及江蘇之金山、浙江之西湖，復寫一分置於瓜州大觀堂，分地藏弆，嘉惠後學。於是人文炳曜，遠邁唐、宋，而其始實自君發之。君字美叔，一字竹君，其先家浙之蕭山。曾祖必名始來京師。祖登俊，中書科中書舍人。父文炳，陝西盩屋知縣。兄弟四人：兄堂，陝西大荔縣丞；次垣，乾隆辛未進士，山東長清知縣；弟珪，乾隆戊辰進士，今官內閣學士兼禮部侍郎。君年二十五，中乾隆癸酉順天鄉試，明年成進士，選庶吉士。又二年，授編修。歷官右贊善，至侍讀學士，左遷仍授編修，提督福建、安徽學政者二，充福建主考官者一，充辛巳、己丑、辛卯會試同考官者三，充戊子順天鄉試同考官者一，又充方略館、《通鑒輯覽》《三通》館、《日下舊聞》纂修官。以四十六年六月某日卒於里第，年五十一。君少英敏，博聞宏覽，於學無不通。解經宗鄭、孔，而兼參宋、元諸儒之說；論史宗涑水，而歷代諸史亦皆考究貫串，證其同異；古文效法班史，詩歌出入韓、蘇。取精用宏，海涵山負，天下承學之士趨風附景，若斗之有杓，芒寒色正，望為歸依。好宏獎後進，有一技之長，譽之唯恐不及，掖之唯恐不至。如大理寺卿陸君錫熊、吏部主事程君晉芳、禮部郎中任君大椿，皆君所取士。而黃君景仁、洪君亮吉輩，皆北面稱弟子。君豐頤晬面，望之溫然，間以諧笑，飲酒至數十斗不亂。或以為道廣，然於名節風義之關，揚清激濁，分別邪正，斷斷不稍假易。且欲自廁於李元禮、范孟博之倫，宰執高君之名者，招之不往。怵以危詞，君亦漠然置之。故四庫館之設，君不獲與其役，人或為君惜，而君弗介意也。（下略）（王昶《春融堂集》卷六十）

顏氏家訓七卷　（北齊）顏之推撰（清）趙曦明注（清）盧文弨補

顏氏家訓補校注一卷附錄一卷　嚴式誨撰

趙曦明（1705～1787），初名大潤，後易名蕭，晚復更今名，字敬夫，自號瞰江山人，江陰人。始就外傅，便知好古學。少長，就老儒車質齋學，其家

多藏書，縱山人博覽。諸生。著有《讀書一得》《桑梓見聞錄》《中隱集》等書。注《陶徵士集》及徐、庾、溫、李、羅昭諫等集。生平事蹟見盧文弨《瞰江山人傳》。嚴式誨（1890～1976），字谷孫，原籍陝西渭南。家富藏書，設「渭南嚴氏書坊」，刊刻《渭南嚴氏孝義農家塾叢書》，其中最著名者為《音韻學叢書》。生平事蹟詳見《清儒學案》卷七十二。

　　是編就宋沈揆本為之注釋，所有無名氏序、沈揆跋及校刊銜名悉仍其舊，惟考證向繫之書後者，今散置文句之下。卷首有盧文弨《例言》十二則，稱此書為江陰趙敬夫注，始覺其過詳，敬夫以啟迪童子不得不如是，凡以成敬夫真切為人之志，非敢以求勝也；此書《音辭篇》辯析文字之聲音，至為精細，今人束髮受書，師授不能皆正，又南北語音各異，童而習之，長大不能變改，故知正音者絕少，此篇實賴其訂正云；宋本經沈氏訂正，誤字甚少，然俗間通行本亦頗有是者，今擇其義長者從之，而注其異同於下，後人或別有所見，不敢即以余之棄取為定衡也；敬夫先生以諸生終，隱德不曜，文弨為作《瞰江山人傳》，令並繫於後，使人得因以想見其為人云云。〔註41〕又有乾隆五十四年（1789）盧文弨序，稱敬夫方嚴有氣骨，八十外就鍾山講舍，取宋本《顏氏家訓》而為之注，文弨奪於他事，不暇相助。〔註42〕書末有乾隆五十一年（1786）趙曦明跋，稱此書第令儉於腹笥者不至迷於援據云。〔註43〕

　　此書為曦明八十以後所注，甫脫稿而疾作。盧文弨求其副本，為之補完，刊入《抱經堂叢書》，又為之序，傳之於世。前有抱經所撰序文、例言及校閱者姓氏。周中孚《鄭堂讀書記》稱：「敬夫以宏博之學，嘗佐盧抱經校讎典籍，乃據宋沈揆本《顏氏家訓》為之注。注成於乾隆丙午，蓋其晚年作也。初，姚江盧槧齋有分章辨句，金壇段懋堂有正誤訂訛。而敬夫之注尤為加詳。」〔註44〕胡玉縉亦稱其書疏通證明，頗資考訂，文弨間有附益，尤精。〔註45〕翁方綱稱其書校正精覈，其益人神智，頗有出宋本上者。又稱沈氏考證二十三條自為一卷，而盧刻皆散置文句之下，雖於學者翻閱較便，然愚謂古書當仍其舊式，即如沈氏考證內孟子曰圖景失形一條，盧刻竟刪去之，雖於義無害，然古書之面目竟不存云云，頗中肯綮矣。

〔註41〕《續修四庫全書》第1121冊，上海古籍出版社，2002年版，第598～599頁。
〔註42〕《續修四庫全書》第1121冊，上海古籍出版社，2002年版，第597頁。
〔註43〕《續修四庫全書》第1121冊，上海古籍出版社，2002年版，第706頁。
〔註44〕周中孚：《鄭堂讀書記補逸》卷二十五。
〔註45〕胡玉縉：《續四庫提要三種》，上海書店出版社，2002年版，第644頁。

此書有乾隆五十四年《抱經堂叢書》本。此本據中國科學院圖書館藏民國十七年渭南嚴氏孝義家塾刻本影印。

【附錄】

【翁方綱《書盧抱經刻顏氏家訓注本後》】同年盧弓父學士以其友趙君所注《顏氏家訓》校正精慤，其益人神智，頗有出宋本上者……疑弓父所見沈校宋本者，特偶見一抄本，而非原本耳。沈氏考證二十三條自為一卷，而盧刻皆散置文句之下，雖於學者翻閱較便，然愚謂古書當仍其舊式，即如沈氏考證內孟子曰圖景失形一條，盧刻竟刪去之，雖於義無害，然古書之面目竟不存矣。又沈跋前一紙繫於末一行，緊貼跋語書朝奉郎知台州軍州事沈揆，又前一行通判軍州事管銃，又前一行添差通判樓鑰，皆又低一格書之，又再前又低一格，則教授判官推官參軍，其最前最低格書者，則鄉貢進士周學正林憲同校凡九人，前七行皆總書同校，後二行則曰監刊，又曰同校，此同校乃是鋟木時之覆校耳。愚考宋時牒後繫銜皆自後而前，官尊者在後，卑者在前，此其式也。以今所傳影宋槧本，如《說文》卷末雍熙三年進狀後，徐鉉在句中正前，其牒尾平章事李昉在參知政事呂蒙正、辛仲甫之前，又如《群經音辨》載寶元二年牒後，平章事二人亦在最前也。必宜依其原樣，末尾一行緊貼跋語書之，乃可依次自後而前讀之耳。今盧本將沈跋另刻於前紙，而又自起一紙，題曰宋本校刊名銜，則疑於自前而後者殊乖其式矣。乃先曰同校，次曰校刊，又次以七人同校，則最前之同校二字為不可通矣。昔弓父校李雁湖《王荊公詩注》，將其卷尾所謂補注者皆移置於本詩之下，及予考其補注，乃別是臨川曾景建所為，非出雁湖之手，以語弓父，弓父始追悔而已無及矣。今校閱此書，故縷縷及之，以為古書刊式不可更動之戒。（下略）（翁方綱《復初齋文集》卷十六，又見《續修四庫全書》第1455冊）

【四庫提要】《顏氏家訓》二卷（江西巡撫採進本），舊本題北齊黃門侍郎顏之推撰。考陸法言《切韻序》作於隋仁壽中，所列同定八人，之推與焉，則實終於隋。舊本所題，蓋據作書之時也。陳振孫《書錄解題》云，古今家訓，以此為祖。然李翱所稱《太公家教》，雖屬偽書，至杜預《家誡》之類，則在前久矣。特之推所撰，卷帙較多耳。晁公武《讀書志》云，之推本梁人，所著凡二十篇。述立身治家之法，辨正時俗之謬，以訓世人。今觀其書，大抵於世故人情深明利害，而能文之以經訓，故《唐志》《宋志》俱列之儒家。然其中《歸心》等篇深明因果，不出當時好佛之習。又兼論字畫音訓，並考正典

故，品第文藝，曼衍旁涉，不專為一家之言。今特退之雜家，從其類焉。又是書《隋志》不著錄，《唐志》《宋志》俱作七卷，今本止二卷。錢曾《讀書敏求記》載有宋抄淳熙七年嘉興沈揆本七卷。以閣本、蜀本及天台謝氏所校五代和凝本參定，末附考證二十三條，別為一卷，且力斥流俗並為二卷之非。今沈本不可復見，無由知其分卷之舊，姑從明人刊本錄之。然其文既無異同，則卷帙分合，亦為細故，惟考證一卷佚之可惜耳。

【許廎經籍題跋‧顏氏家訓注書後】《顏氏蒙訓注》七卷，江陰趙曦明撰。曦明字敬夫。是編就宋沈揆本為之注釋，所有無名氏序、沈揆跋及校刊銜名，悉仍其舊，惟考證向繫之書後者，今散置文句下。有例言十二則，乾隆五十一年自識。盧文弨取以刊入《抱經堂叢書》，並為之序，又撰曦明傳。其書疏通證明，頗資考訂。文弨間有附益，尤精。沈本《提要》未之見，鮑氏知不足齋有刊本，此注副盧本外無他刻也。（《續四庫提要三種》第 644 頁）

【瞰江山人傳】瞰江山人者，常之江陰人也。邑之東南有瞰江山，距山人家二里而近，故以為號焉。父死三月，山人乃生，母劉孺人辛勤鞠養。釁起家庭間，幾有破卵毀室之患，母內藏其明，而外以柔道行之，故屢瀕於危而卒獲免。山人始就外傅，便知好古學。少長，就老儒車質齋學，其家多藏書，縱山人博覽。習舉子業者，群相與非笑之。語聞於母，母召而詰之，則以如築室者必厚其基為對，母曰：「誠然，任汝為之。」山人益得沉酣其中，抵臘猶戀戀不肯歸。一生學殖之厚實基於此。補郡諸生，其伯兄先入縣庠，有文名，常謂曰：「吾異日終不如弟，弟之文有根源故也。」山人素守母教，律身以正，待人以誠，值窘乏，益刻苦自厲。雖通曉世事，絕不肯為人居間排難，唯忍饑閉戶讀書，曰：「吾懼此處一移足，便終身落坑阱也。」同門友貢息甫令建平，邀之往。邑多地訟，歲久不決，一案之牘，高幾盈尺。山人不憚煩，為之一一爬梳，要領既得，先以曲直之大判明示之，而期日與質，兩造往往各自輸服，請無對簿，而願寢息者過半矣。諸欲為奸鬻獄者，咸不便山人所為，讒言繁興，而終不得間，於是建平之政聲為群有司最。經再期，辭歸。先是，山人以故明殉難典史閭、陳二公請於縣立專祠，後令劉君復捐俸為之新廟貌、贖祭田有年數矣，無賴子乘山人之出，逐守祠者，奪其田而有之。山人歸，告於縣，乞復其舊。時兇焰張甚，縣官頗右之，山人以一身揸拄其間，幾為所窘。賴同里楊主事蒼毓、邢秀才象三咸相與維持之，事乃得直，還祠田，召道士守之……山人性剛直，其所不可者，終身不能強顏與之歡，亦不樂與顯達交。

曩文弨之主講暨陽書院也，山人居邑中，不自表襮，故名莫得聞。逾年，邢君袖其所作詩、古文辭，並要與俱來，余一見傾倒，遂為莫逆交。余官罷，主江寧之鍾山講席，身自請山人佐余所不逮，山人欣然許之。余有所述作，必取正於山人，能貢直言，無所隱。凡余所蓄書數千卷，山人校讎幾遍。有求文並質疑者，欣然應之，無少靳。余門下士咸知敬愛山人，間有以私干者，率峻拒之。先後共朝夕凡九年，供給至菲薄，而山人不嫌也。山人詩文集外，著有《讀書一得》六十卷，其體例與黃東發《日抄》相近。注《陶徵士集》，凡數易稿。又注徐、庾、溫、李、羅昭諫等集，並近代陸拒石四六各若干卷。著《桑梓見聞錄》八卷。八十外，復注《顏氏家訓》，甫脫稿而疾作，始辭余歸里中。余今年寓書求其副本，欲為傳之，山人欣然許諾，而力已不能自抄矣。以乾隆五十二年八月二日考終於家，年八十有三。山人姓趙氏，初名大潤，後易名肅，字敬夫，意欲自警其頹墮也。晚復更名曦明……贊曰：先生，有用才也。雖不得位，一施其利濟之具，然已為眾人之母、多士之師有餘矣。成人之美，而不尸其功，實浮乎名，究有不可得而掩者。先生之嫉惡若過於嚴，然孔子稱惡不仁者之為仁。不使不仁者加乎其身，身既潔矣，寧肯受物之汶汶乎？所為詩若文，沖瀜演迤，不為震盪險怪之音，此又其養之足徵者。顧今而後，誰相知定吾文乎？我有不可，誰余規乎？分首無何，頓失良友，此所以涕泗漣洏，不能已於質亡之歎也。（盧文弨《抱經堂文集》卷二十九）

續家訓八卷（存卷六至卷八）　　（宋）董正功撰

董正功，生卒年及生平事蹟均不詳。

原書宋晁公武《郡齋讀書志》著錄八卷，元馬端臨《經籍考》、明焦竑《經籍志》亦作八卷，與晁同，唯錢曾《讀書敏求記》則云七卷。今存卷六至卷八，凡三卷。自《誡兵》至《終制》凡七篇，卷六闕一、二兩頁。其書先列《顏氏家訓》原文，而正功所續者加「續曰」陰文二字以別之。敘次體例，一依原書。引據詳贍，辭義宏博，視顏之推書如驂之靳。

《顏氏家訓》原書崇尚內典。此書《歸心篇》載李翱之論佛，《終制篇》載姚崇之遺令，深斥釋氏之妄，顯闢崇奉之非，亦足以矯顏氏之失，而解後人之惑。〔註46〕又引唐傅奕言：「佛在西域，漢譯胡書，恣其假託，恐嚇愚

〔註46〕（清）張金吾：《愛日精廬藏書志》卷二十一。

夫，詐欺庸品，蓋言其推無驗不實之事，得以自營。」又引唐文宗謂宰相李石曰：「學者如濬井得美水而已，何必勞苦旁求穿鑿之學，徒為異同。且儒者之學，於其疑者自當闕而勿泥，無可疑者，固足以誠意正心，為孝為忠，為仁為義，齊家治國，闕其疑者，庸何傷乎？」此書大旨排斥佛教，守衛儒學道統。職是之故，此書應入儒家類。《郡齋讀書志》著錄於儒家類，良是。

此書有殘宋刻本，清黃丕烈跋，十行二十字，黑口左右雙邊，存三卷（卷六至卷八），今藏國家圖書館，入《北京圖書館古籍珍本叢刊》，此本據以影印。

【附錄】

【郡齋讀書志】《續家訓》八卷，右皇朝董正功撰。續顏氏之書。（晁公武《郡齋讀書志》卷三上·儒家類）

【黃丕烈《跋續家訓》】此殘宋槧本《續家訓》六至八卷，愛日精廬藏書也。余因修郡志事訪友琴川，過精廬，從主人月霄二兄借歸，手為繙閱，并錄其副……復見心翁又記。

讒書五卷附校一卷　　（唐）羅隱撰

唐羅隱（833～910），字昭諫，新城（今浙江富陽）人。本名橫，以十舉進士不中第，乃更名，遯於池之梅根浦池，守竇滌營墅，居之。朱溫篡唐，以諫議大夫召，不應。後錢鏐治吳越，辟為從事，既又表薦為錢塘令，尋為鎮海軍，掌書記節度判官鹽鐵發運副使，授著作佐郎、司勳郎中，歷遷諫議大夫給事中。公性傲睨，好譏評人物。為詞章有氣力，工於詩，與同姓虬、鄴齊名，時人號「三羅」。著有《兩同書》《羅昭諫集》等書，今人匯為《羅隱集》。生平事蹟見《舊五代史》卷二四、《唐才子傳校箋》卷九、《吳越備史》卷一、《兩浙名賢錄》卷四五。袁韶《錢塘先賢傳贊》贊之曰：「浣西草堂，白髮參謀。奇骨非媚，與俗為仇。罨江百篇，擬度驊騮。異世一轍，汗漫天遊。」

《讒書重序》稱君子有其位，則執大柄以定是非，無其位，則著私而疏善惡，斯所以警當世而誠將來云云。〔註47〕又有大德六年（1302）黃真輔序，稱其書氣節凜然，大抵忿勢嫉邪，舒泄胸中不平之蘊焉。〔註48〕方回跋亦謂

〔註47〕《續修四庫全書》第 1122 冊，上海古籍出版社，2002 年版，第 62 頁。
〔註48〕《續修四庫全書》第 1122 冊，上海古籍出版社，2002 年版，第 42 頁。

此書乃憤悶不平之言，不遇於當世而無所泄其怒之所作。〔註49〕

此書為諷刺小品文集。羅隱對唐末社會之腐敗有較為深刻之認識，採取揭露和批判之態度。如《說天雞》寥寥數筆，勾勒出「天雞」行尸走肉、徒有「毛羽彩錯」之表、無復「見敵之勇」之醜惡形象，藉以諷刺以貌驕人、實則百無一能之官僚；《越婦言》借朱買臣之去妻之口，揭露官吏富貴忘本，尸位素餐，言行不一之醜惡本質。書中史論尤具卓識，能從歷史事件中探求興亡成敗之跡，力透紙背，啟人深思。如《吳宮遺事》寫吳王夫差不聽忠諫，喜納阿諛，重用姦邪，弗顧百姓，導致國破人亡；《漢武山呼》指出漢武帝聽信佞人阿諛奉承，山呼萬歲，窮極遊觀，結果「勞師弊俗」「百姓困窮」；《迷樓賦》指出隋煬帝大權旁落，細人用事，不迷於樓而迷於人，因而導致滅亡。〔註50〕他如《英雄之言》《敘二狂生》《三閭大夫意》《辨害》《梅先生碑》等，皆有感而發，嬉笑怒罵，涉筆成趣。

此本據復旦大學圖書館藏清嘉慶十二年刻本影印。

【附錄】

【羅隱《讒書題辭》】生少時自道有言語，及來京師七年，寒餓相接，

〔註49〕《續修四庫全書》第1122冊，上海古籍出版社，2002年版，第64頁。

〔註50〕清翟灝《通俗編》卷二十二《婦女·春畫》：「《漢書·景十三王傳》海陽畫屋為男女裸交接，置酒請諸父姊妹飲，令仰視之，春畫殆始此也。張衡《同聲歌》：『衣解金粉御，列圖衾枕張。素女為我師，儀態盈萬方。眾夫所希見，天姥教義皇。』緯書言黃帝得房中之術於素女，故詩云云。所謂列圖者，亦後世春畫之由漸乎？《迷樓記》煬帝令畫工繪士女交合之圖數十幅，懸於閣中。」今按：隋煬帝是否有迷樓？陳尚君《揚州幾曾有迷樓》稱，有隋僅二帝而亡國，唐初以史為鑒，多揭隋煬陰事，自屬可以想像。流風所及，《隋書》既不盡實錄，民間想像更屬豐富。大約晚唐至宋初，出現《隋遺錄》（又名《南部煙花記》《大業拾遺記》）、《開河記》等一批小說，隋煬形象更加不堪。《迷樓記》的出現大約還要晚一些，說「煬帝晚年尤沉迷女色」，見宮殿壯麗，更思要有「麴房小室，幽軒短檻」，以盡男女之歡。近侍奏浙人項升有奇藝，能構宮室，於是「役夫數萬，經歲而成」。煬帝大悅，「詔選後宮良家女數千，以居樓中，每一幸有經月而不出」。臣下更進御童女車之類奇技，煬帝更為著迷，於是終日荒淫，終於亡國。以後《隋煬帝豔史》一類淫書更樂此不疲地加以渲染，終於完成文學史上最荒淫敗國的君王形塑。陳氏認為，揚州的行宮是有的，運河行龍舟也是事實，原因則一是要解決關中的挽粟問題，運河是隋唐兩代的經濟命脈；二是煬帝出身北方，十三歲出鎮江南，能講吳語，蕭皇后更出後梁蕭家，有強烈的南方情懷，於是在揚州住久了些。因為你玩崩了，是非就只能由別人來編造了。文載《文匯報》2017年3月13日。

殆不似尋常人。丁亥年春正月，取其所為書詆之曰：「他人用是以為榮，而予用是以辱；他人用是以富貴，而予用是以困窮。苟如是，予之書乃自讒耳。」目曰《讒書》，卷軸無多少，編次無前後，有可以讒者則讒之，亦多言之一派也。而今而後，有誚余以嘩自衒者，則對曰：「不能學揚子雲寂寞以誑人。」〔註51〕

【羅隱《讒書重序》】隱次《讒書》之明年，以所試不如人，有司用公道落去；其夏調饍於江東，不隨歲貢。又一年，朝廷以彭虭就辟，刀機猶濕，詔吾輩不宜求試。然文章之興，不為科場也明矣。蓋君子有其位，則執大柄以定是非；無其位，則著私書而疏善惡。斯所以警當世而誡將來也。自揚、孟以下，何嘗以名為？而又念文皇帝致理之初，法制悠久，必不以蟣虱癢痛，遂偃斯文。今年諫官有言，果動天聽。所以不廢《讒書》也，不亦宜乎！

【吳騫《讒書跋》】以嘉慶丁卯（1807）重刻羅昭諫《讒書》五卷，第二卷中原闕《蘇季子》《維嶽降神解》《忠孝廉潔》《疑鳳臺》四篇，遍檢群籍，無從錄補。嘉慶十六年春，大興徐松從《永樂大典》抄得《維嶽降神解》《疑鳳臺》二篇，屬仁和陳扶雅、趙寬夫展轉寄至，爰亟補刊卷末。辛未（1811）長夏。

【邵亭知見傳本書目】《讒書》五卷，多此集所不載。《讒書》五卷，唐羅隱撰。昭文張氏照曠閣藏本，晁公武《志》所載同。陳振孫則云求之未獲，蓋佚久矣。方回跋稱，隱在京師舉進士，留七載，不第。咸通八年丁亥，著《讒書》，皆憤悶不平之言。今觀是編，益信。然隱既仕，吳越能請舉兵討梁，勸伐無道，侃侃大義，又啟以文士見稱者。阮氏依舊抄本寫以進呈。有吳騫刻本。（莫友芝《邵亭知見傳本書目》卷十二·集部二·別集類一）

【給事中羅昭諫隱】羅隱，字昭諫，餘杭人。隱居池之梅根浦，自號江東生。性傲睨，工詩，博物多智，好譏評人物。舉進士不第，病臥長安。屬旱詔，祈雨做法，隱上疏諫，其辭婉轉規諷。復從事湘南，歷淮、潤，不得意歸。謁錢鏐，表為錢塘令，遷著作郎，後為鎮海軍節度，掌書記。鏐時初授鎮海節度，命隱草謝表，朝廷見之，曰：「此羅隱詞也。」賀昭宗更名曄表，曰：「左則姬昌之半字，右則虞舜之全文，京師稱為第一。」朱溫篡唐，隱說鏐舉兵討梁，曰：「縱無成功，猶可退保杭越，奈何交臂事賊，為終古羞？」鏐雖不用，心甚嘉之，累遷諫議大夫、給事中，卒。隱為詞章有風力，於詩尤工，

〔註51〕《續修四庫全書》第1122冊，上海古籍出版社，2002年版，第43頁。

與同姓虯、鄴齊名，時號「三羅」。猶甌江常有二氣，夜互天，及隱與杜建徽生，氣不復見，議者以為文武秀氣鍾焉。隱著《湘南甲乙集》《淮海寓言》及《讒書》六十一篇，行於世。子塞翁為鎮海軍節度推官，善畫羊，超妙絕於一時。（徐象梅《兩浙名賢錄》卷四十五）

【羅隱《迷樓賦》】歲在甲申，余不幸於春官分，憑羸車以東驅。（闕）魏闕之三千分，得隨家之故都。喬木拱立以不語分，繫今昔之自離。慨余基之未平分，曰迷樓而在斯。迷樓者何？煬帝所製。煬襲文後，天下無事。謂春物繁好，不足以開吾視。謂春風懶慢，不足以欣吾志。斯志既熾，斯樓乃峙。楩柟沈檀，棟樑杞梓。將使乎旁不通乎日月，外不見乎天地。然後朝奏於此，寢食於此。君王欲左右有粉黛，君王欲左右有鄭衛。君王欲問乎百姓，曰百姓有相；君王欲問乎四方，曰四方有將。於是相秉君恩，將侮君權。百姓庶位，萬戶千門。且不知隋煬帝迷於樓乎？迷於人乎？若迷於樓，則樓本土木，亦無親屬，縱有所迷。何爽君德？吾意隋煬帝非迷於樓，而人迷煬帝於此。故曰迷樓，然後見生靈意。（《全唐文》卷八百九十四）

松窗百說一卷 （宋）李季可撰

李季可，號松窗，永嘉人。南宋耐得翁《就日錄》引李珂《松窗百記》云：「世既是妄人死而為鬼，其妄又可知，無身心耳目口鼻之實，而六習常不斷顛倒沉迷，豈復覺悟？方其具酒殽，列冥器，鑿楮象錢，印繪車馬而焚之，以妄塞妄也。蓋嘗原其本初，恐瘞錢為死者之禍，及世艱得錢，易以紙錢，自後沿襲，至唐而焚之，其來久且遠。而廖高峰遽欲絕之，以塞妄費，且夫子謂死葬之以禮，又曰敬鬼神而遠之，是夫子不欲遽絕，而以有無之中言之，惟邵康節云脫有益，非孝子順孫之心。最為通議。」杜春雷考證，《松窗百記》即《松窗百說》。由此知季可為字，本名珂。史浩《跋李季可百說》：「季可，洛人，居錢塘城中，一室空空無有，惟作書史活計，即之似無意於世者。」孫詒讓《溫州經籍志》云：「季可蓋中原故家，避亂南遷者。」生卒年及仕履均不詳，約與王十朋（1112～1171）同時。

全書近萬餘言，凡一百條，故曰「百說」。摘錄經史，附以己見，如論儒道釋三教優劣曰：「孔子大矣，明人倫，存其妙而兼得之者，故俯仰無所愧怍。二者廢人倫，而事其妙者也。移之治世，則敗矣。《中庸》曰：『賢者過之。』

釋、老有焉。」論《孫子兵法》曰：「孫武之兵書不過數千言，簡盡淵通，可以為萬世法，不復有所加損，可謂極其能事矣，不圖為兵之至於斯也。」論因革損益曰：「可則因，否則革，權時之宜也。秦政雖惡，漢有因之者。若叔孫通之制禮，蕭何之法是也。唐政固美，而有虞革之者。如用十六相去四凶是也。凡所以損益，皆務致於當道而已。後世則不然，因之乃不問其非革之，則並遺其是前人失之東後必西，前者尚白後必黑，矯枉過正，不得中則一也，烏在其能濟乎？」如「文王不領商政」「孔明盡臣道」「有若似孔子」「魏武宣言欺人」諸條，均是封建正統教化之言。書中頗有佳句，如「服近」條云：「服遠易，服近難。」「奇肱」條云：「以貌取人，自古所戒。」「以人望人」條云：「求君子而君子不可得，遠小人而小人莫能去，然則如之何？古人有言曰：以道望人難，以人望人易，則二者常可處矣，至於治天下未離此道。」

　　紹興二十七年（1157）王十朋跋極稱賞之，謂其有益風教，比於唐之杜牧。紹興三十一年（1161）史浩《跋李季可百說》：「季可《百說》如蜂房醞蜜，中邊皆甜，食者能知其採擷眾芳，飄泊乎風煙雨露之變，得之勤而成之不易，庶乎旨其餘味……至語用兵、理財、治劇之方，疊疊有緒，乃知季可不為無用之學。使得行其學，《百說》殆其善者機也。」〔註52〕周中孚稱：「諸家書目俱未載。松窗博學有識，每條各有標目，雜論人物及古今情事，一衷諸理，而有補於世。」〔註53〕孫貽讓《溫州經籍志》亦稱其「搜誤」一條足以參正五代史。

　　此書有《知不足齋叢書》嘉慶八年刊本。此本據清嘉慶間《宛委別藏》本影印。

【附錄】

　　【王十朋《松窗百說跋》】余昔識李君於鄉里，知其為博學有識君子也。別數年復遇之於臨安，出所撰《松窗百說》以見示，事多而詞簡，議論一出於正。如辨文王不傾商政，諸葛孔明盡臣道，有若似孔子不以貌，雋不疑詭辭以抗眾，魏武帝宣言以欺人，韓退之不服硫黃，釋寶誌妖妄仙象不壽考士員為不幸，皆大有益於風教，前輩議論所不及也。宋子京作《唐史》，至贊杜牧曰：「牧論天下兵為上策莫如自治。」賢矣哉！牧以一言之當見賢於宋。今李

〔註52〕（宋）史浩：《鄮峰真隱漫錄》卷三十六，清乾隆刻本。
〔註53〕周中孚：《鄭堂讀書記補逸》卷二十五。

君百說皆善，又見於牧一等矣。惜乎世未有知之者。紹興丁丑五月十九日，東嘉王十朋書。

【葉謙《松窗百說跋》】文至於自得而直遂其意之所詣，非自處甚固者不能。始余以職事造王府，時見李公談古今，論詩文，意超然甚樂，直自視古人為無愧也。余曰是殆自得而所處甚固者。及觀其《松窗百說》，信然。公之學，不務進取，故淡然而自適。文不追時好，故悠然而自放。其辭辯，其論詳，使其更閱賢智，則必度越諸子古人實云，余於李公亦云。紹興丁丑（1157）杪冬，拙齋葉謙亨父書。

【靚《松窗百說跋》】季可論王霸大略，踔厲百家，至於藝文乃餘事，從遊二十年，未嘗有過失。茲予平生所欽服也。《百說》之作，□□□□其仁義經綸涵淳之意，自當有知者。戊寅（1158）八月，靚重書。

【宗室居廣《松窗百說跋》】士之處世，懷卓絕之才，王佐之器，不幸無位，其英略有所不能施設，恥沒世而無所聞，故託言以見志，李君季可《松窗百說》是也。大略以採摭經傳為文，據正辟邪為意，去非釋疑，一歸諸理。余與李君相處，談古今治亂。人物賢愚。故事優劣，迨兵家眾藝，無不纖微至當，又仰服其行己，無所庡歎息，贊之而不愧云。戊寅（1158）驚蟄前五日，環街宗室居廣書。

【曾幾《松窗百說跋》】李季可來見，入門下馬，標宇軒秀，意必有所涵蓄。方坐定，出《松窗百說》。退而觀之，知其積於中者多矣。紹興戊寅（1158）重午日，贛川曾幾書。

【尹大任《松窗百說跋》】鄉里士陶冶富鄭公、司馬溫公、邵康節諸巨人之餘風，大概已與天下異，松窗乃復傑出。其說簡而盡，曲而通，洞見事情，有補於世，前賢未之及也。大任辱在後進，喜而欽之，特授工以傳，且少慰回首嵩洛之意云。紹興戊寅（1158）下元日，尹大任書。

【續修四庫全書總目提要（稿本）24～475】《松窗百說》一卷（知不足齋本），宋李季可撰。季可仕履未詳。各藏書家均未著錄。卷末有王十朋、葉謙、靚（不詳其姓）、宗室居廣、曾幾、王剛中、尹大任等跋文。王十朋跋稱：「余識李君於鄉里。」似李氏為樂清人。尹跋稱：「鄉里士陶冶富鄭公、司馬溫公、邵康節諸巨人之餘風，大概已與天下異，松窗乃復傑出。」又似河南人。《知不足齋》本卷端題東嘉李季可撰，則以樂清為其貫，亦不審為何人所署。孫詒讓《溫州經籍志》云：季可蓋中原故家，避亂南遷者。案《百說》

「暎山紅」條有白鶴寺云云,「恃眾」條有「壬申歲樂清元日」云云,其久居東嘉,自有明證。則孫氏之說庶幾近之。李氏既撰《百說》,至臨安遍謁巨公,乞其題記。王剛中跋稱:「僕方去國,遠適萬里。」是書撼拾經史傳記之言,辨章是非,斷以己意,頗有獨到之見。王十朋稱其文王不傾商政、孔明盡臣道、有若似孔子、雋不疑詭辭以抗眾、魏武宣言欺人、退之不服硫黃、仙釋妖妄諸條,皆有益風教,是也。其有關考證者,孫詒讓舉其「史誤」一條,謂足以參正《五代史》。是書刊本久佚,鮑氏所據傳抄本,不審與阮元所見者同異如何(見《揅經室外集》五)。鮑氏於卷末附存疑四事,其第二事云:范志看時人。范志未詳。案范志即梵志。《太平廣記》八十二引《史遺》云:「王梵志,隋文帝時異人,作詩示眾,甚有義旨。」今敦煌石室有梵志詩殘卷,蓋寒山、拾得之流。李氏所引俗詩,即其鄰類。其第三事云:「到可為稱難者甚少,句未明。」案此句「到」當作「則」,「難」當作「歎」,皆形近之誤。其第一、第四兩事及此外誤奪之處,尚時有之,以無可校正,姑仍其舊云。

【揅經室外集·松窗百說一卷提要】宋李季可撰。季可,永嘉人。撼拾古今事實而各為論說,凡百條。王十朋極稱賞之,謂其有益風教,比於唐之杜牧。紹興年間尹大任為之付梓。考之志乘及各藏書家,均未著錄。書中直書所見,以採撼經史為文,據正排異為意,同時如葉謙、曾幾、趙居廣諸人均有題跋。此從舊鈔影寫。(清阮元《揅經室外集》卷五)

【邵亭知見傳本書目】《松窗百說》一卷,宋李季可撰。季可,永嘉人。撼拾古今事實而各為論說,凡百條。王十朋極稱賞之,謂其有益風教。阮氏以進呈。(清莫友芝《邵亭知見傳本書目》卷十「子部十·雜家類」)

【創業守成】唐太宗論創業守成孰難,當時群臣所執各偏,或謂創業難,或謂守成難。獨太宗以為俱難。此有以見群臣之識慮不逮文皇遠矣。(《松窗百說》)

【治亂】君子在上,小人在下,而為治。反是而為亂,世莫不知。而治常少者,以責君子之備,待小人以恕也。責以備,則不以為君子;待以恕,則不罪其小人。二者交混,而順己者親,故天子屢勝而處上,而天下見治之稀闊也。(《松窗百說》)

【仙家】世說有誤到仙家者,時不頃刻及反,鄉閭人已死亡,世事改易,至於觀棋局未云終,斧柯已爛,覓路還家,海變桑田。人間所以貴慕神仙者,以其快樂無惱,長生久視耳。今斯須便過百年,朝夕已經千載,不知自開判

以來，終得幾局棋？（《松窗百說》）

捫虱新話十五卷　　（宋）陳善撰

　　宋陳善（約 1109～1169），字敬甫，一字子兼，號秋塘，又號潮溪先生，福建羅源人。紹興間為太學生，力詆和議。及秦檜死，始登紹興三十年（1159）進士第。乾道五年（1169）為左迪功郎，官至太學錄。敬甫為淳熙間一豪士，詩詞亦豪放，嘗書貴家扇云：「春風一日歸深院，巫峽千山鎖暮雲。」有《滿江紅》詞曰：「三月風前花薄命，五更枕上春無力。」《上李季章啟》云：「父子太史公，提千古文章之印；玉堂真學士，躋中朝公輔之班。」《送輔漢卿過考亭詩》云：「聞說平生輔漢卿，武夷山下啜殘羹。」與姜夔交往甚密，《白石道人詩集》卷上有《送陳敬甫》七言古詩曰：「十年所聞溢吾耳，去年誦君書一紙。古人三語得奇士，況此磊落數百字。相逢千巖萬壑裏，有客如君請兄事。才高自古人所忌，論高不售反驚世。好詩取客如券契，我無三者猶至是。如君之貧不可避，如君之貧不可避，呼舟徑渡寒潮外。」書中嘗記一奇夢：「予嘗夢至一處，殿宇甚嚴，有五人坐其中，皆具衣冠。予瞻仰甚久，因問彼中之人皆何人？答曰：『中坐者孔子，左坐者堯、舜，右坐者湯、武。』皆並肩而獨坐，孔子差高。予因三歎古之聖人皆如此堂堂耶？時紹興十四年甲子六月二十四日夜，夢中頗訝孔子中坐，既寤而思之，遂得其說。予嘗作《孔子論二篇》，一篇為此而設也。」紹興十四年為公元 1144 年。著有《雪篷夜話》《捫虱新語》。生平事蹟見《（淳熙）三山志》卷二十九、《（道光）羅源縣志》卷十九。淳熙元年（1174）陳益《捫虱新話序》曰：「陳公以為著書立言，宜為學官，遂俾錄成均之教政，時乾道之己丑也。惜乎！負抱儒業，晚得一命之爵，曾不得食寸祿而死。」據此序推斷陳善卒於乾道五年。〔註 54〕

　　書前有淳熙元年門生陳益序，稱有所著《窗間紀聞》一百則，貫穿經史百氏之說，又數年復出百則，易以今名《捫虱新話》云。末有紹興二十七年（1156）陳善後序。此書有二本，一為八卷，一為十五卷。八卷本分上下兩集，上集四卷一百則，下集亦四卷一百則，不分門類。此本十五卷，較為通行，然已面目全非，分為四十九類，其中詩詞、詩四六、異端、儒釋、佛老、

〔註 54〕李裕民：《宋人生卒行年考》，中華書局 2010 年版，第 240～241 頁。

用人、設官、事機、知己、結交、朋黨、忠義、戲謔、風鑒、誅殺、變化、鬼神、花木、蟲魚、山川凡二十類，每類只有一條，分類未免過於瑣碎。陳善以「氣韻」論詩，所論偏於創作主體之審美意識。

《四庫全書總目》列入雜家類存目，極力詆之，謂顛倒是非，豪無忌憚，必紹述餘黨之子孫不得志而作；又謂葉夢得《避暑錄話》雖陰抑元祐而曲解紹聖，至深斥蘇洵《辨奸論》，然終怵於公論，隱約其文，不似陳善黨邪醜正，一概肆其狂詆云云。然李慈銘《越縵堂讀書記》辨之曰：「今平情閱之，其中雖頗言元祐之務反荊公所為，及言荊公晚年刪定《字說》，貫串百家，語簡意深，今晚生小子亦隨例譏評，屢讀其書，非獨不喜新法也。又舉山谷和張文潛詩曰：『荊公六藝學，妙處端不朽。諸生用其短，頗復鑿戶牖。譬如學捧心，初不悟己丑。』謂元祐諸公惟此一人議論稍自近厚，似為紹述餘黨。然其他言荊公新經穿鑿，其《書經新義》意在規諷二蘇，至《大誥篇》則幾乎罵，又言其《新經》《字說》多用佛語，又言荊公經術、東坡議論、程氏性理三者各立門戶，末流皆不免有弊，是亦持平之論。至謂熙寧間王荊公用事，一時字多以甫，押字多以圈。案荊公押名，石字作區卑如歹字見宋人說部。時語云「表德皆連甫，花書盡帶圈」，則直指其短矣。善為福建人，而於紹述之呂、章諸人，皆不一及，惟兩言蔡京，皆稱蔡相，亦以紀他事及之，不一涉其行事。其於子由，雖言其作神宗御集序，比之曹操，然此語當日程子門人攻蘇者屢見章疏。至謂老蘇之《辨奸論》、子瞻元祐初撰《贈王司空制》，皆修怨之詞；又謂新法免役一事、不可改，至今賴之；其言皆是非之公。老蘇《辨奸論》不特立言太過，文亦不高；且老蘇卒時，治平二年，荊公尚未大用，何由知其後必誤國？故昔賢以此論為偽作。或子由兄弟欲示其父先見之明，託辭為之；即真出老蘇，亦是一時快其筆舌，以報荊公斥為策士之怨，固不足為定論。其餘推美永叔、東坡、山谷之詩文字畫，連篇累紙，惟謂歐陽公信經廢傳，其疑《繫辭》《左傳》皆太泥，則正中歐陽之失。」﹝註55﹞館臣誤讀文本，李氏駁之甚當。

此書有《儒學警悟》本，為八卷本，未遭改造，且序跋具全，允稱善本。此本據北京大學圖書館藏明崇禎毛氏《津逮秘書》本影印，底本選擇未免失當。﹝註56﹞

﹝註55﹞李慈銘：《越縵堂讀書記》，上海書店出版社，2000 年版，第 668～669 頁。
﹝註56﹞李紅英：《捫虱新話版本源流考》，《中國典籍與文化》2007 年第 3 期。孫釩

【附錄】

【陳益《捫虱新話序》】益少之時，初入鄉校，聞遊學子道先生之文行，願一識而未之得。既冠，始獲從先生遊。聞有所著《窗間紀聞》一百則，貫穿經史百氏之說，開抉古人議論之所未到。求而讀之，中心躍然，如入武庫，且喜且愕。於是力從先生求廣其所未聞。又數年，先生復出百則以示益，曰：「吾之精力略盡於此。然世俗方以詞章華贍相誇，吾書之出，恐未免有覆瓿之誚，亦姑俟子雲於後世耳。顧念非子莫可與言者。」益因從而析之，合二百則，間以示人，其傳猶未廣也。雖然，清廟之瑟，朱弦而疏越，一唱而三歎，大羹不和，玄酒之尚，典則存焉。先生此書，庸詎無知音知味者，而終於黔黮而已乎？其後十年，先生由大學登甲科，求官於時宰。嘗示以二百則為所業投獻，□國陳公以為著書立言，宜為學官，遂俾錄成均之教政，時則乾道之己丑也。惜乎！負抱儒業，晚得一命之爵，曾不得食寸祿而死，識者悲之。先生詩文甚多，散失無幾，未暇拾掇。然筆力高妙，其得意處，奮髯太息，自謂前輩不減。今鬻書肆中，有論十篇，乃先生為諸生時所為贄見祭酒周公敦義者，或託以王龜齡侍郎之名，非也……淳熙元年孟夏朔日，門人錢塘陳益序。

【陳善《捫虱新話自跋》】予日著《捫虱新話》，已為好事者傳之。尚有餘簡，久欲纂次，適茲退衄之餘，未免留滯之難。因理舊楮，兼摭新聞，又得一百則，錄之以為第二集。非以迁疏閒散，有不暇也。時寓王庠請告於城西之俞家園。心遠地偏，俗客不來。雖無益於討論，尚有資於談笑。貽我同志，不點俗眼。是歲紹興二十七年三月一日也。子兼。

【四庫提要】《捫虱新話》十五卷（兩江總督採進本），宋陳善撰。善字敬甫，號秋塘。史繩祖《學齋占畢》稱字子兼，蓋有兩字。善，羅源人。《學齋占畢》稱福州人，蓋舉其郡名也。其書考論經史詩文，兼及雜事，別類分門，頗為冗瑣，持論尤多踳駁。大旨以佛氏為正道，以王安石為宗主。故於宋人詆歐陽修，詆楊時，詆陳東，詆歐陽澈，而詆蘇洵、蘇軾、蘇轍尤力，甚至議轍比神宗於曹操。於古人詆韓愈，詆孟子。誤讀《論語》，甚至謂江西馬師在孔子上。而於周邦彥諛頌蔡京之詩，所謂「化行禹貢山川外，人在周公禮樂中」者，則無譏焉。善，南北宋間人，其始末不可考。觀其書顛倒是非，毫無忌憚，必紹述餘黨之子孫〔註57〕，不得志而著書者也。錢曾《讀書敏求記》

婧、孫友新：《捫虱新話評注》，福建人民出版社，2014年版。

〔註57〕今按：此處不確，《四庫大辭典》駁曰：「陳善對王安石一派未加詆毀，四庫

載是書有二本，其一本不分卷帙，末有紹興己巳曾自跋；一本分十五卷，而無自跋。此本作十五卷，當即曾所言之第二本。然實有自跋，蓋曾所見本偶佚末頁耳。

【文章以氣韻為主】文章以氣韻為主，氣韻不足，雖有詞藻，要非佳作也。乍讀淵明詩，頗似枯淡，久久有味。東坡晚年酷好之，謂李、杜不及也。此無他，韻勝而已。韓退之詩，世謂押韻之文爾，然自有一種風韻。如《庭楸》詩：「朝日出其東，我嘗坐西偏。夕日在其西，我常坐東邊。當晝日在上，我坐中央焉。」不知者便謂語無工夫，蓋是未窺見古人妙處爾。且如老杜云：「黃四娘家花滿蹊，千朵萬朵壓枝低。」此又可嫌其太易乎？論者謂子美「無數蜻蜓齊上下，一雙鸂鶒對浮沉。」便有「關關雎鳩，在河之洲」氣象。予亦謂淵明「藹藹遠人村，依依墟裏煙。犬吠深巷中，雞鳴桑樹顛」，當與《豳風·七月》相表裏，此殆難與俗人言也。予每見人愛誦「影搖千尺龍蛇動，聲撼半天風雨寒」之句以為工，此如見富家子弟，非無福相，但未免俗耳。若比之「霜皮溜雨四十圍，黛色參天二千尺」，便覺氣韻不侔也。達此理者，始可論文。（上集卷一）

【畫工善體詩人之意】唐人詩有「嫩綠枝頭紅一點，動人春色不須多」之句，聞舊時嘗以此試畫工。眾工竟於花卉上妝點春色，皆不中選。惟一人於危亭縹緲隱映處，畫一美婦人憑欄而立，眾工遂服。此可謂善體詩人之意矣。唐明皇嘗賞千葉蓮花。因指妃子謂左右曰：「何如此解語花也？」而當時語云：「上宮春色，四時在目。」蓋此意也。然彼世俗畫工者，乃亦解此耶？（上集卷一）

【文章由人所見】文章似無定論，殆是由人所見為高下爾。只如楊大年、歐陽永叔皆不喜杜詩，二公豈為不知文者，而好惡如此。晏元獻公嘗喜誦梅聖俞「寒魚猶著底，白鷺已飛前」之句，聖俞以為「此非我之極致者」，豈公偶得意於其間乎？歐公亦云：「吾平生作文，惟尹師魯一見展卷疾讀，五行俱下，便曉人深意處。」然則於餘人當有所不曉者多矣。所謂文章如精金美玉，市有定價，不可以口舌增損者，殆虛語耶？雖然《陽春》《白雪》而和者數人，《折楊》《黃華》則嗑然而笑，自古然矣。吾觀昔人於小詩皆句鍛月煉，至謂「吟安一個字，撚折數莖鬚」者，其用意如此。乃知老杜曰：「更覺良工心獨苦」，不獨論畫也。（上集卷一）

館臣即斥以紹述餘黨一派，謂其書顛倒是非，亦屬門戶之見。」（第1961頁）

【文字各有所主未可優劣論】撒鹽空中，此米雪也；柳絮因風，此鵝毛雪也。然當時但以道蘊之語為工。予謂《詩》云：「如彼雨雪，先集維霰。」「霰」即今所謂米雪耳。乃知謝氏二句，當各有所謂，固未可優劣論也。東坡遂有「柳絮才高不道鹽」之句，此是且圖對偶親切耳。（上集卷一）

【帝王文章富貴氣象】帝王文章自有一般富貴氣象。國初江南遣徐鉉來朝，鉉欲以辨勝，至誦後主月詩云云。太祖皇帝但笑曰：「此寒士語爾，吾不為也。吾微時，夜至華陰道中逢月出，有句云：『未離海底千山暗，才到中天萬國明。』」鉉聞不覺駭然驚服。太祖雖無意為文，然出語雄傑如此。予觀李氏據江南全盛時，宮中詩曰：「簾日已高三丈透，金爐次第添香獸，紅錦地衣隨步皺。佳人舞點金釵溜，酒惡時將花蕊嗅，別殿時聞簫鼓奏。」議者謂與「時挑野菜和根煮，旋斫生柴帶葉燒」者異矣。然此盡是尋常說富貴語，非萬乘天子體。予蓋聞太祖一日與朝臣議論不合，歎曰：「安得桑維翰者與之謀事乎？」左右曰：「縱維翰在，陛下亦不能用之。」蓋維翰愛錢，太祖曰：「窮措大眼孔小，賜與十萬貫，則塞破屋子矣。」以此言之，不知彼所謂「金爐」「香獸」「紅錦」「地衣」當費得幾萬貫？此語得無是措大家眼孔乎？（上集卷二）

【文貴精工】世傳歐陽公平昔為文，每草就，紙上淨訖，即黏掛齋壁，臥興看之，屢思屢改，至有終篇不留一字者。蓋其精如此。大抵文以精故工，以工故傳遠，三折肱始為良醫，百步穿楊始名善射，其可傳者皆不苟者也。唐人多以小詩著名，然率皆旬鍛月煉以故，其人雖不甚顯，而詩皆可傳，豈非以其精故耶？然人說楊大年每遇作文，則與門人賓客投壺弈棋，語笑喧嘩而不妨屬思，以小方紙細書，揮翰如飛，文不加點，每盈一幅則命門人傳錄，頃刻之際成數千言，以此似為難及。然歐公、大年要皆是大手，歐公豈不能與人鬥捷哉？殆不欲苟作云爾。（上集卷三）

【論孟子序三聖】孟子所序三聖，世多泥於文而不知其意。王荊公曰：「伊尹之學，士多進而寡退，故伯夷出而矯之；伯夷之後，士多退而寡進，故柳下惠出而矯之。三人者，皆因時之偏而救之，非天下之中道也，故不免有弊。至孔子之時，三聖之弊極於天下矣。故孔子出，而後聖人之道大全，而無一偏之患。」蘇子由獨以為不然，曰：「孔子嘗言此三人矣。或謂之仁人，或謂之賢人，未聞以聖人而許之者。」其敘逸民，則曰：「我則異於是，無可無不可。」夫人而不能無可無不可，尚足以為聖人乎？且三代之風，今世不得

見矣。春秋之際，士方以功利為急，孰謂其多退而寡進而有伯夷之弊，此皆妄意聖人耳。予謂此說，足以正荊公之失而未盡孟子之意。孟子曰：「伯夷，聖之清者也；伊尹，聖之任者也；柳下惠，聖之和者也。」此假義設辭也。蓋孟子謂任與清與和，此三者士君子為行之大概也。士君子之行未至於聖人，則必有所偏，偏則此三者必居其一矣。夫以天下庸庸之人，多因乎流俗而不能自立也。士君子於此三者，苟得其一，則亦可以自見於世。故假此三人者以顯其義，然而不免有所偏，非全德也。故復假孔子以終其說曰：孔子，聖之時者也。以為士君子必如孔子，然後謂之全德，否則獨行一介之士而已，此孟子願學之意也。又安有矯弊之說？彼孟子又豈以三子為足與孔子並而稱聖乎？予故曰：此孟子假義設辭，明矣。孟子嘗以伯夷、柳下惠為聖人，王荊公復以孟子為聖人。雖要推尊孟子，然不必如此立論也。予觀文中子設教，自比孔子，而李翱至以其書比之《太公家教》，則又似貶抑太過，要之皆非至論耶？（上集卷四）

【文章忌俗與太清】予嘗與僧惠空論今之詩僧，如病可、瘦權輩要皆能詩，然嘗病其太清。予因誦東坡《陸道士墓誌》，坡嘗語陸雲：「予神清而骨寒，其清足以仙，其寒亦足以死。」此語雖似相法，其實與文字同一關捩。蓋文字固不可犯俗，而亦不可太清，如人太清則近寒，要非富貴氣象，此固文字所忌也。觀二僧詩，正所謂「其清足以仙，其寒亦足以死」者也。空云：「吾往在豫章，蓋從李商老遊。一日亦論至可師處，商老曰：『可詩句句是廬山景物，試拈卻廬山，不知當道何等語？』亦以為有太清之病。」予笑謂空曰：「商老此語，無乃暗合孫吳耶？」（上集卷四）

【心無定見故無定論】天下無定境，亦無定見。喜怒哀樂，愛惡取捨，山河大地，皆從此心生……杜子美曰：「感時花濺淚，恨別鳥驚心。」至於《悶》詩則曰：「捲簾惟白水，隱几亦青山。」山水花鳥，此平時可喜之物，而子美於恨悶中惟恐見之。蓋此心未淨，則平時可喜者，適足與詩人才子作愁具爾，是則果有定見乎？論者多怪孟東野方歎出門之礙，而復誇馬蹄之疾，以為唐詩人多不聞道。此無他，心見不同爾。（上集卷四）

【詩有格高有韻勝】予每論詩，以陶淵明、韓、杜諸公皆為韻勝。一日見林倅於徑山，夜話及此。林倅曰：「詩有格有韻，故自不同。如淵明詩是其格高，謝靈運池塘春草之句乃其韻勝也。格高似梅花，韻勝似海棠花。」予時聽之，矍然若有所悟。自此讀詩頓進，便覺兩眼如月，盡見古人旨趣。然恐前

筆或有所未聞。（下集卷一）

【李杜韓柳優劣】唐世詩稱李杜，文章稱韓柳。今杜詩語及太白無慮十數篇，而太白未嘗有與杜子美詩，只有飯顆一篇，意頗輕甚。論者謂以此可知子美傾倒太白至矣。晏元獻公嘗言韓退之扶導聖教，剗除異端，自其所長。若其祖述墳典，憲章騷雅，上傳三古，下籠百氏，橫行闊視於綴述之場者，子厚一人而已矣。然學者至今但雷同稱說，其實李杜韓柳豈無優劣？達者觀之，自可默喻。（下集卷三）

【吳中橙蘆鱸鮻桃水肥鯚景致】東坡居吳中久，頗熟其風土。嘗作詩云：「荷盡已無擎雨蓋，菊殘猶有傲霜枝。一年好景君須記，正是橙黃橘綠時。」論者謂非吳人不知其為佳也。坡又嘗作《文與可洋州園池詩》曰：「金橙縱復里人知，不見鱸魚價自低。須是松江煙雨裏，小舠燒蘆搗香蘆。」又云：「溶溶春港漾晴暉，蘆筍生時柳絮飛。不見江南三月裏，桃花流水鯚魚肥。」予謂橙、蘆、鱸鮻、桃花、肥鯚，似此景致，亦豈北人所有？（下集卷三）

【文章關紐】文章要須於題外立意，不可以尋常格律而自窘束。東坡嘗有詩曰：「論畫以形似，見與兒童鄰。作詩必此詩，定非知詩人。」此便是文章關紐也。予亦嘗有和人詩云：「鮫綃巧織在深泉，不與人間機杼聯。要知妙在筆墨外，第一莫為醒者傳。」竊自以為得坡公遺意，但不知句法古人多少？（下集卷三）

【王右丞畫渡水羅漢】王右丞作雪裏芭蕉，蓋是戲弄翰墨，不顧寒暑。今世傳右丞所畫渡水羅漢，亦是意也。而山谷云：「阿羅皆具神通，何至拖泥帶水如此？使右丞作羅漢畫如此，何處有王右丞耶？」山谷意以為右丞當畫羅漢，不當作羅漢渡水也。然予觀韓子蒼《題孫子邵王摩詰渡水羅漢》詩云：「問渠褰裳欲何往？倉惶徙以滄江上。至人入水固不濡，何以有此恐怖狀？我知摩詰意未真，欲以筆端調世人。此水此渡俱非實，摩詰亦未嘗下筆。」以此觀之，古人作畫自有指趣，不知山谷何為作此語？豈猶未能玩意筆墨之外耶？（下集卷三）

【金元史】自古稗史之多，無如兩宋，雖若《捫虱新語》《碧鷄錄》不無污衊正人，然一代文獻，賴茲以存，學者考其顛末，可以為正史之助。如金、元二代，著述寥寥，金代尚有《歸田錄》《中州集》等書，史官賴以成編。元代惟《輟耕錄》一書，所載又多係猥鄙之詞，故宋、王諸公不得不取材諸碑版、行狀等詞，其事頗多溢美。如《完澤傳》，甫載郭□□劾其貪酷諸款，而

後又言其公正廉潔，惜名器，重士節諸語。梁德圭，本紀載其與相臣比昵為奸，為何煒所劾，而其傳又言其遵守先朝法度，諫臣浮競，使其不終其位等語。臧否如出二手，蓋皆碑版之文故也。（昭槤《嘯亭雜錄》卷二）

【李白詩】王安石曰：「李白詩詞迅快，無疏脫處。然其識污下，十句九言婦人酒耳。」按：荊公此論，《冷齋夜話》《捫虱新語》皆載之。《老學庵筆記》則謂其非荊公語，乃讀李詩未熟者妄言之。此辯極為明通。然務觀解為荊公辯誣，卻自謂「太白識度甚淺」，舉「王公大人借顏色，金章紫綬來相趨」，「一別蹉跎朝市間，青雲之交不可攀」等句，斥其「淺陋有索客風」。又云：「得一翰林供奉，此何足道，遂云『當時笑我微賤者，卻來請謁為交歡』，宜其終身坎壈也。」務觀之識度誠偉矣，然伊古以來，文章出群之雄，而詩中往往縈情富貴者，亦不獨太白也。子美詩云：「富貴必從勤苦得，男兒須讀五車書。」退之詩云：「一為馬前卒，鞭背生蟲蛆。一為公與相，潭潭府中居。問之何因爾，學與不學歟？」子美能言「致君堯舜上，再使風俗淳」。退之能言「生平企仁義，所學皆孔周」。而以學問為富貴公相之餌，且津津教人，抑又何也？瑕不掩瑜，一難廢百，讀古人詩者亦觀其大端可矣。太白一生飄然不群，富貴要人實非其心目中所有。蘇子瞻謂「士以氣為主，方高力士用事時，公卿大夫爭事之，而太白使脫靴殿上，固氣蓋天下矣。夏侯湛《贊東方朔》曰：『凌轢卿相，嘲哂豪傑，雄節邁倫，高氣蓋世。』吾於太白亦云」。曾南豐亦謂其「捷出橫步，志狹四裔。始來玉堂，旋去江湖。麒麟鳳皇，世豈能拘」。務觀何均不之引而為此異論也！夫詩理性情，世俗見地，自宜痛掃；然必摘其全集之微玷，蓋厥終身，儕之淺人，亦無當於論世知人之識矣。（潘德輿《養一齋李杜詩話》卷一）

經鉏堂雜志八卷　（宋）倪思撰

宋倪思（1147～1220），字正甫，號齊齋，浙江歸安（今湖州）人。乾道二年（1166）進士，中博學宏詞科。累遷秘書郎，除著作郎兼翰林權直。遷將作少監兼權直學士院，兼權中書舍人，升中書舍人兼直學士院、同修國史，尋兼侍講。除禮部侍郎。上久不過重華宮，思疏十上，言多痛切。時李皇后浸預政，思進講姜氏會齊侯於濼，因奏：「人主治國必自齊家始，家之不能齊者不能防其漸也。始於褻狎，終於恣橫，卒至於陰陽易位，內外無

別，甚則離間父子。漢之呂氏，唐之武、韋，幾至亂亡，不但魯莊公也。」上悚然。出知紹興府。寧宗即位，改婺州，未上，提舉太平興國宮，召除吏部侍郎兼直學士院。御史姚愈劾思，出知太平州，歷知泉州、建寧府，皆以言者論去。久之，召還，試禮部侍郎兼直學士院。侂胄先以書致殷勤，思報曰：「但恐方拙，不能徇時好耳。」逮入見，首論言路不通：「自呂祖儉謫徙而朝士不敢輸忠，自呂祖泰編竄而布衣不敢極說。膠庠之士欲有吐露，恐之以去籍，諭之以呈稿，誰肯披肝瀝膽，觸冒威尊？近者北伐之舉，僅有一二人言其不可，如使未舉之前，相繼力爭之，更加詳審，不致輕動。」又言：「士大夫寡廉鮮恥，列拜於勢要之門，甚者匍匐門竇，稱門生不足，稱恩坐、恩主甚至於恩父者，諛文豐賂，又在所不論也。」侂胄聞之大怒。思既退，謂侂胄曰：「公明有餘而聰不足：堂中剖決如流，此明有餘；為蘇師旦蒙蔽，此聰不足也。周筠與師旦並為奸利，師旦已敗，筠尚在，人言平章騎虎不下之勢，此李林甫、楊國忠晚節也。」侂胄悚然曰：「聞所未聞！」司諫毛憲劾思，予祠。侂胄殛，復召，除權兵部尚書兼侍讀。徙禮部尚書。以寶謨閣直學士知鎮江府，移福州。除寶文閣學士，提舉嵩山崇福宮。嘉定十三年卒，諡文節。著有《班馬異同》《遷史刪改古書異辭》《齊山甲乙稿》《兼山集》《經鉏堂雜志》等書。生平事蹟見《宋史》本傳。

全書四萬言，分八卷。是編乃其晚年劄記之文。因居於經鉏堂，故以名其書。全書大旨主於會通古今。如欲以《易》通程、朱之郵，又欲以《易》會通《通鑑》：「《易》以明天地萬物之理，《通鑑》紀治亂興亡之跡，推其理而知其盈虛，考其跡而究其得失，是其學也有用，其於用也，斯為有孟。」論觀史之法曰：「觀歷代諸史，苟有一長，皆足垂世行後。不必勳業，若循吏，若儒林，若文苑，若孝友，若篤行，若隱逸，雖匹夫之微，有一於此，足矣。不藉富貴，不假勢力，自勉而已，豈不簡易而可行哉。」均可謂卓識。如「兒戲優人」條云：「年老名利之心漸消，思中年時馳逐，殆類大人之觀兒戲，坐客之觀優人，況於中有所得，以道眼觀俗態乎？」此亦通達之論。然亦間有腐論，如「妻兒」條曰：「妻兒不論賢不肖，比當作冤家想。」尤可注意者，「伶官」條借伶官表演諷刺當時之政治腐敗。路工以為此係古代相聲資料〔註58〕，亦可備一說。

《四庫提要》稱其學雜出於釋、老，務為恬退高曠之說。又稱明代陳繼

〔註58〕路工：《訪書見聞錄》，上海古籍出版社，1985年版，第492～493頁。

儒一派發源於此。其述五事云：「靜坐第一，觀書第二，看山水花木第三，與良朋講論第四，教子弟第五。」又述《齊齋十樂》云：「讀義理書，學法帖字，澄心靜坐，益友清談，小酌半醺，澆花種竹，聽琴玩鶴，焚香煎茶，登城觀山，寓意奕棋。雖有他樂，吾不易矣。」確有雅人高曠之意。然《四庫提要》將此書列入雜家類存目，譏其「害理殊甚」，「淺陋無味」，「議論空疏，多無根據」，又稱「疏於考證，此書之陋固其宜矣」，持論未免過苛云云，皆為誅心之論。平心而論，其書議論大體純正，頗有可觀。如曰：「人為貴，不可不自愛重也。」又曰：「名節一壞，遺臭後世。」思嘗讀《唐書》至柳璨曰：「負國賊柳璨死其宜矣，於是知為小人之果無益，而其自知亦甚明也。」可謂愛憎分明。書中又嚴君子、小人之辨，多指斥小人。然於王安石能憎而知其善：「荊公《字說》以轉注、假借皆為象形、象意，此其所以為狗也。若其間說象形、象意處亦自有理。其更新法，若顧役至今用之，東南為便，不見其害。海外四州自舊不曾顧役，前十年守臣奏，民間陳乞欲從中州顧役，朝廷從之，當時攻之者一切以為不可行，力排之，此所以其心不服。」此書對於反腐倡廉頗有價值。如「伶官」條云：「近有移用官錢，大為奸盜，庫藏皆空。伶官有取以為諷者，妝盜魁，欲收火下，問火下來。投者曰：『凡入吾火，須計術高妙，我乃容之。汝之技如何？』其人曰：『吾無所不能也。』盜魁曰：『私藏易竊，官藏難入，汝必入官藏乃可。』期以十日。越十日，再見賊魁。賊魁問：『汝做得著否？所得幾何？』對曰：『吾羞見翁。』問其何也，曰：『吾入軍資庫，庫無一物。吾入諸庫，亦了無一物。入公使庫，止有一千八百。蓋先為大盜所竊，故吾無所得也。』又一伶官粧押到公事府，尹坐□欲收禁押下直司。直司云：『見囚已滿，無所容也。』尹云：『押往右院。』右院曰：『繫囚亦滿。』押往左院，左院對亦然。尹無計，問胥魁若之何，胥魁云：『只有押往公使庫、軍資庫乃可。』問曰：『公使庫、軍資庫豈禁人所耶？』對曰：『向者藏錢多，固不可禁，今空無一有，諸獄既滿，非此兩處不可也。』可謂意深矣。」借伶官表演諷刺當時之政治腐敗。又如「買妾家訓」條云：「素富貴之家蓄教聲伎，蓋其事力有餘，規模素定，聞一見習熟，無甚大害。若乃寒士，驟至顯榮，而欲買聲伎，以恣己欲，其害二十。」今驟至顯榮之貪官與富翁，金屋藏姣，上行下效，多買二奶，左抱右擁，淫聲褻語，日接於耳，且使少艾者迭進攻之，以恣己欲，傷生趣死，則在所不計。此二十條足以為此輩戒焉。

明潘大復序稱其書論朝事則有忠臣愛君之心，論家政則有君陳孝友之

念，論山川則有遺世獨立之志，論世味則有藻鑒人倫之明，繁而不亂，約而有規，其辭爽以勁，其氣簡而舒，信文章之大家，繡虎之長技也。〔註59〕明金有華序稱其書縷縷數萬餘言，譚性命則洞究竇奧，陳往事則著切是非，救時弊則直陳利病，析瞿曇則迥脫根塵，洵有補於身心世教，千古不朽之名言也。〔註60〕明顧大韶《炳燭齋隨筆》稱：「『釋存不昧之靈，道存不亡之形，儒存不朽之名。』此倪思《經鉏堂雜志》中語也。其言雖淺，聖人不能易矣。又曰：『有福食福，無福食智，無智食力。』其言雖鄙，聖人不能易矣。」

此本據明萬曆二十八年潘大復刻本影印。此書又有萬曆三十年金有華刻本、《居家必備》本、涵芬樓秘籍本。

【附錄】

【潘大復《刻經鉏堂序》】夫吾人立身寓內、欲表表自見者，捨功業文章何居焉？垂紳正笏之士率談功業，而視筆墨為敝帚；笈冠長衣之士率談文章，而薄薦紳為塵飯。此皆見其偏、不睹其全者也，吾竊以臧獲之亡羊而例視之矣。求之於古，工文章者如牛毛，而以文章兼功業者若兔角然，寥寥乎其不多見也。他姑不暇具論，即以吾湖言之，湖中多丹山洞府、金砂銀石，故石屋祖師隱於霞霧，葛稚川隱於菁山，范蠡、計然隱於大遮以謀霸業，遂號為計籌山，至今存焉。若顏、蘇兩君俱願為此州刺史，歐陽公所謂「江外饒佳郡，吳興天下稀」者，夫亦道其地之靈也哉。以故文章家代不乏人，今世詩宗沈約、孟郊，畫宗子昂、叔明、徐賁，瀟灑推葉苔翁，皆彬彬文采，而胸中丘壑縱橫萬狀，非若他郡章句之學人趨之而人步之者也。而責諸人於鍾鼎之業、太常之勳，則或起之九原而無以應我矣。乃於宋得一人焉，倪文節公是已。觀其《經鉏堂》一書，論朝事則有忠臣愛君之心，論家政則有君陳孝友之念，論山川則有遺世獨立之志，論世味則有藻鑒人倫之明，繁而不亂，約而有規。其辭爽以勁，其氣簡而舒，信文章之大家，繡虎之長技也。是書也，蓋得之吾友陳仲醇，云：「仲醇博雅有書癖，上自經史，下至稗官，靡不旁搜遠採，最愛是書。」余讀《禮》毘山中，即柳惲讀書處也。偶放舟訪仲醇於嘉禾，仲醇出是編授余曰：「是且未有梓，公，湖人，宜為湖梓之。」余持之歸，反覆讀，

〔註59〕《「國立中央圖書館」善本序跋集錄》子部二，「國立中央圖書館」，1994 年版，第 391 頁。

〔註60〕《「國立中央圖書館」善本序跋集錄》子部二，「國立中央圖書館」，1994 年版，第 390 頁。

不忍釋手，每讀一段，則飲醇醪一杯，咽之，欣欣然自得也。既喜文節之文章，欲觀文節之行誼，而稽之往譜，則文節官宋之學士，風操凜凜，為一代偉人。若傳記所載者，讀之猶有生色，當時忌文節甚眾，而如石中流，無所倚萎，聲聞愈藉藉震人耳矣。豈非文章功業並茂者耶？遂以其書攜至京邸，拜命雍陽，政事之暇，取而卒業，益沾沾自喜，謂我非仲醇，安得是書？而字多差訛，亥豕相接。適張文學自揚文山中走潞水上謁余，文學胸次富有《墳》《典》《丘》《索》，乃以是書授之校焉，凡三旬而羽化者全、蠹食者完矣，又三旬而剞劂告成，殺青斯竟矣。余覽其成，喟然歎曰：士患無文章功業耳，何患不傳？自有此書以來，凡幾百年矣，而流徙不亡，則人必有仰其功業文章而不欲亡之者。至於今則仲醇仰之而授之予，予仰之而付之梓，張文學仰之而校以成，仲醇與予不佞之志，安知後之仰之者不如今日乎？而是書終千古不亡矣。書既成冊，移書兩兒子曰：「為我藏崑山中。」蓋山必有所託而名焉。故霞霧以石屋名，菁山以稚川名，計籌山以越中兩大夫名。是山也，安知不以藏書名乎？然予之景仰於文節固不徒以文章也，倘後之人止以文章觀之，是魚鳥之睹毛嬙，已失其真者矣。是為之序。時萬曆庚子仲春花旦，吳興居實子潘大復書於雍陽官署。

【潘振《經鉏堂雜志跋》】尚憶家大人刻雜志於雍陽署中，爾時髮未燥也。迨束髮而卒讀之，偶拈一則，未竟輒捨去，以是為平平，無甚奇論。今忽屆安二毛之年，攬鏡孤憐，中宵永歎，初春放舟，玄墓看梅，遂謁陳先生於山居，因及吾鄉文節清風千古，表章自不可少。歸航無事，重展舊編，語語會心，正不在遠。請自今往，得一歲讀一過，以密印吾胸中消長。眉公又云：「見已見書，如逢故人。」始悔向來草草著眼，了不甚理會，又寧獨茲刻為然。辛酉改元菊月，潘振藻生識於聽鶯山房。

【宋史・倪思傳】倪思，字正甫，湖州歸安人。乾道二年進士，中博學宏詞科。累遷祕書郎，除著作郎，兼翰林權直。光宗即位，典冊與尤袤對掌。故事，行三制並宣學士。上欲試思能否，一夕並草除公師四制，訓詞精敏，在廷誦歎。權侍立修注官，直前奏：「陛下方受禪，金主亦新立，欲制其命，必每事有以勝之，彼奢則以儉勝之，彼暴則以仁勝之，彼怠惰則以憂勤勝之。」又請增置諫官，專責以諫事。又乞召內外諸將訪問，以知其才否。遷將作少監兼權直學士院，兼權中書舍人，升中書舍人兼直學士院、同修國史，尋兼侍講。初，孝宗以戶部經費之餘，則於三省置封樁庫以待軍用，至紹熙移用始

頻。會有詔發緡錢十五萬入內帑備犒軍，思謂實給他費，請毋發，且曰：「往歲所入，約四百六十四萬緡，所出之錢不及二萬，非痛加撙節，則封椿自此無儲。」遂定議犒軍歲以四十萬緡為額，由是費用有節。又言：「唐制使諫官隨宰相入閣，今諫官月一對耳，乞許同宰執宣引，庶得從容論奏。」上稱善，除禮部侍郎。上久不過重華宮，思疏十上，言多痛切。會上召嘉王，思言：「壽皇欲見陛下，亦猶陛下之於嘉王也。」上為動容。時李皇后浸預政，思進講姜氏會齊侯於濼，因奏：「人主治國必自齊家始，家之不能齊者，不能防其漸也。始於褻狎，終於恣橫，卒至於陰陽易位，內外無別，甚則離間父子。漢之呂氏，唐之武、韋，幾至亂亡，不但魯莊公也。」上悚然。趙汝愚同侍經筵，退語人曰：「讜直如此，吾黨不逮也。」兼權吏部侍郎，出知紹興府。寧宗即位，改婺州，未上，提舉太平興國宮，召除吏部侍郎兼直學士院。御史姚愈劾思，出知太平州，歷知泉州，建寧府，皆以言者論去。久之，召還，試禮部侍郎兼直學士院。侂胄先以書致殷勤，曰：「國事如此，一世人望，豈宜專以潔己為賢哉？」思報曰：「但恐方拙，不能徇時好耳。」時赴召者，未引對先謁侂胄，或勸用近例，思曰：「私門不可登，矧未見君乎？」逮入見，首論言路不通：「自呂祖儉謫徙而朝士不敢輸忠，自呂祖泰編竄而布衣不敢極說。膠庠之士欲有吐露，恐之以去籍，諭之以呈稿，誰肯披肝瀝膽，觸冒威尊？近者北伐之舉，僅有一二人言其不可，如使未舉之前，相繼力爭之，更加詳審，不致輕動。」又言：「蘇師旦贓以鉅萬計，胡不顯戮以謝三軍？皇甫斌喪師襄漢，李爽敗績淮甸，秦世輔潰散蜀道，皆罪大罰輕。」又言：「士大夫寡廉鮮恥，列拜於勢要之門，甚者匍匐門竇，稱門生不足，稱恩坐、恩主甚至於恩父者，諛文豐賂，又在所不論也。」侂胄聞之大怒。思既退，謂侂胄曰：「公明有餘而聰不足：堂中剖決如流，此明有餘；為蘇師旦蒙蔽，此聰不足也。周筠與師旦並為奸利，師旦已敗，筠尚在，人言平章騎虎不下之勢，此李林甫、楊國忠晚節也。」侂胄悚然曰：「聞所未聞！」司諫毛憲劾思，予祠。侂胄誅，復召，首對，乞用淳熙例，令太子開議事堂，聞習機政。又言：「侂胄擅命，凡事取內批特旨，當以為戒。」除權兵部尚書兼侍讀。求對，言：「大權方歸，所當防微，一有干預端倪，必且仍蹈覆轍。厥今有更化之名，無更化之實。今侂胄既誅，而國人之言猶有未靖者，蓋以樞臣猶兼宮賓，不時宣召，宰執當同班同對，樞臣亦當遠權，以息外議。」樞臣，謂史彌遠也。金人求侂胄函首，命廷臣集議，思謂有傷國體。徙禮部尚書。史彌遠擬除兩從官，參政錢象

祖不與聞。思言：「奏擬除目，宰執當同進，比專聽侂胄，權有所偏，覆轍可鑒。」既而史彌遠上章自辨，思求去，上留之。思乞對，言：「前日論樞臣獨班，恐蹈往轍，宗社堪再壞耶？宜親擢臺諫，以革權臣之弊，並任宰輔，以鑒專擅之失。」彌遠懷志，思請去益力，以寶謨閣直學士知鎮江府，移福州。彌遠拜右丞相，陳晦草制用「昆命元龜」語，思歎曰：「董賢為大司馬，冊文有『允執厥中』一言，蕭咸以為堯禪舜之文，長老見之，莫不心懼。今制詞所引，此舜、禹揖遜也。天下有如蕭咸者讀之，得不大駭乎？」仍上省牘，請貼改麻制。詔下分析，彌遠遂除晦殿中侍御史，即劾思藩臣僭論麻制，鐫職而罷，自是不復起矣。久之，除寶文閣學士，提舉嵩山崇福宮。嘉定十三年卒，諡文節。（《宋史》卷三九八）

【四庫提要】《經鉏堂雜志》八卷（江西巡撫採進本），宋倪思撰。思有《班馬異同》，已著錄。是編乃其晚年箚記之文。其學雜出於釋、老，務為恬退高曠之說。然如謂妻子無論賢不肖，皆當以冤家視之，害理殊甚。其他亦皆淺陋無味，明代陳繼儒一派發源於此。又議論空疏，多無根據。如顏斶生王死士之論，與安步晚食之語，同出一時，而思引斶前王前一段，附論其下曰：「此即晚食以當肉，安步以當車之顏斶耶，抑別一人耶？」是並《戰國策》未讀也。賈誼謫長沙王傅，作《鵩賦》之後，年餘而死。而思謂賈誼陳治安之策乃在於《鵩賦》之後，豈其涉歷世故，於事理講明，尤更深究耶？是並《漢書》《史記》亦未詳考也。《宋史》思本傳載，陳晦《草史》彌遠制詞，用昆命元龜語。思以為類董賢策文用「允執厥中」之文，上疏爭之，坐是罷去。考劉克莊《後村詩話》，稱思駁論時晦累疏，援引唐人及宋代累朝命相皆用此語，以駁思，思遂削秩。則晦雖曲貢諛詞，而轉據典文，思雖力持正論，而疏於考證。是書之陋，固其宜矣。（《四庫全書總目》卷一百二十四「子部三十四·雜家類存目一」）

【涑水金陵】溫公退居於洛十七年，荊公罷政歸金陵亦十餘年。溫公不唯天下重望歸之，其心樂道，真得退居之適；荊公不唯得罪公議，其心負愧良多，身雖逸而心無一日之樂。觀二公出處，可以為鑒。（《經鉏堂雜志》卷一）

【東坡楊畏】東坡在嘉祐立論務在更變，在熙寧立論務在安靜，在熙寧力排募役，在元祐乃主免役，蓋唯是之從，而不徇時之好惡，此其所以為君子。楊畏在熙寧則從熙寧，在元祐則從元祐，在紹聖元符則從紹聖元符，時

人目之曰「楊三變」，不願是非，而唯時是徇，此其所以為小人也。（《經鉏堂雜志》卷一）

【張志和】吳興人指南門二十餘里下，荔菁山之間，一帶遠山，為西塞山也。山水明秀，真是絕境。家有小舫，時時載酒浮遊其上，當八九月，秋氣澄爽，尤可愛玩，特恨無志和詩筆胸次耳。（《經鉏堂雜志》卷一）

【林希】林希在元祐已作大從官，與東坡為儕輩。章惇貶元祐諸公，欲其行辭，下除掖垣，希意圖進用，遂俯就之。既草東坡謫辭，擲筆曰：「壞了平生名節也。」其後僅遷丞輔。大從官與執政相去無幾，名節一壞，遺臭後世。明知而明犯之，甚矣官職之能壞人也！（《經鉏堂雜志》卷一）

【燮理】君子治心欲和，治身欲和，治家欲和，治天下欲和。心有喜怒、哀樂、愛惡，欲少過則傷和，非善燮理方寸，不能和也；身有陰陽、寒暑、飲食、起居之燮，失節則傷和，非善燮理血氣，不能和也；家有父子、夫婦、宗族、長幼之情，不順則傷和，非善燮理閨門，不能和也。若夫燮理陰陽，以和天下，亦自此推之耳。然非窮而在下者之責也。（《經鉏堂雜志》卷三）

【守令】州縣吏莫難於守令，而居官廉介公正者多不免，蓋獄訟親決，吏不得而干與，則絕其衣食之源，一也；庭無留事，吏不得而屈滯，則絕其衣食之源，二也；倉庫出入，不容滲漏，則絕其衣食之源，三也；二稅正榷，不容多取，則絕其衣食之源，四也。故廉介公正者為守令，吏或至困甚，日夜望其人之去，凡可以擠謗之者，無不為矣。又吏在官府，凡官府之事易以撰飾，謗出其口，人易信之，其次則僚吏也，僚官之中，十八九不廉，彼若得長吏不廉，則可與俱濁，故其疾廉者尤甚。其次則寄居大姓，寄居大姓，豪奪武斷，以此立門庭，與小民爭，不問屈直，必欲取勝，廉介公正之人豈畏強禦？據理斷決，所謂豪奪武斷者不自退省，乃以為守令見治，其怨必深。又凡守令必與人定曲直，直者小民不能延譽，曲者大家小則興謗，大則搖撼。其次屬吏，以一州計之，一歲之間舉削不過一兩紙，而求者數人，皆挾有力者宛轉，廉介公正者舉人以公，被舉者未必感恩，而見遺者必攘怨，不獨其人怨，其與之作書者皆是權貴，求而不得，怨怒若何？其次遊客，遊客經過，不滿所欲，便生詈誹，遊客猶可，衛士尤甚。凡此數端，交致其毀，豈有全人乎？此廉介公正之士所以常遭罷斥。而廉介公正之士亦自有以招之，蓋自恃其無他，往往亦有不周旋委曲者，殊不知世態多端，直情徑行，有所不可，故曰亦自有以招之也。（《經鉏堂雜志》卷三）

【順境逆境】凡人所為動輒如意，謂之順境；所為動輒齟齬，謂之逆境。順境快意，易以壞人；逆境難堪，久而有益。松柏不經霜雪不能堅固，有識者遭值逆境，則見理愈明、學力愈進；無識者遭值逆境，小則自沮，大則失節。故觀人者當於其處逆境觀之。自古卿相達官必先困苦後乃貴，何前後之不均也？方其困苦，造物者豈不能以其後之所享豫以與之，稍以拯之？蓋居人上者甚難，苟不諳知艱難，遽授以權，妄意設施，下有受其害者矣，此造物之所以必先使困苦、諳知艱難，然後授之以權，則其他日設施下將有被其惠者矣。故造物之先困苦其人，非獨如孟子「增益其所不能」之說，凡以為他日在其人之下者之利也。(《經鉏堂雜志》卷三)

【干謁】里有善干謁者，徒手而出，滿載而歸，里人無不羨之。識者笑曰：「是安足羨？人生財物，各有分量，吾鄉安坐不出、享貲產者，何限如彼人者！天以其分所當得，散在千里之外，必使奔走道路，搖尾乞憐，乃始得之，與夫安坐不出、享貲產者相去遠矣。此乃可憫，何足羨哉！」其言有理，故誌之。(《經鉏堂雜志》卷三)

【有益】凡人舉措，先須略思，非有益於人，則有益於己，二者了無所益，則勿為也。(《經鉏堂雜志》卷三)

【天理人事】君子小人皆言天理人事，君子盡人事以為善，至無可奈何，則曰：「天也。」小人盡人力以為惡，至或有諫止，則曰：「我不有命在天？」君子之與小人，其言天人則同，而善惡頓殊，君子樂天者也，小人恃天者也。(《經鉏堂雜志》卷三)

【正理】天下有正理，正理其常，非正理者其變也。勤儉以興家，正理也，世固有不勤不儉而家亦興者，變也；仁德而享年，正理也，世固有窮凶極惡而眉壽者，變也；寡欲而康強，正理也，世固有留意聲色而無疾者，變也；博學能文而登科，正理也，世固有文學未成偶得名第者，變也；訓教子弟而成立，正理也，世固有不深訓教而子弟自成者，變也。君子循其常，故無悔，小人指其變者而信之，此所以常行險以徼幸也。要之，常者十居八九，變者特其一二，以一二之變而不信其常，亦惑矣。(《經鉏堂雜志》卷三)

【薦楊誠齋】紹興庚戌十月，倪文節公思為中書舍人，楊文節萬里自大蓬除直龍圖閣，將漕江東，朝論惜其去，公留錄黃欲繳卻當奏。或以語楊，楊亟作簡止之，倪公答云：「賢者去國，公論以為不然，既辱寵諭，不敢復繳，卻當別作商量也。」楊公即以所答簡餘紙復止之，云：「死無良醫，幸公哀我，

得並別作商量之說免之。尤荷公孫黑辭職，既而又使子為卿，子產惡之。至懇至叩，不勝激切。」至以恩府呼之，其欲去之意可見也。然倪公竟入箚留之，云：「臣聞孔子曰：『吾未見剛者。』又曰：『不得中行而與之，必也狂狷乎？』剛與狂狷，皆非中道，然孔子有取焉。為其挺特之操，可與有為，賢於柔懦委靡，患得患失者遠矣。若朝廷之上得如此三數輩，可以逆折奸萌，矯厲具臣，為益非淺。竊見秘書監楊萬里，學問文采，固已絕人，乃若剛毅狷介之守，尤為難得。夫其遇事輒發，無所顧忌，雖未盡合中道，原其初心，思有補於國家，至惓惓也。向來勸講東宮，已蒙陛下嘉獎，陛下踐祚，首賜收召晉登冊府，士類咸以為當。今甫逾年，遽爾丐外，朝廷以職名禮節處之，不為不憂。然而公論以為如萬里者不宜遽使去國。錄黃之下，臣始欲繳論，為又念朝廷此命本是優賢，雖已書行，而於臣愚見，猶欲陛下改命留之。蓋萬里再入修門，未為甚久，倘朝廷以貪賢為意，喻之小留，萬里感荷君恩，豈能復以私計為辭云云。」蓋二公相知極深也。後二十年，楊公已亡，倪公得其當時手簡，不忍棄之，遂自錄所上之箚，及往來之書，裝潢成卷，親敘其事於後。攻媿樓公嘗跋之云：「東坡賦屈原廟，云『雖不適中，要以為賢兮』。誠齋有焉。昌黎留孔戣，事雖不行，陳義甚高，誠齋有焉。」尤為確論。亦可概想前輩去就之道，交情之誼也。（周密《癸辛雜識》前集）

東洲几上語一卷東洲枕上語一卷　（宋）施清臣撰

宋施清臣，字真卿，號東洲，自號赤城散吏，通州人〔註61〕。淳祐二年（1242）為兵部侍郎、知臨安府，三年為朝散大夫、新荊湖南路安撫大使司主管機宜文字〔註62〕。紹定元年知池州〔註63〕。其父施康年官監察御史。《宋會要輯稿・選舉五・貢舉雜錄》載：「九月六日，臣僚言：『宗正少卿兼權禮部侍郎施康年同知貢舉，其子清臣合行迴避別院。既以孤經牒回，卷首字號，人皆知之。康年溺愛，終不迴避，果然中選。乞以康年補外，其子清臣自取聖裁。』詔施康年與監司差遣，施清臣駁放。」《詩林萬選》載其《牽

〔註61〕《慶元黨禁》明載其父為通州人。《欽定續通志》卷六百十七《姦臣傳・宋四》：「施康年、陳讜、鄧友龍、林采皆以攻偽學，久居言路。」此書末有孫毓修跋，稱清臣事蹟不可考，既云「赤城散吏」，則當為台州人云云，想當然耳。
〔註62〕《吳都文粹續集》卷三一《建吳井洌泉亭記》。
〔註63〕何紹基：《重修安徽通志》卷一一五《職官志・表》。

牛》詩：「一泓天水染朱衣，生怕紅墻透日飛。急整離離蒼玉佩，曉雲光裏渡河歸。」〔註64〕書末有詩云：「一蓑一笠一孤舟，萬里江山獨自遊。有人問我紅塵事，笑入蘆花不點頭。」頗具飄逸瀟灑之趣。生平事蹟見原書自序及《（道光）蘇州府志》卷一三六。

《几上語》作於淳祐四年（1244）十月，凡七十八條，僅三千言。自序稱合老、釋以非三，融精粗而為一云云，可以想見其宗旨。《枕上語》作於淳祐五年（1245），凡七十五條，僅三千言。自序稱自丙戌歲臥店六閱月，幾失其生，病枕光陰，無可排遣，攝之以善念，厥後追錄於冊，凡若干則，留為家庭之警訓云。

此書《宋史藝文志補》小說家類著錄，《四庫全書總目》入雜家類存目，以後者為是。其學主三教合一。書中闡發此意甚多，如曰：「近世說《易》者，大抵能說《易》之理，以推人事，不能究之數，以推造化。僅有康節一家而已，所傳者亦糟粕也。《易》有神仙修煉之旨，皆出於卦數。」又曰：「逃儒墨起殺之場，究黃老全生之福。」又曰：「性理之學，儒家歷等級而有持循，老釋掀窠臼而有超詣，大率在究竟踐履而積工夫爾。」又曰：「存心養性，既得之儒釋均也，以仁義禮智養於內，以應於外。吾儒之學則發乎用，以視動言聽主於內而忘於外。釋氏之學則泯乎用初若同後乃異。」其文多儷偶之詞。《四庫提要》稱：「詞多儷偶，明人小品，濫觴於斯。」如曰：「人生五十以前為進數、用世之學，當一日章如一日；五十以後為退數、垂世之學，當一日積如一日。」又曰：「天運無一息之停，而萬化與之俱生。人心無一息之停，而萬緒與之俱役。故物歸其根，心反其源。由動復靜，所以最難。」又曰：「騖榮途而老不知止，如蝸牛黏高壁而槁死；投貪壑而滿不知足，如飛蛾慕明燈而喪生。」又曰：「樂天知命則不憂，窮理盡心則不昧。」又曰：「名利若羽毛之輕，眾人視猶太山之重；名義若太山之重，眾人視猶羽毛之輕。」其論學亦多妙語。如曰：「為學日益，為道日損。由損而益，則至理有歸宿。多聞守約，多見守卓。由約而卓，則群言無混淆。」又曰：「經傳之學，義理無終窮，探頤有深旨。知之為知之，當知者精思之，則所言者通不知。以不知者臆度之，則所言者鑿。」又曰：「讀書貴義味之浹洽，而後貫一理以同歸。讀史貴智局之超詣，而後合群策以折衷。」又曰：「通徹有工夫，純熟無間斷，浹洽有超詣，透脫無黏綴，此進道之要。」又

〔註64〕厲鶚：《宋詩紀事》卷六六。

曰：「辨信心則不疑貳，辨肯心則不因循。惟信為肯，為學入道之基地。」又曰：「學問在一個新字，新則不自畫於中道。進退在一個時字，時則不自昧於知幾。」又曰：「聖人以《易》洗心，自與天理同流；君子以心體《易》，當知天理同本。」要之，其人明於《易》理，嫻於駢儷。几上枕上，頗多悟道之言。孫毓修跋稱其清辭名理，引人入勝，亦晁文元公《法藏碎金》之流亞云，庶幾近之。

此本據民國十四年鉛印《涵芬樓秘籍》本影印。

【附錄】

【施清臣《几上語自序》】僕癖嗜書，昔貪今懶，中年幽憂之疾，沉沉兀兀，殊欠排遣，胸中追憶，舊多碎語，在稿冊間收拾刪改，恰若干則。合老、釋以非三，融精粗而為一，聊自警也。時淳祐甲辰十月，且題之曰《几上語》。

【施清臣《枕上語自序》】自丙戌歲臥疴，六閱月，幾失其生，病枕光陰，無可排遣，攝之以善念，厥後追錄於冊，凡若干則，留為家庭之警訓。時淳祐乙巳人日。

【孫毓修《几上語枕上語跋》】右《几上語》一卷、《枕上語》一卷，宋施清臣撰。清臣事蹟不可考，自署赤城散吏，書名上均有東洲二字。自序作於淳祐甲辰、乙巳間，蓋宋理宗時人，號東洲也。既云赤城散吏，則或是台州人歟？俞樾《茶香室叢抄》謂其取名與岳珂《程史》同。《四庫》以施氏此書宗釋、道之旨，而以儒家傅會之，明季小品濫觴於此，故不予著錄。然清辭名理，引人入勝，亦晁文元公《法藏碎金》之流亞，《四庫》取彼而捨此，何歟？宋人遺編傳世日少，今據寫本付刊，闕誤處苦無別本可校，茲仍其舊。己未春日，無錫孫毓修跋。

【四庫提要】《几上語》一卷《枕上語》一卷（兩淮鹽政採進本），宋施清臣撰。清臣號東洲，淳祐間人，自稱赤城散吏。是書皆宗二氏之旨，而以儒理附會之，詞多儷偶，明人小品濫觴於斯。其謂《易》可通修煉之旨，亦魏伯陽等之緒餘，無足採錄也。(《四庫全書總目》卷一百二十四「子部三十四·雜家類存目一」)

【几上語節選】天運無一息之停，而萬化與之俱生。人心無一息之停，而萬緒與之俱役。故物歸其根，心反其源，由動復靜，所以最難。○精神昭徹之極，可以造微；理義涵育之久，可以知化。○心廣則與天地以同量，體胖則

與萬物以同體。非自致也，由力廣充之也。○道在一個積字，真積力久，所造資深逢原之功；學在一個習字，慣習自然，可入欲不逾矩之奧。○窗明窗暗，虛閱一世之光陰；誰弱誰強，枉費千年之調度。自古有死，無忝爾生。○事寡心泰，情忘累薄，此遣於外者之言也。事來必能名其事，而我為萬事之主。情接必能性其情，而我非七情之役。涉歷既久，閱理既深，回視一世，無一事可樂。回視一身，無一事可樂。但澄念反照，而遣諸妄；隨緣自適，而處見存。○至人之心，靜則常寂，寂則常存；動則常應，應則常周。○人生斯世倚伏皆有氣數，不可逆天而躐進；賦予皆有分劑，不可逆地以幸求。○境有逆順，處之以理，則逆順不吾移。事有是非，決之以理，則是非不吾撓。蓋理者，此心之宗主，所以酬酢萬變，與物推移而無窮也。○不得起妄想心，不得起計著心，不得起慕樂心，不得起厭離心，當常在一真平實境界。○隱則求志以自養，如霽月光風之涵遠；達則得志以祿養，如春風夏雨之及時。○燭理徹則中無所動，御物輕則中有所主。能燭理，斯可以御物。○人生於世均夢境也。日間夢眼為夢，若實而亦虛；夜間閉眼為夢，尤虛而非實。彼汩沒真念，追逐世紛，日夜忘反，溘然不省，豈不大可哀乎？○管子云：思之思之，又思之，思之不通，鬼神將通之，非鬼神之力也，精神之極也。

【枕上語節選】履后土，戴皇天，惟至誠則俯仰無愧；踐薄冰，待白日，惟浮偽則須臾皆亡。○踐履正，雖挽之以萬牛而不回首；識見明，雖驟之以萬馬而可駐足○剛毅勇敢之氣，養之以居仁，由義則不餒；精悍整辨之才，養之以正心，誠意則不俗。○驚榮途而老不知止，如蝸牛黏高壁而槁死；投貪壑而滿不知足，如飛蛾慕明燈而喪生。○闇虧，日月之食也；利欲，人心之食也。日月之食有時，而更則人皆仰之；人心之食無時，而更其更耶？其不更耶？○愚公移山，生固不休；精衛填海，死而未已。使立志如此，何事不辨。○成者挽強，敗者墮甑。已過者逝水，未來者抹漆。世事往往皆然，亦可以悟矣。○不汲汲富貴，不戚戚貧賤，不炎炎羨慕，不逐逐苟求，此宅身之要。○漂搖世故之風雨，棲遲羈路之冰霜也，須要經歷，視養者有間。故蒹葭蒼蒼，必在白露為霜之後；雞鳴不已，必在風雨如晦之時。○「天與水違行，訟」，《訟》六爻皆凶；「地中有山，謙」，《謙》六爻皆吉。君子可以決擇矣。○「將心比心」，此雖俗語，極有理。世間視己不視人者皆是也。推而上之，即顏子之「己所不欲，勿施於人」。○樂天知命則不憂，窮理盡心則不昧。○聖人之心，虛而應，靈而存，大包無外，細入無間，無在無不在也。○「分

從一定始終有，事要十全今古無。」此古語也，明白理到。作文不可有矜心，則追逐時好，失自得邁往之氣；不可有欺心，則泛應時用，失精神行遠之功。○古今澆灌胸次，則鄙悋潛消；講貫喚醒聰明，則塵凡俱屏。○境空則禍福之繩兩解，心空則光明之境四周。所圍者空，則所超者大。○念慮正，則清宵魂魄亦安；念慮邪，則白日魑魅同處。○小而人身逆境多於順境，大而家國亂日多於治日。○日月，天地之光明；理義，人心之光明。天心無日月，則如漆如墨；人心無理義，則如鬼如蜮。○排難解紛，必須順理而行之。如披敗絮行於荊棘中，亙步則多觸，如抽亂絲，在無頭緒。

慮得集四卷附錄二卷　　（明）華悰韡撰

華悰韡，字公愷，自號貞固處士，時稱貞固先生，無錫人。自幼警敏，為父母所鍾愛。刻志讀書，雖祁寒盛暑不輟。尤嗜《易》學，於諸家傳注靡不畢覽，以求其指歸。元季兵興，奉親往來於蘇州、松江之間，事平還無錫，以父命構新居於延祥里，耕田鑿井，益務勤儉。洪武中，屢徵不起。生平好自檢束，雖燕居，衣冠必整，遇意有不平，亦從容以理自遣，不肯疾言暴色。雅樂施予，周人急難，朋友有相契者，延至於家，款遇盡誠，始終未嘗稍異。嘗自以處卑賤，不得施惠及人，乃習岐黃氏書，多蓄善藥，鄉里有告病者輒濟之，雖非以此為業，而人多賴以全活。故義聲洋溢於東南，士大夫爭欲識其面。生平事蹟見《江南通志》卷一六八《隱逸傳》、趙友同《貞固處士傳》及陳鎰所作墓表。明顧清稱其父幼武棲碧翁以詩鳴，至悰韡始家鵝湖，生興叔，興叔生宗瓏，宗瓏生守莊，世載德美，望於東南。〔註65〕文徵明為作《真賞齋圖》一卷，原貯於北京故宮養心殿，清張照《石渠寶笈》卷十五：「貞固翁輯行家禮，著於友同之傳。」浦江《趙友同傳》云：「翁諱宗韡，元時家聲稍替，翁克振之，酌冠婚喪祭之禮，為《慮得集》。」

貞固處士斟酌古禮，附以古人嘉言善行，總為一帙，名曰《慮得集》。其曰「慮得」者，取《大學》「知止而後有定，定而後能靜，靜而後能安，安而後能慮，慮而後能得」之義也。是編乃其貽子孫之家訓，集古人嘉言懿行，大旨主於修身教家、忠厚傳家。全書僅萬言，分四卷。卷一曰《家勸》，分為三小節，概述家居之常事。於待人接物尤為屬意，如曰：「凡遇事務，須要明白

〔註65〕《東江家藏集》卷四十一《福建左布政使雙梧華君墓誌銘》。

參問，具陳情實，精思詳慮，熟議可否，擇善而行。勿執己見，勿恃己能，勿遂己欲。」又曰：「凡聞閑言是非，先究何所從來，實時明白，面問不得藏疑，恐成積怨。大抵閑言不入於耳，便無彼我之私，而親誼自厚。即是共爨，要在常加省察。苟能責己恕人，不介胸中，尤為盛德也。」卷二曰《祭禮習目》，凡祀先節式祝文，具載於此。首為時祭奠獻禮節，分拂拭、設位、請主、參神、降神、進饌、初獻、亞獻、終獻、侑食、進茶、辭神、奉主歸祠堂諸目。次為欽遵祝文。卷三曰《冠婚儀略》，分議婚、成婚、禮賓、教以婦儀諸目。卷四曰《治喪紀要》，斟酌古禮，擇其可行而已。

書前有成化十七年（1481）劉珝序、明洪武三十一年（1398）錢仲益序及永樂十一年（1413）趙友同所撰傳。末有永樂三年（1405）劉據後序、正統元年（1436）沈粲書後、正統十三年（1448）項忕跋、成化七年（1471）彭華跋。錢仲益序稱其所編冠婚喪祭之禮，一皆法於朱子《家禮》，而取其不悖於古而可行於今者為之。劉據後序稱其《家勸》三篇，首則序祖宗相傳世，次積善起家之由，次則公愷自述其干蠱事親繼承之緒，訓示後人則以繩祖武、趾前猷、敦孝悌、興禮讓為事，是乃飭子孫修身謹行者所當然也。其於勤稼穡、供貢賦、務忠厚、慎取予，是又飭子孫力農報本、存心節物者所當然也。以至冠婚有儀略，治喪有記要，祭禮有習目，又皆責成人正夫婦、謹終追遠者所當然也，無一言而有過分之求，無一事而非當然之則，其體驗之深，思慮之熟，示訓之諄，貽謀之遠云云。周中孚稱所載本之朱子《家禮》，而斟酌古今之宜，頗為簡當。〔註66〕諸家評述皆頗為中肯矣。

明嘉靖十一年其子伯諄付之梓，嘉靖壬辰裔孫從智重刊。明萬曆四十二年八世孫繼祥重刊之。又有《託跋廛叢刻》本。此本據中國科學院圖書館藏明嘉靖十一年華從智刻本影印。

【附錄】

【高攀龍《慮得集序》】《慮得集》者，華貞固先生所以訓其子孫者也。先生遜其智，居其愚，若曰是千慮之一得云爾。吾繹其旨，淵乎淵乎！昔者聖人曰：「人無遠慮，必有近憂。」是故飲酒而旨之，惕然曰：「後世必有亡於酒者。」見色而悅之，惕然曰：「後世必有亡於色者。」謂其可欲也。凡人之所欲，未有不足以殺其身而亡其家國。聖人慮之於遠，故得之於近；慮危而

〔註66〕周中孚：《鄭堂讀書記補逸》卷二十五。

得安，慮亂而得治，慮亡而得存，推此類也。一舉口而慮無興戎矣，一舉足而慮無冥行矣，一舉念而慮無非幾矣。夫人之率然而動，皆欲也。惕然而慮，皆理也。欲動而慮止，則得失之分而安危存亡治亂之幾也。是故先生之訓其子孫者，總而示之曰禮義，提其要曰慮，慮以明諸心，禮義以守諸躬。自鄉黨自好而上至為賢為聖，率由之。先生當皇明始興，復歸於錫，迄今二百五十年，子孫繩繩不替，甲於他族。水之放海者，發源必遠；木之干霄者，植根必深。讀茲集者，觀其淳厖敦樸之意，可以知其源與根矣。得此而弗失，雖與天地無終極而存可也。其八世孫繼祥重刻茲集，廣布族人，是能慮者也，是能得而弗失者也。（高攀龍《高子遺書》卷九下）

【趙友同《貞固處士傳》】處士諱悰韓，字公愷，姓華氏，貞固其自號也，系出南齊孝子寶之後，世家無錫隆亭里，高祖友聞元進嘗仕有祿，始遷居埭陽，曾祖璞，素不樂仕進。執政嘗以官起之，辭不受，祖鈜為都功德使司都事，年二十六以病謝事，尋卒於家。祖母陳氏守志不渝，有司上其事朝廷為旌，其門曰華婦陳氏貞潔之門，里曰旌節里，鄉人榮之。父幼武，字彥清，號棲碧先生，事母以孝行稱。經理家業，日底蕃盛。母鄧氏、顧氏俱有婦道。處士自幼警敏，為父母所鍾愛。刻志讀書，雖祁寒盛暑不輟。尤嗜《易》學，於諸家傳注靡不畢覽，以求其指歸。元季兵亂，奉其親往來蘇、松間，雖艱難困頓，而甘旨之養，承顏順志，無毫髮不得其歡心也。聖朝洪武初，仍還無錫，以父命構新居於延祥里，耕田鑿井，益務勤儉，曰：「使吾而以享祿爵諸貲財紹繼先業如往時之盛，非吾之所敢知。使吾周旋詩書，以禮義之習維持宗族，俾子孫躬耕食力毋玷志辱先，此則吾所當勉勉不忘者也。」於是斟酌古禮，附以古人嘉言善行，總為一帙，名曰《慮得集》，傳示其子孫。復手編族譜，自孝子而下若干世，遠者舉其概，近者書其履歷，卒葬之詳，支分派別，各有統緒，大要遵蘇氏譜法而又加精密焉。生平好自檢束，雖燕居，衣冠必整，遇意有不平，亦從容以理自遣，不肯疾言暴色。雅樂施予，周人急難，朋友有相契者，延至於家，款遇盡誠，始終未嘗稍異。嘗自以處卑賤，不得施惠及人，乃習岐黃氏書，多蓄善藥，鄉里有告病者輒濟之，雖非以此為業，而人多賴以全活。故義聲洋溢於東南，士大夫爭欲識其面，凡論故家舊族子孫之善於保守先業者，必以處士為首稱。洪武丁丑年，以病卒於家，享年五十有七。子三人，興仁、興升、興定，皆彬彬好學，孫男十有二人。贊曰：我先子游吳中時，處士以師禮相待，晚年過無錫，必館寓其家，嘗歸語友同曰：「華處士以

患難之餘操守自若，況子孫女婦皆務積善以相承厥志，未必賢者之偏華一門也，殆亦士之美行刑於家者，其效有不可誣耳。小子識之！」嗚呼！詎意先子之言在耳，而處士已不可見邪？悲夫！永樂十一年春三月吉，前修書官修職郎、太醫院御醫浦江趙友同撰。

【劉珝《慮得集引》】珝嘗讀史以觀古今之人矣，夫所謂世家者，其必賢宗祖肇積厥德而貽後以德，斯衣冠蕃衍，傳之不窮。所謂不善之家者，戾乎是。匪直家也，雖國亦然；匪直數十百年前也，雖數十百年後亦然；匪直吾邦之人也，雖九州四海之人亦然。此古今此德不僭如此。矧德之言，得也，理得於心，欲理之得於心，必由乎慮，苟能慮焉，何德之不可得也。慮得之所以名集也。無錫華冑出於南齊孝子寶，盛於宋元，及於我朝。文獻綿綿不衰，蓋肇積貽後以德者歟？觀其處己、勸家、冠婚、喪祭，無慮萬言，無一言而非至言，無一事而非常事，事事皆可常行而非高遠，信乎有德者有言也。惜其傳世已久，板刻磨滅，而賢子孫重壽諸梓以昭先德，傳之無窮之徵不誣矣。夫貞固處士公愷作斯集，處士曾孫守方重刊斯集，於戲！今世之世族大家，其亦鑒於斯集，於是乎引。成化辛丑年臘月之吉，資政大夫、太子少保、戶部尚書兼文淵閣大學士、知制誥經筵官兼修國史玉牒青齋劉珝書。

【錢仲益《慮得集序》】曩余在鄉里時，嘗到識隆亭大族華彥清氏，彥清師永嘉陳子貞先生學，詩文有稿曰《黃楊集》，刊行於時。余時幼，未及知也。余實華出，母於彥清為祖姑，則余於彥清為從中表兄弟也。余稍長既出，宦遊湖海間，不得相從遊，晚得歸鄉里，而彥清已歿。一日，因造鴻山前屯部員外楊德彞家，數於其座上見一士服都布單衣，頭戴華陽巾，視其動作則雍容而詳雅，聆其詞旨則博辯而簡要，與之論議政事、商榷古今，則甚合禮度而中肯綮，心竊異之，私問其誰何於德彞，則曰：「此華彥清仲子公愷也。」余因憮然曰：「鄧林之木必大，江海之魚必巨，理信然也。」以余家去公愷所居逾六十里，雖加敬執而不得時相會遇。既而公愷以病歿，又不得與執紼，心常慊焉。後數聞人談公愷，當病革時，如諸兄弟子侄從容就別，乃索紙筆作詩自述以辭世。其詞曰：「身居浮世上，心似浮雲閒。悟徹從前事，逍遙天地間。」余聞而益異之。公愷歿已二載，洪武戊寅三月之望，其家子伯諄從軍於茶陵，回造余於學齋，持其父所遺稿凡若干卷，曰《慮得集》，拜而請曰：「先父存日，以先生相去遠，不得親炙，然常語其輩必稱道先生名。今先父已化去，幸有遺稿存於家，願請一言以敘其端，庶乎死者不憾於

來者不聞也。」余得而讀之，觀其所撰《家勸》者，始則歷敘其祖宗創業之艱難，次則自述其平生立志之勤勵，終則戒其子孫之守成，皆簡而得其當，其治家亦有法矣。所編《冠婚喪祭之禮》，一皆法於《朱子家禮》，而取其不悖於古而可行於今者為之，若夫世俗鄙陋之習，釋、老齋醮之教，一皆斥去不用。非其平生學問之力、識理之明者不能也。至於治田園、守禮法，不儉不奢，不約不泰，莫不悉有條理，故能間關亂離中，不犯怨嫉，不觸刑辟，座保家徒者，良有由也。至其所著詩則清新沖淡，得詩人性情。其所為文則雅健簡古，無沓拖氣習。展誦數四，因自咎曰：華彥清氏，余中表之賢兄也。余既以幼稚而不得與相從，其子公愷又母族之賢子弟也，余又以老退而不得與相處，生雖識其為人而不得面悉其詞理，歿而睹其遺稿而不得重見其顏面，余有負於公愷矣。公愷生於大族，彥清既能流芳於其前，而公愷又能繼志於其後，華氏父子何多賢邪！若其所著《家勸》《祭禮習目》《冠婚儀略》《治喪記要》等篇，皆有宜於今者，固當表而出之，以為鄉閭法式，又非華氏一家所當私秘也。伯諄崎嶇戎馬間，寶藏先稿，拳拳不忘而必請敘於余，公愷可謂有子矣。顧余筆札荒陋，不足以發揚幽光，不能無愧於伯諄，然伯諄請堅，故不敢峻卻，乃為敘其端，以成其志云。洪武三十一年三月望日，前奉議大夫、王府右長史邑人錢仲益序。

【沈粲《書應得集後》】昌黎韓子曰：「文書自傳道，不仗史筆書。」余讀毗陵貞固華處士《應得集》而重感焉。華氏為埭陽巨族，世以尊德樂義相承，故處士之立言制行，皆切於致知力行之事也。曰《家勸》，尊祖以示訓，忠厚而惻怛；曰《祭禮習目》，酌古以準今，有條而不紊；曰《冠婚儀略》，尚質而右文，豐約而適中；曰《婦儀之教》，辭簡而意切；曰《治喪記要》，量事以制宜，固可以垂世而立教。噫，若貞固處士者，蓋亦得夫知行兼該之要矣。豈與世之浮華務外者所可同日而語哉？抑韓子之以文自傳者歟？其子仲諄、伯訓，皆敦本而尚質，為能守其家法者，間以是集鋟梓以廣其傳矣。其孫思濟復來京師徵言於余，竊嘉其體道不惑，有明切可傳之實，而其子若孫繼繼繩繩之不懈也，故不辭而書於卷末，以為敦本力行之勸云。正統元年龍集丙辰秋九月初吉，中憲大夫大理寺右少卿雲間沈粲書。

【項伍《題應得集卷後》】《應得集》者，貞固處士華公愷所述也，華出南齊孝子寶之後世，為無錫隆亭右族，繼遷埭陽，衣冠詩禮之蟬聯，孝友節義之昭著，奕世相承，務積陰德，邦之文獻莫或先焉。至處士，元季兵起，

間關亂離卒能敬承父志，克復舊業，可謂賢也矣。慮後之子孫或狃於宴安，流於侈靡，習於浮薄，故述是集以示訓，蓋有取於《大學》「慮而後得」之旨。夫慮之為言，思也。孟軻氏亦曰：「心之官則思，思則得之，不思則不得也。」處士之所以克勵勤苦於擾攘之餘，復振厥家於平定之日，非慮而後能得能若是乎？觀其集中所著曰《勸家》、曰《祭禮習目》、曰《冠婚儀略》、曰《治喪記要》與凡詩文等篇，千言萬語，無非欲子孫之讀書好禮，務本安分，敦樸實，去浮華，推惠愛，斟酌古今，自成一家之軌範。其憂之深，慮之遠而善於貽謀者何如哉？為後人者能誠於是而觀前人之行事，究前人之用心，思其所以成立者如是之難，所以振復者如是其不易，克儉克勤，尚志尚德，庶無負於乃翁惓惓之命，則華氏之成蓋未可量也。因其子伯訓求言書以勖之。正統十三年歲在戊辰春三月初吉，文林郎、知無錫縣致仕永嘉項侹題。

【劉據《慮得集後序》】《易‧艮卦》之象曰：「君子思不出其位。」位者何？所據之分也。《大學》經曰：「慮而後能得，得者何？事理之當然也。」世之逾分僭處，肆欲妄行，取快意於所事，而陷身於非彝者，皆坐於不思不慮之過爾。能思而慮則理達分定，尚奚僭妄之失哉？無錫華伯淳以其先尊公愷所撰家訓一帙曰《慮得集》來謁余序，披簡閱之，乃知華氏自宋南渡時著姓，今已十二紀矣。雖家故羸於貲，其崇儒好禮，樂德行義，歷世皆然。迨伯諄先大父彥清、父公愷皆勵志問學，所著詩文有《黃楊集》《雜述》等篇，藏於家。伯諄昆仲凡若干人又能纘其先緒，刻意儒業，信故家世德之傳為有自也。其《家勸》三篇，首則序祖宗相傳世，次積善起家之由，次則公愷自述其干蠱事親繼承之緒，訓示後人則以繩祖武、趾前猷、敦孝悌、興禮讓為事，是乃飭子孫修身謹行者所當然也。其於勤稼穡、供貢賦、務忠厚、慎取予，是又飭子孫力農報本、存心節物者所當然也。以至冠婚有儀略，治喪有記要，祭禮有習目，又皆責成人正夫婦、謹終追遠者所當然也，無一言而有過分之求，無一事而非當然之則，其體驗之深，思慮之熟，示訓之諄，貽謀之遠，於此可見，非有得於《大易》「兼山艮止」之象，深於聖賢大學之教其能然乎？噫！君子哉若人，尚德哉若人，吾非斯人之徒與而誰與？雖然，作之者有其父，述之者無其子，則亦徒焉耳矣。何則？昔趙簡子書訓戒之辭以遺伯魯，三年而問之，不能舉其辭，求其簡，已失之矣，其於人賢不肖何如也？今伯諄昆季乃能寶其先訓，守其家法，惓惓不忘如此，其賢於人也遠矣。為伯諄子若孫者，尚聰聽祖考之彝訓，永保而世守之哉？永樂乙酉秋八

月朔旦，鄱陽劉據直方序。

【楊壽枏《慮得集跋》】華貞固先生所著《慮得集》見於邑志著述門，世尠傳本。丙寅七月，江安傅沅叔同年得之都門以贈，蓋明嘉靖庚辰裔孫從智所重刊也。按：先生名悰韡，字公愷，貞固其自號也（父幼武，世稱棲碧先生，著有《黃楊集》），明初處士。華氏為吾邑著姓，裔出南齊孝子寶，世家邑之堠陽，至貞固先生始遷於延祥鄉蕩口子，子孫蕃衍，遂為望族。余又收得華先生啟直抄本詩文六卷，名《慮得家傳》，內載家世甚詳。啟直為貞固先生六世孫，嘉靖間與父舜欽皆以進士起家。蓋華氏自明中葉以來科第蔚興，門材彬馘，歷數百年而弗替。今讀是集，乃歎其家法之謹，族望之華，積厚流光，其來有自。武進陶子蘭泉眾余假讀，謂足以翼世摩俗，影錄付梓，屬為校勘，因考而記之。丙寅八月，無錫楊壽枏。

【彭華《題華處士慮得集後》】大江以南、浙以西數郡間多富家，大抵恥儉而喜奢，崇末而忘本，以是不旋踵衰落者亦不少。獨聞無錫有華氏者，敦本尚儉，不過為浮靡事，故久而彌盛，鄉閭莫之或先焉。余竊怪其能違俗而未知其由也。比者華之彥守正甫來京師，聞以其曾大父貞固先生所為《慮得集》示余，余觀之既乃知其家訓有自來矣。貽謀之良，繼承之善，皆可重哉！於戲！使其子若孫能遞守而勿失，雖百世其昌宜也。成化七年辛卯歲春二月戊申，賜進士翰林侍讀安成彭華識。

【四庫提要】《慮得集》四卷《附錄》二卷（浙江巡撫採進本），華悰韡撰。悰韡字公愷，自號貞固處士，無錫人。入明之後，不仕而終。是編乃其貽訓子孫之書，一曰《家勸》，二曰《祭禮習目》，三曰《冠婚儀略》，四曰《治喪紀要》。又輯其詩文、雜著為二卷，附錄於後。其曰《慮得集》者，取「千慮一得」之義也。後其八世孫繼祥校刊，卷首增以趙友同所作《貞固處士傳》一首，陳鑑所作《墓表》一首。（《四庫全書總目》卷一百二十四「子部三十四·雜家類存目一」）

【以義為利】愚見祖宗為子孫慮者極深遠也，既積德，又積財，田廬、產殖亦不為少矣。自兵火之後，貲業所存者幾何，而宗族之子孫賢者愚者尚有，雖各分散，則均是子孫也。是知財不足為後世計，德則可致後世綿遠也。子孫誠能慎守而培固之，吾宗之嗣有未易量，此吾所以不憂子孫之乏財，惟憂子孫之不德爾。噫！設或不賢，雖貲貨充積，亦弗能有適足為累身之具；使其果賢，則能景行前哲，以義為利，衣食自當裕然，豈可不以積德為重哉！

（《慮得集》卷一）

【責己恕人】凡聞閭言是非，先究何所從來，實時明白面問，不得藏疑，恐成積怨。大抵閒言不入於耳，便無彼我之私，而親誼自厚，即是共黧，要在常加省察。苟能責己恕人，不介胸中，尤為盛德也。（《慮得集》卷一）

【為惡則敗】人家成敗必有其由，為善則成，為惡則敗，理之必然而無疑者。凡合理者謂之善，悖理者謂之惡，又何難見也？固不可以廢興歸之於數，而怠為善之心。知命者則不立於巖牆之下，勿囿於數，斯可矣。吾所以再三喋喋者，誠以成立甚難，覆墜甚易故也。果能聞善必從，知過速改，見義勇為，則何善之不能行，亦何惡之不能去哉？斯其成敗之所由也，在人之所學習而已。（《慮得集》卷一）

閒中今古二卷　（明）陳頎撰

陳頎，字永之，自號味芝居士，長洲（今屬江蘇蘇州）人。其先來自永嘉，在宋有諱文驥者，仕蘇州茶鹽常平幹辦公事，始留居長洲。家世代業醫。父良紹，娶韓氏，太醫院判公達之女，再娶王氏，翰林侍講汝嘉之女。頎則韓出也，少孤，鞠於繼母，而學於舅氏福州教授王應良，通《春秋》。景泰元年（1450）以《春秋》領鄉薦，明年以乙榜授開封府陽武縣學訓導。丁內艱，改荊州。又以祖母喪，改陽武。狀貌臞然早衰，年五十五，遂致仕。精於經義，用以教人，日必坐齋舍，懇懇講說，及為程文，指授有法，而持行清純，博學工古文，而清修介特，以操履稱。雖位止校官，而譽望特重。為人外若和易，中實剛介有守，事小有非義，毅然不肯為，尤號廉潔。湖州發地得奇石，或謂可載歸為玩。頎曰：「此固非吾家物也。」卒棄不取。在荊州，太守錢公故人也，知其貧，贈一官馬，他日納還之，曰：「受則傷廉，亦為公污。」陳既醫家，少即通其業，治病多驗，及老，亦資以自給。學行卓然，鄉人皆知之。頎雖以經教授，文亦清綺，不作老生語，在當時甚見推與。成化十年（1474）劉昌《姑蘇郡邑志序》稱：「鄱陽邱侯守姑蘇之再明年，余歸自嶺南，適中書舍人李應禎貞伯、陽武訓導陳頎永之皆以告家居，以嘗有斯文之契也，相與理姑蘇遺跡，而及於禮文典則之事。」著有《適楚錄》《遊梁錄》《味芝居士集》等書。生平事蹟見吳寬《家藏集》卷七十《河南陽武縣儒學訓導陳先生墓表》、王鏊《姑蘇志》、劉鳳《續吳先賢贊》卷八、

《蘇州府志》卷八六、錢謙益《列朝詩集》丙集第八。

全書近二萬言，分二卷。此為陳頎平日紀事之書。其書要點有三：一曰儒家本位。陳頎堅持名教，不信佛法，力破異端之惑。如稱曹州同知張浩深惡異端之說，於境內庵院折毀殆盡，他處僧尼俱發遣出諸境外，土人私自落髮者，悉令還俗，及毀淫祀，不留一所，州有城隍廟，載於祀典，不可廢也，以舊有夫人像，浩命掘一大坑埋之。二曰草根立場。陳頎為民請命，主張均田稅，一以杜里胥之弊，一以制豪右之強。又謂江南之田多有瀕江並海坍塌無遺，而稅糧尚存，亦有洲淤漲漸成美田，而未經開科其糧稅尚存者，小民多受其害；未開科者，大戶獨享其利。又稱當今之弊，宜先革冗員，罷工役以節財用之流，而後選廉幹之臣，如漢之趙過者，分理天下田土，開闢其荒蕪，搜索其隱陋，以清其財用之源。三曰廉潔精神。陳頎為人廉介，反對貪污腐敗，提倡守廉養廉。如謂：「古今居官守廉者，雖不可枚舉，然究其自然廉介如楊震卻金、羊續懸魚之類，則豈可多得。至於表彰黃廷儀自然之廉，貶斥苗留牘矯激之廉，蓋本乎中庸之道也。」又謂：「宣、德以來，未有增官吏俸祿，在下位者不敢有所譏諷，而為大臣者不能為之申請，而欲責其下之守廉，不亦難乎！又謂使祿不足以供衣食，鮮有以廉恥為重者。近時大臣惟以治窮贓吏為能，於其衣食用度則略不念及焉。」於此可推知高薪方可養廉，陳頎已從制度層面窺探養廉隅之本。此外，書中頗存警策之句，如「保初節易，保晚節難」，「大凡不順理者，豈可得乎」，「凡百玩好，皆能害德」，「知人固不易，哲人能察之於微」，「人君尚亦謹其所好」，「天之不祐惡人」，「小人聰明才智之過人者適足以為其身之累」，皆悟道之言。曰「閒中今古」者，蓋取「閒中靜觀古今之變，而萬期須臾」之意。其書義正詞嚴，可謂警世通言。

書前有成化三年（1467）陳頎自序，稱錄古今之事蹟，且凡平昔之睹聞，有可以勸懲，有可以憂喜者，萃為一編。正德四年（1509）周詔序稱其文典贍有法，好議論，而必據於理。書末有沈周正德四年跋，稱其存心教人，言必不忘斯集也，乃其心德之一端云云。又有邢參正德四年（1509）跋，稱其事精覈，其辭詳當。明劉鳳《續吳先賢贊》卷八稱其持論長於刺非，而卒歸之正云云，庶幾近之。然多祖述沈括《夢溪筆談》、歐陽修《歸田錄》諸書，或注出處，或不注出處，未免美中不足矣。

此本據國家圖書館藏明抄本影印。《蘇州府志‧藝文志》著錄為八卷本，未見。

【附錄】

【陳頎《閒中今古自序》】陽武為開封屬邑，地非充要，驛使所弗通，商賈所罕至，藩臬兩司大臣……錄古今之事蹟，且凡平昔之睹聞，有可以勸懲，有可以憂喜者，萃為一編。陳頎永之書。

【沈周《閒中今古跋》】味芝先生，吳中稱德與文學必先生為首。先生多歷練達當集事，有可勸可戒者，仍以今而契古則援證之，非泛泛道聽塗說，聞之孟浪也，號《閒中今古》。先生歿，其門人國史周希正先生弟希善已刊行矣。使人讀之，可見先生存心教人，言必不忘斯集也，乃其心德之一端。若詩與文，沖雅可法。後學尚引領以望刊也。正德四年四月一日，沈周。

【邢參《閒中今古跋》】右《閒中今古》一書，成化初味芝陳先生分教陽武時所著，其事精覈，其辭詳當……正德己巳四月晦日，後學邢參謹書。

【河南陽武縣儒學訓導陳先生墓表】先生姓陳氏，其先來自永嘉，在宋有諱文驥者，仕蘇州茶鹽常平幹辦公事，始留居長洲。文驥生子榮，元汾水縣儒學教諭。子榮生天祐，天祐生元善，俱平江路醫學正。元善生希武，希武生孟敷，孟敷生良紹，俱不仕，而業醫不絕。良紹娶韓氏，太醫院判公達之女，再娶王氏，翰林侍講汝嘉之女，先生則韓出也。諱頎，字永之，少孤鞠於繼母，而學於舅氏福州教授王應良，通《春秋》。景泰元年以邑學生中應天府鄉試，明年會試中副榜，授湖州府學訓導。丁母憂，服闋，改荊州。祖母喪承，重服闋，改陽武。先生精於經義，用以教人，日必坐齋舍，懇懇講說，及為程文，指授有法，而持行清純，雖不必嚴立教條，人多感化之者。每各省鄉試，爭聘校文。嘗獨赴江西，得士為多。在陽武時，巡按御史會兩司考察校官，推先生為列郡之最，因留署開封學事，以先生宜，遂教授也，章三上，舉之不報，然亦非先生所望也。先生狀貌癯然早衰，年僅五十五，即懇請致仕，兩司知其志堅不可奪，咸作詩送之，而諸生留之不得，尤以為恨。蓋自湖州去任已然。先生為人，外若和易，中實剛介有守，事小有非義，毅然不肯為，尤號廉潔。湖州發地得奇石，或謂可載歸為玩，先生曰：「此固非吾家物也。」卒棄不取。初至荊州，太守錢公先生故人也，知先生貧，贈一官馬，以便出入。他日納還之，公言其可受，故先生曰：「受則傷廉，且亦為公污。」竟謝卻。舉子有懷金以希倖進者，斥逐不容見，或賺其幣去，家人覺之，則曰：「吾固使取之也。」其德之厚又如此。性孝友，推之以待宗族歡然也。能擇交，而篤於信義，久而不變。其為文章，平實溫雅，詩亦清切，無浮浪語。所

著述有《之京》等錄若干卷，其曰《味芝居士集》者，則從其別號而名之也。陳既醫家，先生少則通其業，治病多驗。及老而家居，亦資以自給，然不若世俗之醫之計利也。其娶湯氏，繼周氏。朱氏子男二，長廉甫，次欽甫，先卒。孫男二，夢得桂。孫女六。先生以成化十九年八月二十五日卒，享年七十。明年四月十七日葬於吳縣高景山之原。後三年，廉甫使人持其叔父顯所撰行實，請予表墓。予獲交於先生，聞先生之沒，方悼惜無已，豈敢以不文之言辭。惟先生學行卓然，吳人皆知之，何待於表而後著？將以是為廉甫復。然念今雖知之久，而人或不知，故卒書之後，有修郡志者，按而列於人物之類，庶先生之名傳之愈遠，又非區區金石所能及也。（吳寬《家藏集》卷七十）

【陳頎贊】陳頎，永之，長洲人。言春秋於景泰間，受業者甚眾，薦授武陽文學。掌故適故人守，豫與一馬，乘以出入，已乃還之，欲使遂受，固不可。未幾謝歸。頎雖以經教授，文亦清綺，不作老生語，在當時甚見推與。性介特，不肯苟容，儼然終日，矜嚴見於色，故尤以操履稱焉，不徒文也。所持論長於刺非，而卒歸之正，要以經義從。有《適楚》及《遊梁錄》，又有紀所傳聞書，學者多有焉。（明劉鳳《續吳先賢贊》卷八）

【陳頎傳】陳頎，字永之。景泰元年領鄉薦，明年以乙榜授湖州府學訓導，內艱，改荊州，又以祖母喪，改陽武。年五十五，乞致仕。頎博學工古文，而清修介特，其為師不立教條，而人多感化之。湖州發地，得奇石，或謂可載，歸為玩。頎曰：「此固非吾家物也。」棄不取。在荊州，太守錢公故人也，知其貧，贈一官馬，他日納還之，曰：「受則傷廉，亦為公污。」少通醫，及老，亦資以自給。（《蘇州府志》卷八十六）

【人君須謹其所好】嗚呼！豈止物類如此。漢武帝好方士，文成、五利之徒出而應之；好征伐，衛青、霍去病之流應之；好策士，則董仲舒、公孫弘相繼而出。使其能好堯、舜、禹、湯、文、武之道，豈天不生唐虞三代之佐以應之乎？然則人君尚亦謹其所好也夫！（《閩中今古》卷上）

【溫公治生理】司馬溫公為相，每詢士夫夫私計足否，人怪而問之，曰：「倘衣食不足，安肯為朝廷而輕去就耶？」許魯齋先生教學者，必先治生理，亦此意也。予嘗念之，顏子雖貧窶，尚有田五十畝，蓋當其時井田之法未廢故也。後世則不然，士無恆產，使祿不足以供衣食，鮮有以廉恥為重者。近時大臣惟以治窮贓吏為能，於其衣食用度則略不念及焉。嗚呼！袁邵公尹河南，未嘗以贓罪鞠人，豈寬縱玩法者乎？蓋亦審於是矣。世之大臣盍亦念之哉？

（《閒中今古》卷下）

【荊公偏而執拗】王荊公性偏而執拗。楊文貞公性亦偏，第不執拗耳。正統間，御史成規章珪輩糾劾大臣，朝廷罪之，罷其官，歸於鄉。時規薦，鄉人周綱應求賢之詔，在京規還，綱以宋人送唐介詩句：「去國一身輕似葉，高名千古重如山。」分韻求士大夫作詩送之，文貞疑其譏諷，欲鞫治其黨。楊公仲舉而聞之，特見言曰：「此乃吾鄉人之常，且某亦與其間，豈有他志？」文貞意解，綱後得縣佐，竟除遠方。當時謂此事若無仲舉在列，則朋黨興矣。又以使文貞若如荊公之執拗，又何惜一正人而不為之乎？（《閒中今古》卷下）

龍江夢餘錄四卷　（明）唐錦撰

　　唐錦（1476～1554），字士綱，一字士囧，號龍江居士，松江（今屬上海）人。弘治九年（1496）登進士第。朝廷修《會典》，擇進士有才望者入史館，錦與焉。《會典》成，乞歸侍養，銳情著述。已而出為東明知縣，修《大名府志》十卷，以廉能擢兵科給事中，清理廣東鹽法，查核積逋百餘萬引，時劉瑾殘橫，錦不謁饋，謫判深州。瑾誅，晉南工部主事，轉比部郎中，慮囚湖湘多平反，有《恤刑錄》。再督江西學政，遇寧王宸濠之亂，「逆黨舉人劉養正至，宸濠自出城迎之。養正常言帝星明江、漢間，故屬意宸濠。至是，與李士實謀令參政季斅，僉事潘鵬、師夔持檄諭降諸郡縣。左布政梁宸，廉使楊璋，副使唐錦為所脅，移諮府部，傳檄遠近，革正德年號，指斥乘輿。以李士實、劉養正為左右丞相，參政王綸為兵部尚書總督軍務大元帥。分遣逆黨婁伯、王春等四出收兵」〔註67〕。錦集城中士民，激以大義，捕得守城內官杜茂、偽千戶未真輩四十二人，奪其鎖鑰，馳請王守仁入城，建首功。嘉靖初坐所部民兵夜亂落職，歸後事白，許致仕。杜門養重，一時金石之文多所撰著。其《近山》詩云：「卜得幽居傍翠屏，澗泉偏愛枕邊聽。曉來嵐氣沖簾入，濕透床頭相鶴經。」著有《龍江集》，復修《上海志》。生平事蹟見徐獻忠《江西提學副使唐公行狀》、朱希周《唐公墓誌銘》《國朝獻徵錄》《（嘉慶）松江府志》卷五十二。

　　全書二萬言，分四卷，不分門類，不標條目。此書《千頃堂書目》《晁氏寶文堂書目》入雜家類，《國史經籍志》《百川書志》《天一閣書目》入小說家

〔註67〕谷應泰：《明史紀事本末》卷四十七《宸濠之叛》。

—93—

類。然其書大旨在維持名教，以儒家之道衡量群言，故應入儒家類。此書開卷第一條即謂王充為「名教之罪人」。又稱楊龜山大有功於名教。其排斥道教曰：「道家者流，雖以老子為祖，本非老子之教也。蓋自漢之張道陵以巫術創為此教，然恐不足以動人，故採摭老莊虛無之談以文之，取方士延年度世之術以實之，引釋氏六道輪迴之說以廣之，而其君臣上下之儀，則竊取之於吾儒者也。」論王安石曰：「王金陵《明妃曲》云：『漢恩自淺胡自深，人生樂在相知心。』此老心術不正，於此可見，充類至義之盡，則與賊檜之所以不忘金虜者何以異哉？」又譏其《日錄》一書曲為杜撰，以圖蓋己愆，至於理財一節，尤其素負經濟之首策云云。論宋高宗庸懦可鄙，忘讐貪安，唯秦檜是用。論趙普自謂以半部《論語》定天下，真所謂諛詞以自誇。陳橋之變，普實啟之；金匱之渝，普實贊之；願察奸變，覬復相位云云。皆以名教誅趙氏君臣之心。唐錦又反對火葬，主張用夏變夷。此論看似迂闊，然合乎禮教。

書中亦間有名言，如論因革之道曰：「天下事唯因其所可因，而革其所宜革，是之謂大中之道。」論品人之法曰：「夫論人之法，須惡而知其美，乃不傷於殘刻耳。」論作文之法：「作文寧為巧遲，毋取拙速，此古今不易之論。」皆合於孔孟中庸之道。間及辨偽之事，如辨《四皓書》為贗鼎，必唐初文人所擬作。

高儒《百川書志》稱其避暑龍江別墅所著，得之心而寓之夢，非真紀夢幻中事云云，不免望文生義，僅據書名而估價耳。寧稼雨《中國文言小說總目提要》稱所記略乏故事，而能馳騁想像，營造夢幻之境，故稍具傳奇意味云，亦未見其大體焉。

此本據上海圖書館藏明弘治十七年郭經刻本影印。又有明抄本（藏國家圖書館）、《續說郛》本。

【附錄】

【唐錦《龍江夢餘錄自序》】予自移疾家居，杜門絕過從，無所事事，日與經史為偶。性復嗜睡，每晨盥畢，即挾策就枕，讀數十行，已齁齁作聲，覺輒復讀，久又睡，浩浩焉，落落焉，蓋不知天壤間何樂可以易此也。壬戌夏六月，宿痾新瘳，厭城市囂雜之聲，乃避暑於龍江別業。其中頗得花石水竹之勝，疏曠自適，真若與世相忘者矣。或目與心會，意緣境生，輒引筆伸紙，哀所憶而志之，月餘積成卷帙，不忍遂棄，乃題其首曰《龍江夢餘錄》，而藏之敝笥，聊以誌有得，示勿忘云。龍江居士唐錦題。（用印「士冏」）

【盧龍郭經《夢餘錄序》】錄以「夢餘」名者，得之心而寓之夢，非真紀夢中事也。凡晝之所思，夜必有夢，皆念慮不孚，精神所格，非偶然而得者。故夢賚良弼，而商道復興，夢協朕卜而周鼎肇建，夢見周公而刪述垂憲，皆得於心而寓於夢者，世道之污隆、文章之顯晦繫焉。後世若高唐有夢，天門有夢，黃粱有夢，則皆淫邪幻妄、怪誕不經，害義傷教，莫此為甚。予友唐龍江以青年第進士，厭紛靡，乃乞疾南還，養高於吳松江上，長嘯罌然，有沂之趣，於是欲以得於心者託諸簡編，將淑諸人，傳諸也，遂構室種竹，為韜晦行心醉史，倦則思睡。凡夢之所寓，皆心之所得，筆之於策，蓋朞月矣，間出不予得之善獲璧，然之不忍釋手，事皆鑿鑿有據，且斂華就實，化腐成新，凡天地之所以高深，鬼神之所以幽顯，古今人物之所以蕃，草木昆蟲之所以化，粗而錢穀甲兵，微而道德性命，粲然畢具，以至於垂世立教，扶正辟邪之意又溢於言表。噫！是錄亦奇矣！以之淑人傳後，將恢乎有餘。謂非得於心而盡出於夢，豈知龍江者哉？龍江名錦字士綱，有風節，德器不凡，以文章鳴世，尤邃於理學，傑然東南人望。將來遠到，未可量也。予愛慕之，命工壽諸梓，以竢同志者更有所發揮云。盧龍郭經序。

【朱曜《書夢餘錄後》】古人見有所不同，事有所未平者，多寓藉指以發瀉所向，雖或誇不經，而意致自足也。唐龍江《夢餘錄》豈所謂志有得，示無忘，蓋有所感觸而寄諸往事耳。間或不然，亦為泥事類者發之。但其學博記羨，隨而出，故雖鑿鑿，辯若不為諸其人，其視翻編索古，矻矻牽合，而又不相值者何如也。是不直見其蘊蓄富而趣向高，知識之真亦於是乎得焉。展玩之餘，不覺起敬，遂識諸簡，使知是書，書作非真，漫無所為也。且以著龍江了了於胸中，顧豈心於是將來必大有製作，欲得其長者，尚於他書中求之。邑人朱曜識。

【滄浪棹歌敘】國初時吾松有二寓公焉，曰維禎楊氏，曰宗儀陶氏，二公皆勝國遺老，挾所有而無所於試，遂混跡村翁野老，與之相應和於殘山剩水之間。雖其業之所擅各有所長，而潤身華國口有取焉，譬之粵珠蜀錦，為用不同，均為世之寶也。錦不佞，於二公無能為役，然以鄉學也，竊嘗究心焉。楊公繁章爽律，往往鏤天心，鑿月脅，有驚神泣鬼之奇，陶固難與爭鋒；而陶公搜抉之富，裁訂之精，楊殆不容不屈服也。求之前代，楊之才可當杜牧，陶之學其洪景盧之流亞歟？錦為童子時，於楊集中見有所謂答陶隱君詩者，意陶公必能賦之士也，而世無傳焉，恒以為恨，頃乃得其手編《滄浪棹

—95—

歌》一卷，不覺喜躍亟讀之，灑乎清風之飄颯也，溶溶乎春日載陽，而冰澌之渙泮也。於戲！公以黍離麥秀之餘，而有駿發蹈厲之氣，撫羈窮淪落之景，而無危苦憤激之詞，是亦足以見其所存矣。詩於公雖非顓門，而世以顓門稱者亦豈遽能窺其堂室哉？後生晚學瞻望山斗者何限，而茲稿伏匿草萊中百餘年未之有遭，豈文之顯晦果有數存其間耶？抑造物者秘靳不欲輕其泄也，乃於公暇謾為詮藻，繕而藏之，以備吾松文獻之一云。正德丁丑歲中秋日，前進士、中順大夫、江西按察副使、奉敕巡視提督學校雲間唐錦撰。

【唐錦傳略】唐錦，字士絅，上海人。弘治九年進士。與修《大明會典》，旋歸侍養，銳情著述。出為東明令，修《大名府志》十卷，以廉能擢兵科給事中，清理廣東鹽法，查核積遺百餘萬引，時劉瑾殘橫，錦不與通，謫判深州。瑾誅，晉南繕部，轉比部郎，慮囚湖湘多平反，有《恤刑錄》，再督江西學政，寧庶人反，以地方失守落職，歸後事白，許致仕。杜門養重，一時金石之文多所撰著，有《龍江夢餘錄》及文集若干卷，復修《上海志》，行世。（《松江府志》卷五十二）

【《論衡》得失】王充《論衡》，漢儒之所爭睹，蔡邕、王朗相與秘玩，以為異書。予僭評之，訂百氏之增虛，詰九流之拘誕，其論固宏博矣。然亦有不須辨難，而費詞殫力，徒為嘵嘵者，矯枉過正，卒貽千古非笑，其《問孔篇》詆孔子為貪官好仕，《刺孟篇》指孟子為罃人口給，不亦尤繆妄乎？及敘述家世，乃自稱鯀惡禹聖，則又名教之罪人矣。（《龍江夢餘錄》卷一）

【韓愈傲物】世謂韓退之性倔強，頗任氣傲物。予謂退之乃婉慎人也，特傲其所當傲耳。如李、杜二公，退之肯相傲哉？觀其《醉留東野詩》云：「昔年因讀李白杜甫詩，長恨二子不相從。」《酬司門盧院長詩》云：「高揖群公謝名譽，遠追甫白感至誠。」《石鼓歌》云：「少陵無人謫仙死，才薄將奈石鼓何。」《調張籍詩》云：「李杜文章在，光焰萬丈長。平生千萬篇，金薤垂琳琅。」又云：「我願生兩翅，捕逐出八荒。」夫退之文章唐以來一人而已，其詩豈盡出二公下哉？乃推獎退避如此，休休之量可想矣。其餘諸子不能免其嘲侮，固亦宜也，何謂之傲乎？（《龍江夢餘錄》卷一）

【過眼煙雲】法書名畫特可資目前之玩耳，於身心何補哉？好奇僻古之人類皆敝精殫神於其間。若以區區智力，擅為己有，患得患失，唯日擾擾，甚可笑也。夫唐太宗之玉匣，桓玄之輕舸，王廣津之複璧，豈其秘惜有不至哉？然竭天下之力而不能守，卒歸於狼籍散逸而已耳。坡公有云：「譬之煙

雲過眼，百鳥感耳，豈不欣然接之而去，亦不復念也。」又如此乃可以言達。彼辨才者以死捍之，亦愚矣哉！（《龍江夢餘錄》卷一）

【得罪名教】俞文豹論子美《醉時歌》云：「儒術於我何有哉？孔丘盜跖俱塵埃。」以百世帝王之師，而儕之盜跖，何止得罪於名教。夫善與惡對，故古人於聖狂、薰蕕、是非、黑白之類恒對言之，以此為罪，恐子美得有詞矣。（《龍江夢餘錄》卷一）

【火葬不仁】火葬之說起於西域之夷俗，慘毒不仁，莫此為甚，故昔人比於炮烙之刑，然施之僕隸且不可，況於親乎？曾不若喫之蠅蚋之為愈也。禮於先廟焚，尚須三日哭，豈有燎灼其親之屍，而仁人孝子乃能安於心乎？東南於今日為仁義禮樂之區，文物之盛甲天下，而此風流行，莫以為怪。不能用夏變夷，是亦士大夫之恥矣。然又在上之人所當峻防而嚴過之也。姑蘇之俗，至擲其殘骨於水，謂之水葬。此又有人心者尤不忍聞矣。前郡守曹公鳴岐，置義冢於六門之外，皆方百餘畝，而民狃於故習者猶自若也。吁，可恨哉！（《龍江夢餘錄》卷一）

【火居道士】唐錦《夢餘錄》吳中呼道士之有室家者為火居，宋太祖時，始禁道士不得蓄妻孥，前此皆有家室。按：唐鄭熊《番禺雜志》云：「廣中僧有室家者，謂之火宅僧，火居之稱，猶此。」（翟灝《通俗編》卷二十《釋道》）

靜虛齋惜陰錄十二卷附錄一卷　　（明）顧應祥撰

顧應祥（1483～1565），初名夢麟，字惟賢，號箬溪，祖籍長洲，移居吳興（今屬浙江）。少警敏，善屬文。好學不倦，百家九流無所不窺。弘治十八年（1505）舉進士，授饒州府推官，顧時時有所縱捨，以示寬貸，吏民畏服，連攝大縣，人人稱平。府缺守，則又攝守。而會姚源洞大盜起虜，樂平縣令汪和眾洶洶無所出，箬溪挾一老卒，御羸馬，叩賊壘曰：「司理來！」賊大驚，爭出迎曰：「非我顧府君耶？乃肯辱臨我？」箬溪為緩頰，數語利害，賊立釋令去，曰：「府君活我，不復反矣。」正德朝授廣東僉事，得嶺東道汀漳山寇，起毒螫，三省巡撫王守仁討之，箬溪以奇兵挫其鋒，擒斬鹵首雷振溫，火燒等千四百餘級，巡撫以聞命下勘報，而箬溪故讓功他省，不報亡。何金璋、韓亞颯等寇海上，箬溪督兵覆其巢。湖廣郴桂寇又繼起，復移兵芟薙之，前後獲寇千餘。半歲三捷，嶺東晏然，於是武略遠振，咸謂伏

波再生。遷南京兵部侍郎，以去後至者不勝功迫之，果失一布政使，以敗，召為刑部尚書。御史誣劾，遂調南京刑部，居二年，請老歸。卒贈太子少保。仕不廢學，含經約史，維日孜孜。其在滇藩，刊草廬吳氏《尚書纂言》。能詩文，善行草。論者謂其詩文似白香山，奏表似蘇文忠，筆劃似趙松雪。箬溪少從陽明、增城二先生遊，然不甚傳依其說。其所持衡足破世學之的，而不立門戶，能自得師務，在篤行實踐，不空談性命也。及教授諸生，以故無傳者，於學不名一家，諸六籍九流百氏言人人殊，抌析而衷裁之，其最喜者九章勾股法，謂能以人法窮天巧，推宇原宙，得無師之聖。著有《讀易愚得》《尚書纂言》《人代紀要》《南詔事略》《惜陰錄》《授時曆法》《測圓海鏡分類釋術》《弧矢算術》《明文集要》，行於世。生平事蹟見王世貞《明故資政大夫南京刑部尚書贈太子少保箬溪顧公墓誌銘》（載《弇州四部稿》卷八六）、徐象梅《兩浙名賢錄》卷十八、陳昌齊《廣東通志》卷二百四十五。箬溪以大臣而兼為理學家、數學家、文學家、書法家、史學家，殊為難得矣。迄今為止未見有人為之作傳，異哉！

　　全書十一萬言，分十二卷，卷一論理，卷二理學，卷三論學，卷四讀《易》，卷五論《尚書》《詩》《三禮》《三傳》及諸子，卷六論字學，卷七至九論古，卷十至十二論雜。此書乃其致仕以後所作，時年八十有二矣。嘉靖甲子（11564）應祥自序謂：「應祥為童子時即有求為聖賢之志，然天性質訥，不能諧俗，弱冠叨舉進士，服官中外殆三十年，以至雲南巡撫，奔走南北數千里，閱遍山川險阻、人情物態，所至見忤於人，而初心未嘗少變。外物一無所好，公暇惟檢閱經史，求明此心而已。不敢以老耄自荒，兢兢業業，點檢身心，時刻不敢放過。間以平日所見，及謬論古今人物之賢否、政治之得失，筆之於冊，名曰《惜陰錄》。中間多有前人所不道，及與當世名儒議論不合者。」《四庫全書總目》稱「前數卷論理、論學諸篇，皆主良知之說」，此乃誤讀原文，不足為訓。今考，應祥雖為王守仁弟子，然非墨守王學者。如公開批評提倡致良知者不能知行合一：「今之講良知者，非不明白，及考其行事，則有大不然者，甚至義利之間多不能辯，是何也？徒講而未嘗致也。今曰聖人之學致良知而已耳。人人皆聖人也，於是人皆謂吾心中自有聖人，率意妄為，咸自以為能致良知，而學問思辯之功俱廢矣。」又曰：「今之講學者，自以為能得致良知之宗旨，而凡先儒所謂以誠敬為入門、以踐履為實地者，一切以為支離而廢之，放肆不檢，而意亦不誠矣。」書中批評朱

學、王學，不一而足。尤其批評明末王學末流，如云：「古人之學專務躬行，今之學者專論古人之是非，此今日講學之病也。」又曰：「今曰：『心之良知是謂聖。』人人皆是聖人，遂使今之講良知者皆肆為大言，而不加克治之功，此講良知之病也。」又曰：「愚以為，陽明之說雖有定見，而言之太易；甘泉則因古人之說，而小變之耳。君子之學在於躬行實踐，不必各立一門戶，可也。」能破除門戶，實屬難得矣。

此書卷首附錄《禮論》一篇，係嘉靖初議大禮時所作，主張但尊以天子之號，而別立一廟，與桂萼初議相同。應祥曾受業於王守仁，其主張曾為王守仁所取，故將此篇列於卷首。此書《明史·藝文志》列之儒家，《四庫全書總目》改入雜家類存目，稱以其中頗及雜說，不專講學云云。今覈其書，純然為儒家之言，當列之儒家類。

此本據明刻本影印。

【附錄】

【顧應祥《惜陰錄自序》】應祥為童子時即有求為聖賢之志，然天性質訥，不能諧俗。弱冠叨舉進士，服官中外，殆三十年，以至雲南巡撫，奔走南北數千里，閱遍山川險阻、人情物態，所至見忤於人，而初心未嘗少變，外物一無所好，公暇惟檢閱經史，求明此心而已。在滇者二年，以奔喪落職，家食一十五年。起廢，再撫雲南，歷升刑部尚書，蒞任甫及三月，又以不合於時，改南部者三載，奉旨致仕，年已七十有一矣……不敢以老耄自荒，兢兢業業，點檢身心，時刻不敢放過。間以平日所見，及謬論古今人物之賢否、政治之得失，筆之於冊，名曰《惜陰錄》。中間多有前人所不道及與當世名儒議論不合者。匪敢創為異說，惟求其理之當於吾心，以求正於後之有道者云爾。嘉靖甲子秋八月望，吳興箬溪八十二老人顧應祥自序。

【四庫提要】《惜陰錄》十二卷（浙江朱彝尊家曝書亭藏本），明顧應祥撰。應祥有《人代記要》，已著錄。此書乃其致仕以後所作，時年八十有二矣。自序謂古今人物之賢否、政治之得失，筆之於冊。前數卷論理、論學諸篇，皆主良知之說。首附錄《禮論》一篇，蓋嘉靖初議大禮時所作。其說欲但尊以天子之號，而別立一廟，與桂萼初議相同。其論曾為王守仁所取，故弁於首卷。蓋守仁於大禮亦以張、桂為是也。《明史·藝文志》列之儒家。然其中頗及雜說，不專講學，今改入雜家類焉。

【明故資政大夫南京刑部尚書贈太子少保箬溪顧公墓誌銘】公孫嗣衍顧

獨以某嘗及事公為屬吏，奉友人徐大夫中行之狀來請誌與銘，曰：公誌也，某安敢以賤且少辭？按狀：顧公諱應祥，字惟賢，其先吳之長洲人。高祖壽一生伯通，伯通生克升，克升生公父恬靜翁，挾扁倉術行遊江湖間，悅長興山水，家焉。娶烏程名家女楊氏，即公母楊淑人也。自克升及恬靜翁，俱以公貴贈南京兵部右侍郎。始楊淑人娠公，而夢若麟入室者，寤生公，遂名之曰夢麟。公少而警敏，善屬文，逾冠與計偕連舉進士，授饒州府推官。饒故訟地，其人吏猥意少顧公，公始至，於治務精得其情，所讞具獄吏，視之即廷尉牘弗如，於是咸大恐，惴惴來聽，約束重足，無所受私。公乃時有所縱捨，以示寬貸。連攝大縣令，令稱平府闕守，則又攝守。而會姚源洞大寇起，鹵樂平縣令汪和眾洶洶，無所出。公挾一老卒，御羸馬，叩賊壘，曰：「司理來！」賊大驚，爭出迎曰：「非我顧府君耶？乃肯辱臨我公？」為緩頰數語利害，賊立釋令去，曰：「府君活我，不復反矣。」諸臺使者咸內愧稱公，以臺諫徵至，則年不應格。遷錦衣衛經歷，時緹帥錢功幸用事，公其屬也，獨折節願交公，公巽謝不為動，寧嘗上自免疏屬公草，公故為峻語風之，寧謝曰：「顧君憂我深耳！」此白簡語也，屬吏部欲超公為廷尉，公固辭，乃得廣東按察僉事以去。僉事治嶺東道，汀漳山寇起，喝三省中丞王公伯安討之，公以兵挫其鍔，鹵酋首雷振溫等級千四百餘，功上未報。公又移兵逐海寇金璋、韓亞颯等，覆其穴，焚餘皇三。公又移兵芟郴桂寇級千餘，始報，遷祿一級。公之治嶺東，道不拾遺，其用師，再越省，一越郡，威望赫然。尋入賀萬壽，至京而江西寧事起，擢公按察副使，分巡南昌道。公馳傳往，則已捕得反者，殘民困誅，賦敲棰鞍瘃，訐訟蝟起，公力為經理，振刷之，民稍稍有生望，而公竟以為民中持故不能無闕略於上，兩臺摭他事中公，吏部廉知狀，格不下，然公亦坐尼不遷者六載，始量移陝西苑馬寺卿。明年事大白，遂遷山東右參政，連為按察使、右布政使。公之為按察，嘗上疏慎讞成、戒酷刑、杜株累、嚴軍政四事，下有司著之甲令。尋超拜都察院右副都御史，巡撫雲南。公所規畫上事凡二十餘……居二載，竟得請致仕……公嗜書，書無所不窺，即不以寢食廢，手一卷時時至丙夜。家人笑謂公豈復就試耶？公亦笑乃已。公少則嘗從陽明、增城二先生遊，然不甚傅依其說，大指以孔子豈自愛其聖者……公所持衡足破世學之的，而不為門戶。及教授諸生，以故無傳者，語散見《惜陰錄》中。公於學不名一家，諸六籍九流百氏，言人人殊，公沿析而衷裁之。其最自喜者，九章勾股法，謂能以人法窮天，巧推宇原宙，得無師之聖。時有唐

中丞、沈司封者嘗從受學焉。所著有《惜陰錄》《人代紀》《尚書纂言》《歸田詩選》《備查摘錄授時曆法》《測圓海鏡弧矢算術》《讀易愚得》《唐詩類抄》《明文集要》，行於世。公以乙丑九月七日病瘧卒，距其生春秋八十有三。（下略）（王世貞《弇州四部稿》卷八十六）

【論心】心也者，人身之主宰也。人之生也，得天地之理以為性，得天地之氣以成形。性也者，仁義禮智是也。形也者，耳目口鼻四肢之類是也。形以載氣，氣以運形，皆心為之主也。耳之聽，氣也，而所以聽者心也。目之視，氣也，而所以視者心也。口之於味，氣也，而所以知味者，心也。鼻之於臭，氣也，而所以能知臭者，心也。手持而足行，亦氣也，而所以能持能行者，心也。不特是也，凡百骸皮膚毛骨，知痛知癢，皆心也。人於耳目口鼻四肢之視聽言動，皆合乎天理，而不為欲所役，方謂之踐形。踐形者，不失夫天所付之理，而耳目口鼻四肢各得其職也。是惟聖人能之，故曰惟聖人然後可以踐形。若夫常人之心，鮮有不為物慾所蔽者。一為物慾所蔽，則心反為形役，而終日擾擾於方寸之間者，不為名，則為利，以求快足其耳目口鼻四肢之欲而已。人慾日肆，則天理日滅。惟利是圖，而不知有君臣、父子、夫婦、長幼、朋友之道矣。人而不知君臣、父子、夫婦、長幼、朋友之道，與禽獸何殊焉？故不可以不學。學者，所以學為人之道也。學為人之道，必使其心純乎天理，不為耳目口鼻四肢之欲所役，然後能率吾之性而盡人之道矣。故孟子曰：「學問之道無他，求其放心而已矣。」心不放，則常靜，而日進於道。所謂靜者，非槁木死灰之謂也。念念存乎天理，廓然太公，物來順應而已。堯舜之「精一執中」，《大學》之「正心誠意」，《中庸》之「戒慎」「恐懼」「謹獨」，其名雖異，而用功則同也。（《惜陰錄》卷一）

【論性】性也者，人所得於天之理也。以其出於天而言，則謂之命；以其受於人而言，則謂之性；存諸心謂之德，感物而動謂之情。性之為德有四，而實未嘗有四也。以其慈愛惻怛而言，則謂之仁，以其裁處斷制而言，則謂之義，以其條理節文而言，則謂之禮，以其明察辯別而言，則謂之智。百行萬善，隨感而異其名也。然性無形體，即氣中之理也。人之氣質有清濁純駁之不同，故其性亦有剛柔善惡之不一。惟聖人稟其至清至純之氣，物慾不得以蔽之，故生而知之，安而行之，所謂性之也，自大賢以下，或清多而濁少，或濁多而清少，或純多而駁少，或駁多而純少。清純多者，復其性也易。濁駁多者，復其性也難。於是乎有學知利行、困知勉行之殊。若夫性之本原則未嘗

有不善，初未嘗以聖愚而有別也。性不可見也，何由而知其善也？以其情而知之也。情者，性之發也。且夫極殘忍之人，見孺子入井，未有不惻然動心者；極無恥之人，陰為不善，而陽必掩之，卒然觸之，而天機自動，不假思慮，不由勉強，可見人性之本善也。孟子曰：「惻隱之心，仁之端也。」有仁於中，而發為惻隱。「羞惡之心，義之端也。」有義於中，而發為羞惡。「辭讓之心，禮之端也。」有禮於中，而發為辭讓。「是非之心，智之端也。」有智於中，而發為是非。所謂有者非實有一物也，因其所感而名之。性中本無一物也。端，緒也，猶有物在中，而端緒見於外也。朱注已自明白。近有訓為始者，非也。性猶月也，而利欲昏之，猶月之食也。雖食之，既而微露一光，可見其體之本明也。若以為始，則中無本明之體矣。此不通之論也。或曰：「孟子言性善，固矣。孔子不言，何也？」曰：「時不同也。上古之時，人尚躬行，不尚辯論。堯之授舜，止曰『允執厥中』。舜之授禹，增以三言，曰『人心惟危，道心惟微，惟精惟一』，孔子雖生春秋之時，以霸術功利為學，然未有紛紛辯論者。至孟子時，邪說橫流，又有告子諸人各執一見，故孟子不得不辯。先儒謂孟子擴前聖所未發，即性善一語，真足以為萬世論性者之準則。」（《惜陰錄》卷一）

【論大學】大學者，大人之學也。何以為大人之學也？修己、治人、齊家、治國、平天下之道咸具焉，故曰大人之學也。云大學者，對小學而言也。文公先生《大學章句序》文詳矣。近者王陽明先生曰：「大人以天地萬物為一體，若隔形骸而分爾我，則為小人矣。大人之能以天地萬物為一體者，雖禽獸、草木、瓦石之類皆吾一體，故謂之大人之學。」愚謂此說廣矣大矣！君子之為學，故當以是為極致，但恐聖人教人不如是也。夫人之所以異於禽獸者，以其有人道也。學也者，所以學盡夫為人之道也。父子有親，父子之道也；君臣有義，君臣之道也；夫婦有別，長幼有序，朋友有信，夫婦長幼朋友之道也。使一家之人皆盡此道，則家齊矣；一國之人皆盡此道，則國治矣；天下之人皆盡此道，則天下平矣。舜使契為司徒，教以人倫，正所以教盡此道也。今謂宋儒以格物為窮至事物之理，俱在知識上用功，徒弊精力而無益，故欲從心上說，其說是矣。但欲使人人皆以天地萬物為一體，恐非先聖立教之本意。（《惜陰錄》卷二）

【論大學主於教】《大學》古本「在親民」，程子以為當作「新」，朱子以為程子存疑之辭，今尊用古本，以「親」字兼教養。愚謂《大學》一書恐專主

教而言，故不言修德，而曰明明德。明明德者，明己之明德也。新民者，明民之明德也。後章曰其家不可教，而能教人者無之，故君子不出家而成教於國，宜其家人而後可以教國人，皆專言教也。或以為末章言理財用人，似兼言養，曰非也，理財用人亦本乎德，故曰君子先慎乎德，又曰必忠信以得之，皆自明德而言，能明己之明德，則好惡當乎理而不拂乎人情，皆本於教而言也。大抵古人論治，皆以教為先。伊尹曰：「予天民之先覺者，予將以斯道覺斯民也。」先覺即己之明德也，覺斯民即明民之明德也，亦同此意。（《惜陰錄》卷二）

【論止至善】《大學》言「在止於至善」者，謂明德親民皆當止於至善也。至善也者，當乎天理，而無過不及者也。下章「止於仁」，「止於敬」，「止於孝」，「止於慈」，「止於信」之類是也。又引《詩》言「恂慄威儀」形容明德之「止於至善」，君子賢其賢而親其親，小人樂其樂而利其利，言新民之止於至善也。今之講致良知者曰：「至善乃明德之本體，即所謂良知也。」又曰：「至善乃明德親民之極則也。」又曰：「良知者，孟子所謂是非之心，人皆有之者也。」愚謂，明德之本體，本至善者也。謂明明德之止於至善，為復其本體可也。親民乃明德之用也，謂親民之止至善為，全明德之用之體亦可也。良知固是心之本體，若遂以為明德親民之極則，謂明德親民在止於良知無乃不可乎？孟子曰：「人之所不慮而知者，良知也。」孩提之童，無不知愛其親者，謂孩提之童皆有良知，則可謂皆有明德親民之極則，恐未然。此說一行，將使初學之士皆謂吾心中自有明德親民之極則，而學問之功不必加矣。（《惜陰錄》卷二）

【論聖人之學】聖人之學，雖不在見聞上，然考求往跡，以資進修，似亦無害。《易》曰：「君子多識前言往行以畜其德。」《書》曰：「學於古訓乃有獲。」《論語》「蓋有不知而作者」一章，朱注以為孔子謙辭。王陽明因世儒不知學問之道本之於心，而求諸聞見之末，乃解之曰：「不知而作者，我無是也。猶孟子是非之心人皆有之之義，正所以明德性之知非由於聞見也。多聞，擇其善者而從之；多見而識之，則是專求諸聞見之末，已落第二義矣。故曰知之次也。愚未敢以為然。」細玩此章文義，蓋有不知而作者，我無是也，謂事必遵乎古訓，不敢妄作也。多聞，擇其善者而從之，擇其當乎理者行之也。多見而識之，以備參考也。知之次者，不敢當知者，謙言以為知之次也。若孔子以聞見為知之次，則當直曰：「多聞多見者，知之次也。」何

故又云「擇善而從之識之」乎？他日又曰：「我非生而知之者，好古敏以求之者也。」子張學干祿，則告之曰：「多聞闕疑，多見闕殆。」亦未嘗以聞見為非也。夫「致良知」一語，前賢未之言也，而陽明發之，謂「千古聖賢之學只是明此心」，則可謂今之致良知與孔孟之學相同，則可謂千古聖賢之學俱是致良知，則反起人之疑矣。又謂「學聖人而日繁日難，斯人淪於禽獸、夷狄，而猶自以為聖人之學」。夫學聖人而日繁日難，謂之不知學可也，而遂以為禽獸、夷狄，不亦過乎！況今之學者不過欲取科第，以圖富貴，而講致良知者實未嘗致其良知也。若有學聖人而日繁日難者，亦可謂特出者矣。（《惜陰錄》卷二）

【論知行合一】學問之道，知之貴乎能行。若知而不行，猶不知也。故聖人教人以躬行實踐為本，躬行實踐然後謂之真知也。近者倡知行合一之說，謂知孝已自行了，方謂之知孝。知弟已自行了，方謂之知弟。以愚觀之，知自知也，行自行也。《中庸》曰：「或生而知之，或學而知之，或困而知之。及其知之一也，或安而行之，或利而行之，或勉強而行之，及其成功一也。」亦是分而言之。至於學問之功，生知者安行，學知者利行，困知者勉行，自不能偏廢，然必先知而後行。如行孝方謂之知孝固矣，然必本心之靈，知孝之當行而後行之。行弟方謂之知弟，固矣。然必本心之靈，知弟之當行而後行之，故曰，知者行之始，行者知之終。《文言》曰：「知至，至之；知終，終之。」但知易而行難，不患不能知，患不能行耳。今之講良知者，孰不曰知行合一也。及臨事之際，義利且不辯，反不如不講者，何也？自以為知行合一，而不實用其力故也。愚故曰，當以躬行實踐為本。朱子曰：「知行常相須，如目無足不行，足無目不見。論先後，知為先；論輕重，行為重。」此言極是。（《惜陰錄》卷三）

【論致良知當以躬行為主】聖人教人，各因其材而篤之。顏淵問仁，則曰：「克己復禮為仁。」仲弓問仁，則曰：「出門如見大賓，使民如承大祭，己所不欲，勿施於人。」樊遲問仁，則曰：「居處恭，執事敬，與人忠。雖之夷狄，不可棄也。」孟子雖專言仁義，然亦就事論事，未嘗拘執一說以為教也。宋儒以誠敬為入門，以踐履為實地，皆主於躬行實踐而已。今之講「致良知」者，則以「致良知」為宗旨；講「隨處體認天理」者，則以「隨處體認天理」為宗旨。然考其實，真能致良知者有幾人乎？真能隨處體認天理有幾人乎？近有一儒官開口必曰「致良知」，及見利如蠅見血，嘗曰：「學自講，錢自要

也。」於此觀之，可見為學貴乎躬行，而不在口說也。（《惜陰錄》卷三）

【論王湛二子之學】近觀季明德說《理會編》云：「陽明之學專主於致良知，甘泉則主於隨處體認天理。議者或謂致良知近於虛，隨處體認天理近於助。殊不知良知即是本心之明，自然而動者，致則復其本體之明，有多少工夫節次。」其言簡易直截，而徹上徹下，一貫無遺，但恐學者從自然上說知，不本其發端之善，則虛而無主，將不以生為性，而混是非之本心乎？天理即良知也。天之明命，其本體有何倚著？身體力行而省察之，以認其是處，所謂體認也，惡得謂之助？但云隨處，則未免物物刻雕，此下學未見頭腦之事也。若致良知，則如《論語》之言「一貫」，直超上達。隨處體認天理，則如忠恕乃隨事精察之功也，但著於聲色，則未免於助耳。以愚觀之，則未然。夫良知乃人心之靈覺處，即所謂「是非之心，人皆有之」者也。謂之自然之知亦無害也。果能致察於幾微之際，是則行之，非則不行，是即謹獨工夫，豈不可以入聖乎？今曰「心之良知是謂聖」，「人人皆是聖人」，遂使今之講良知者皆肆為大言，而不加克治之功，此講良知之病也。若夫隨處體認天理，即古人之所謂省察，而加以隨處二字，若求理於外，而不求之於心，未免失之支離。若果能隨處體認，則亦愈於不體認者。如臨財之際，體認其當得歟？不當得歟？當得則取，不當得則不取，不亦善乎！不可謂之助也。今之講隨處體認者，義利尚不能辯，則亦徒為講說，而實未嘗體認也。聖人與賢人雖有安勉之殊，然盡己之心，而推以及物，則同曾子以門人未達夫子一貫之旨，故告之曰：「夫子之道忠恕而已矣。」忠恕即一貫也。今以致良知為一貫，隨處體認天理為忠恕，亦非矣。愚以為，陽明之說雖有定見，而言之太易。甘泉則因古人之說而小變之耳。君子之學在於躬行實踐，不必各立一門戶，可也。（《惜陰錄》卷三）

祝子罪知錄十卷　（明）祝允明撰

祝允明（1460～1527），字希哲，生而右手指枝，因自號枝山，又號枝指生，長洲（今江蘇蘇州）人。祖顥，累官參知政事。徐有貞外孫。允明聰慧絕倫，五歲作徑尺字，九歲能詩。內外二祖咸當代巨儒，耳濡目染，綜貫典訓，發為文章，吐納古今，讀書過目成誦，鉅細精粗，咸貯腹笥，得心應手，左右逢源，文效齊梁之體，頗有奇氣。弘治五年（1492）舉人，王鏊為主司，手其

卷不置，曰：「必祝某也。」既而自喜以為能知人。屢上南宮不售，選授廣東興寧知縣，遷應天府通判，謝病歸。為人狂放，愛好狂禪，不拘禮法，貪酒好色，時遊伶酒間，善度新聲，少年習歌之間，傅粉墨登場，梨園子弟相顧弗如也。或當廣坐，詠笑雜沓，援毫疾書，風發泉湧，羲獻真行，顛素狂草，並臻其妙，一時號為天下士。海內索其文及書贄幣踵門，輒辭弗見。伺其狎遊，使女妓掩之，皆捆載以去。馬懷祖嘗為人求文字於枝山。枝山問曰：「是現精神否？」俗以銀錢為「精神」也。馬曰：「然。」祝則欣然捉筆。枝山嘗與好友唐伯虎聯袂浪遊揚州，極聲妓之樂，貲用乏絕，兩人戲謂鹽使者課稅甚饒，乃偽作玄妙觀募緣道士，詣臺造請，鹽使者大怒，咤之。唐伯虎題妓女湘英家匾云：「風月無邊。」見者皆讚美。祝枝山見之曰：「此嘲汝輩為蟲二也。」湘英問其義。枝山曰：「風月字無邊，非蟲二乎？」唐伯虎竊婢秋香事，小說家多豔稱之。枝山有題秋香便面詩云：「晃玉搖銀小扇圖，五雲樓閣女仙居。行間著過秋香字，知是成都薛校書。」同時琴川有狂士曰桑悅者，於文章無所謙讓，常自誦曰：「胸中有長劍，一日磨幾遭。」又廣而告之曰：「天下無多人，獨長州祝允明、翰林羅玘與悅三人耳。」玘，江西人，亦當時知名之士。玘與悅微有隙，而悅初未識枝山，力詆笑，及從石田所見其文，乃大歎服。日本貢使過吳，有僧名左省者，謁枝山，求文不值，遇沈潤卿，留贈一詩，有「見君似見祝先生」之句，其為外國傾慕如此。其書出入魏晉，晚益奇縱，論者評之為明朝第一，豐道生稱其「顛草精於山谷，鋒勢雄強」，朱和羹《臨池心解》稱其「大草深得王右軍之神理，而時露傖氣」。其名與唐寅、文徵明、徐禎卿埒，並稱「吳中四才子」。著有《祝氏集略》《枝山文集》《祝子罪知錄》《野記》《前聞記》《江海殲渠記》《蘇材小纂》《金石契》《猥談》《蠶衣》《讀書筆記》《浮物》《祝子志怪錄》《語怪四編》等書，今人彙集為《祝允明集》。生平事蹟見何喬遠《名山藏》卷九十六、《明史·文苑傳》、尤侗《明史擬稿》卷四、皇甫汸《皇甫司勳集》卷三十八《祝氏集略序》、陳麥青《祝允明年譜》及戴立強《〈祝允明年譜〉增補》。

是編成於祝氏晚年。正德十五年（1520）辭官歸里即開始編纂此書。嘉靖初年，曾刊刻過。隆慶六年（1572），由「後七子」領袖王世貞、李攀龍負責校閱，再刻於世。今所傳《祝子罪知錄》為殘本，僅存原書「十之二」，凡十卷（又佚卷八「舉六經」，實存九卷）。卷一至卷五皆論人，卷六、卷七論佛、老，卷八、卷九論詩文，卷十論神鬼妖怪，並述異事異物。

全書近十萬言，分十卷。今核此書，實為史論集，乃論古之言，故多離經叛道之奇談怪論。其舉例有五：一曰「舉」，是是也（即肯定）；二曰「刺」，非非也（即否定）；三曰「說」，原是非之故也；四曰「演」，布反覆之情也；五曰「繫」，述古作以證斯文也。如刺曰：「道學固善，其偽不可不辯。」又刺曰：「程頤、朱熹，經師君子，時之賢人或稱過之，更以疑累。」此書大旨反對宋學，提倡漢學，成為反傳統之先驅，為楊慎以降之漢學實踐掃清道路。此書開卷曰：「舉曰：或請於國家，宜廟宓犧炎黃，與孔子偕祀。說曰：凡民既富方穀，故庶富而後教，何獨遺初功者？繫曰：先代亦郡縣通祀三皇，乃專於醫，亦非。」宓犧炎黃乃人文始祖，至今仍可凝聚中華民族之向心力。慎終追遠，不遺初功，其說篤實不欺，仍具現實之意義。又如舉曰：「文極乎六經，而底乎唐。學文者應自唐而求至乎經。」又曰：「詩各有所至。四言、五言樂府由陳、隋沂迴而止乎漢，歌行、近體由漢沂遊而止乎唐。」立論正大。又如刺曰：「孟軻云性善，荀況云性惡，皆非。」又曰：「言學則指程、朱為道統，語詩則奉杜甫為宗師，談書則曰蘇、黃，評畫就云馬、夏，凡厥數端，有如天定神授，畢生畢世，不可轉移，宛若在胎而生知、離母而故解者，可勝笑哉！」皆有解弊之功效。至於指斥趙匡胤篡國亂賊，趙匡義弒兄篡國，又謂王安石為姦臣聚斂之臣，皆持之有故，不為苛論。允明為人疏狂放誕，愛作新奇之論。如論人則謂湯、武非聖人〔註68〕，伊尹不可謂之聖賢，孟軻不可謂賢人，武庚為孝子，管、蔡為忠臣，莊周為亞孔子一人，嚴光為奸鄙，時苗、羊續為奸貪，謝安為大雅君子，終奕折衷非矯情，鄧攸為子不孝，為父不慈，人之獸也，王珪、魏徵為不臣，徐敬業為忠孝，李白百俊千英，萬夫之望，種放為鄙夫，韓愈、陸贄、王旦、歐陽修、趙鼎、趙汝愚為匪非；論文則謂韓、柳、歐、蘇不得稱四大家；論詩則謂「詩死於宋」；論佛、老為不可滅，皆剿襲前人之說，而變本加厲矣。

以奇人而作奇論，故書中多奇詖之論，石破天驚，驚世駭俗，難免褒貶不一。王士禎《香祖筆記》卷一貶之曰：「歷詆韓、歐、蘇、曾六家之文，深文周內，不遺餘力。謂韓傷易而近僞，形粗而情霸，其氣輕，其口誇，其發疏躁；歐陽如人畢生持喪，終身不被袞繡；東坡更作僞浮，的為利口，嘩獷之氣，肆溢舌表，使人奔迸狂顛而不息；曾、王既脫衣裳，並除爪髮，譬

〔註68〕宋劉過《懷古四首為知己魏倅元長賦兼呈王永叔宗承載》：「湯、武非聖人，況識師與昭。」

之獸齧臘骨……所謂無忌憚者，不足置辨也。」王弘撰《山志》稱其舉刺予奪，言人之所不敢言，刻而戾，僻而肆，蓋學禪之弊云云。力主焚毀其書，其說未免過當。書前又有隆慶壬申（原文作萬曆壬申）王世貞序，亦褒之曰：「是非之變，若棼絲然。有一人之是非，有一事之是非，有片言可折之是非，有千古不決之是非。其間上下今昔，闡揚媺慝，卓然是非之宗匠也。」〔註69〕此書雖具批判意識，然乏辯證精神，確有過激之處。自五四以降，無不肯定其思想解放之首功。〔註70〕

《千頃堂書目》雜家類載《祝子罪知》十卷，《四庫提要》雜家類存目著錄兩江總督採進本僅七卷，殆坊肆賈人無知者所為之殘本。此本據中國科學院圖書館藏明刻本影印。

【附錄】

【王世貞《祝子罪知錄序》】王子曰：是非之變若棼絲然。有一人之是非，有一事之是非，有片言可折之是非，有千古不決之是非。後之君子且奈何？亦存其跡而已矣。曷為存其跡？曰有案矣，曰有斷矣，則未知其是而「非非也，與其所以取是非者，的然而無萬一訛也。信傳信，疑傳疑，一人不以一事蒙，一事不以一人廢，開眼界於片言，竄齒餘於千古，好而知其惡，惡而知其美，殆庶幾焉。若曰同不足以標勝，姑以異為奇，其不然，其不然？倒道而言，君子弗言也。要使束脩之儒，顧影自畏，善雖小而務聚，慝雖細而必捐，則君子表微之功，於斯為大。或曰：尚父戮華士而周公咨之，顏回攫釜而孔子疑，聖哲相信之素；目擊之事而猶爾爾，又況其紛如者乎？安用存？雖然，天下而無是非可也。天下而有是非也者，與其過而亡，寧過而存。磨鑒考衡，搜遐剔幽，小人恐矣，君子則否。夫然則罪我奚恤焉？祝子所為，綜是非之案斷而命曰「罪知」者，意如此。文待詔先生嘗與余言：「是書足千古，不可湮廢。」余無從索閱。偶養疴弇園，友人持京兆公手筆與其長君方伯公親錄副本，得遍觀之。其間上下今昔，闡揚媺慝，卓然是非之宗匠也。余喜其不與世波也，為書簡首而慫恿之。萬曆壬申二月□日，琅琊王世貞。

〔註69〕《續修四庫全書》第122冊，上海古籍出版社，2002年版，第515～516頁。今按：向燕南從時間、地點等方面對此序有所獻疑，參見氏著《罪知錄王世貞序真偽考》，《北京師範大學學報》2000年第3期。

〔註70〕參見錢茂偉：《明代前期史學特點初探》，《華東師範大學學報》1998年第3期。

【祝允明《祝子罪知錄自序》】允明異夫近代學士，辨之弗明，輒措安之，往往視古人臧否事，為應趨背勸懲，每至朱紫易彩，土炭倒衡，非盡由其不思，抑黨同比周，迷棄本情，怵勢以乏勇也。於是素所研攬：好惡必察，平心反覆，群而不黨。姣醜既辯，予奪皎然。其間慕善若懿親，疾奸猶至仇。蒸民秉彝，迥鑒即得，何必強抑皇昇，偏逐時情者哉！然以為至當無二，未決諧否，期就有道，積久弗露。今焉日月逝矣，河清幾時？一日，翩然取一二大者發列之，命曰「罪知」。或有往昔識評，懸得鄙見，同心之言；其臭如蘭，亦頗條撮梗綮而輔之。然斯本自心師，非勞旁啟，故時復爾，弗藉繁援。又如朝章風草，理絕從違，世務萬眸，談非容易，不忘言者，具在《通》《雜》二篇（余有《子通》《子雜》二書）。茲亦不及。噫嘻！是耶？非耶？我不敢知。蓋宇宙茫茫，終歸腐亡，聊自信以行志，無論知不知，毀譽禍福。雖然，將怒罵者滔滔焉，亦聽之而已矣。

【代張中丞景賢作《祝氏集略序》】公諱允明，字希哲，性靈夙授，機敏默成，五歲而手作徑寸之書，九齡而目兼數行之覽，稍長益篤於學，夏無卷帷，冬有穿榻，遂綜貫百氏，銓析九流，窮鏡玄緇，覃研縑素，雖輶使未譯，爾雅闕載，靡不究而習其說焉。其為文也，芳腴融於心極，雕繢暢於辭鋒，取無竭源，叩有餘響，分吏占牘，則十紙互通，對客揮毫，而千言立就……勒為三十卷，總曰《祝氏集略》，皆公手自編定，富矣哉！其四君著作都未聞於辭賦，唐則篇章寂寥，楊復簡帙散失，傳者徐集耳。公別有《祝子通》《祝子罪知》《蘇林小篆》《浮物》《蠶衣》《太中遺事》《野記》《興寧縣志》《祝子微》《祝子雜語》《怪槼》《鐸音》《江海殲渠記》，多未遑及，後有好事者因予興起，庶搜輯群玉，不使韞韣名山也。是為序。（皇甫汸《皇甫司勳集》卷三十八）

【四庫提要】《祝子罪知》七卷（兩江總督採進本），明祝允明撰。允明有《蘇材小篆》，已著錄。是編乃論古之言。其舉例有五，曰舉，曰刺，曰說，曰演，曰繫。舉曰是是，刺曰非非，說曰原是非之故，演曰布反覆之情，繫曰述古作以證斯文。一卷至三卷皆論人，四卷論詩文，五卷、六卷論佛、老，七卷論神、鬼、妖、怪。其說好為創解。如謂湯、武非聖人，伊尹為不臣，孟子非賢人，武庚為孝子，管、蔡為忠臣，莊周為亞孔子一人，嚴光為奸鄙，時苗、羊續為奸貪，謝安為大雅君子，終弈折屐非矯情。鄧攸為子不孝，為父不慈，人之獸也。王珪、魏徵為不臣，徐敬業為忠孝，李白百俊千

英萬夫之望，種放為鄙夫，韓愈、陸贄、王旦、歐陽修、趙鼎、趙汝愚為匪非。論文則謂韓、柳、歐、蘇不得稱四大家，論詩則謂詩死於宋，論佛、老為不可滅，皆勦襲前人之說，而變本加厲。王弘撰《山志》曰：「祝枝山，狂士也。著《祝子罪知錄》。其舉刺予奪，言人之所不敢言……刻而戾，僻而肆，蓋學禪之弊。乃知屠隆、李贄之徒，其議論亦有所自，非一日矣。聖人在上，火其書可也。」其說當矣。《千頃堂書目》載《祝子罪知》十卷，此本僅七卷，而佚去八、九、十三卷。卷為一冊。惟第五卷併入四卷之後，藏書者未經翻閱，以為闕第五卷，乃改七卷七字為五字，攙入六卷之前。不知五、六兩卷皆論佛、老，安得參以七卷之神、鬼、妖怪也。殆坊肆賈人無知者之所為歟？然如是之書，不完亦不足惜也。（《四庫全書總目》卷一百二十四「子部三十四・雜家類存目一」）

【罪知錄】祝枝山，狂士也。著《祝子罪知錄》。其舉刺予奪，直抒胸臆，言人之所不敢言，亦間有可取者，而刺湯武、刺伊尹、刺孟子及程朱特甚，刻而戾，僻而肆，蓋學禪之弊也。乃知屠隆、李贄之徒，其議論亦有所自，非一日矣。聖人在上，火其書可也。（王弘撰《山志》初集卷六）

【祝允明傳】祝允明，字希哲，長洲人也。祖顥累官參知政事。母徐氏，為特進武功伯天全翁女。允明聰慧絕倫，博學工屬文，不為章句。右手指枝，因號枝指生。為人好酒色六博，不修行檢，屢為雜劇。少年習歌之初，在郡學。御史山陰司馬聖按直隸，檄郡學有博學能為古文詞者免課書，更殊禮遇，郡以允明當。聖按吳，允明從諸生中擢行，相見禮。侍郎徐公貫嘗讀允明所為文，愛之，數加存問，由是延譽兩都，知與不知，莫不曰允明天下士也。大抵宗左氏傳、班氏書，作為文章，高古雄傑。中鄉闈，屢春官下第。弘治戊午，太倉建州成，巡撫彭公禮曰：「不可無書。然書所以垂後，必得祝允明。」琴川桑悅於文章無所讓，亦曰：「天下無多人，獨長州祝某、翰林羅玘與悅三人耳。」玘，江西人，亦知名。玘與悅微有隙，而悅初未識允明，力詆笑，及從石田所見其文，乃歎服。由是觀之，蓋公論也。允明有一黑貂裘，甚美，欲市去，或曰：「青女至矣，何故市之？」允明曰：「蒼頭不言，吾何以識？」時楊儀部循吉與允明並有文才，人皆稱之，而先循吉，循吉戲曰：「謂卿之文，循吉所不如，何乃楊祝稱？」允明曰：「馬固去驢遠甚，然未聞人曰馬驢也。」辯給類此。書學尤神妙。論曰：桑悅，天下大俠也，其所稱止兩人，而希哲與焉，豈非逸群拔類不可多得者乎？唐有樊紹述，文章屈曲，希哲似近之。然

雅重之姿，樊殆不及也。惜乎不自厚，分才雜劇，此亦俳優工戲，何異己乎？千里名駒，未始不蹄齧矣。（閻秀卿《吳郡二科志》）

【所謂無忌憚者】明文士如桑悅、祝允明，皆肆口橫議，略無忌憚。悅對丘文莊言：「舉天下文章，惟悅，其次祝允明。」世但嗤其妄人耳。允明作《罪知錄》，歷詆韓、歐、蘇、曾六家之文，深文周內，不遺餘力。謂韓傷易而近僿，形粗而情霸，其氣輕，其口誇，其發疏躁；歐陽如人畢生持喪，終身不被衰繡；東坡更作僬浮，的為利口，嘩獷之氣，肆溢舌表，使人奔迸狂顛而不息；曾、王既脫衣裳，並除爪髮，譬之獸齧臘骨；至於老泉、潁濱、秦、黃、晁、張，則謂不足盡及；惟柳如冕裳佩玉，猶先王之法服。乃其大旨，則在主六代之比偶故實，籲亦鄙而倍矣。論唐詩人，則尊太白為冠，而力斥子美，謂其以村野為蒼古，椎魯為典雅，粗獷為豪雄，而總評之曰外道，李則《鳳皇臺》一篇亦推絕唱。狂悖至於如此，醉人罵坐，令人掩耳不欲聞。論詩餘則專祖太白、飛卿，稍許歐、晏、周、柳，以為綴流，謂東坡木強疏脫，少游、魯直特市廛小家之子。略舉大端如右，所謂無忌憚者，不足置辨也。（王士禎《香祖筆記》卷一）

【祝希哲作文】祝希哲作文，雜處眾賓之間，嘩笑譚辯，飲射博弈，未嘗少異。操觚而求者，戶外之屨常滿。不見其有沉思默構之態，連揮數篇，書必異體。文出豐縟精潔，隱顯抑揚，變化樞機，神鬼莫測，而卒皆歸於正道，真高出古人者也。自著有《蠶衣》《浮物》《心影》《吳材小纂》《南遊錄》等書，共百餘卷。所尊而援引者五經、孔氏；所喜者左氏、莊生、班、馬數子而已。下視歐、曾諸公，蔑然也。余聞評之曰：「秦、漢之文，濂、洛之理。」自謂頗當。希哲方二十九歲，他日庸可量乎！（王錡《寓圃雜記》卷五）

七修類稿五十一卷 （明）郎瑛撰

郎瑛（1487～1566後），字仁寶，號藻泉，仁和（今浙江杭州）人。著有《萃忠錄》《青史袞鉞》等書，今已不傳。學者稱草橋先生，許應元為作《草橋先生傳》。五歲喪父。少長，從先生長者遊，選為學士，與邑人王一槐蔭伯相友，相與馳騁。古昔以蹄厲廣博絕出庸近為奇。素多疾，以是蓋無意榮進。有愛之者曰：「如後時何？」瑛曰：「吾既以委身載籍矣，尚復與少年齗齗爭甲乙耶？」家故餘財，自奉親外，一以購書，所藏經籍益富，而貲日以貧，瑛

無所顧，獨敞大屋，樹高庋，列置數几，危坐諷誦其中，攬要躪華，刺抉眇細，摘瑕指纇，辯同異得失，而著為書。正德末年，寧藩計始萌芽，未有覺之者，瑛獨先以為憂，其後聞陽明先生在汀贛，曰：「豎子不足圖矣。」所著詩文及聯句若干卷，訂正《孝經》《大學》《格物傳》各一卷，他著有《萃忠錄》《青史袞鉞》《七修類稿》。

《草橋先生傳》稱此書五十五卷，《明史‧藝文志》小說家類著錄五十一卷，焦竑《國史經籍志》作五十三卷，《千頃堂書目》有《續稿》，無卷數。是編乃其筆記。分天地、國事、義理、辯證、詩文、事物、奇謔七門，凡一千二百五十七條。《七修類稿》成書於 1547 年或稍後。「七修」之義，蓋取「因類立義，刊修經時」之意。此書大體包括三個方面，其一是當朝及前朝之史事掌故，其二是社會風俗與瑣聞，其三是藝文與學術考辨。「上關典常，微及譎詭，包前修之往行，具名流之嘉話，下而街談巷議與座人所不語者，往往在焉」，以前二類尤具特色焉。如「本朝內官專權」「趙松雪不知大頭腦」「邪正天賦非至親可移」「《世說新語》記事多謬」「詩文託名」「陶詩真偽」「詞非歐陽作」「偽仙詩」「《家語》非孔安國所為」「孔叢子」「素問」等條，皆具參考價值。

書前有陳仕賢序，稱其言測天地之高深，明國家之典故，研究義理，辯證古今，掇詩文而拾其遺，招事物而章其賾，以至奇怪詼謔之事，無不採錄。〔註71〕然《四庫提要》入雜家類存目，因其中有多處涉礙。《四庫提要》稱其書間有足資考證者，然採掇龐雜，又往往不詳檢出處，故踳謬者不一而足；又稱書中極詆《說郛》《輟耕錄》，然此編實出此二書下。李慈銘亦稱此書引證頗廣，當時楊升庵已屢引其說，然識見殊卑，筆亦冗拙，時有村學究氣，論詩文尤可笑，其浩博則不可沒也。又稱辯證類有論梅雨一條，持論甚通云云。〔註72〕其書雖不免有採掇龐雜及考證失誤之弊，然在明人筆記中可謂翹楚。

此本據國家圖書館藏明刻本影印。又有耕塈草堂本，較之明刊本多所糾誤，然刪改涉礙篇目與語句，故二本各有優劣，不可偏廢。

【附錄】

【陳仕賢《七修類稿序》】夫經載道，史載事，所以闡泄人文，宣昭訓典，

〔註71〕《續修四庫全書》第 1123 冊，上海古籍出版社，2002 年版，第 1 頁。
〔註72〕李慈銘：《越縵堂讀書記》，上海書店出版社，2000 年版，第 700 頁。

斯明聖之述作，標準百世者也。然其旨極於宏綱要領，而纖微膚末未悉焉。故執翰操觚之士，或摭所見聞，攄其衷臆，自託於稗官野史以見志。要於君子之多識庸有助焉，亦畜德者所不廢也。杭庠士郎生瑛，積學待問而不遇，著《七修類稿》若干卷，寓閩諸縉紳為梓其傳，予取而覽焉。其言測天地之高深，明國家之典故，研窮義理，辯證古今，掇詩文而拾其遺，捃事物而章其賾，以至奇怪詼謔之事，無不採錄。雖雅俗並陳，鉅細畢舉，然類聚條分，雜而不越，於稽其意，無非擴問學，釋疑惑，維世教，以昭勸誡，有風人之義焉。且考據詳明，蘊蓄該博，議論之亹亹有度，其究心良亦勤矣。詎不足以輔翼經史，訂證事理耶？吾聞生篤志好古，遇奇書異帙輒購求之，至傾貲罔恡，故學富而家日貧。幽憂抑鬱，惟典籍是適。雖至屢空，而搜誦不輟，其種績之富有自哉？太史公論虞卿非窮愁亦不能著書，殆生之謂矣。使生遭際亨嘉，脫穎入彀，以自表見，則役役世途，惘焉白首矣。奚能周旋簡策，立言肆論，與俱著於無窮哉！若其所詘，乃其所信歟？嘉賞之餘，因其請而序之。賜進士出身、通奉大夫、浙江等處承宣布政司左布政使福清希齋陳仕賢撰。

【閩中幻老人《七修類稿序》】郎先生名瑛，字仁寶，古杭仁和人也。先生覃思大道，有所獨契，而博學多通，旁及時事。仲舒知古，崔琳知今，殆欲兼之。仁寶久從之遊。（原文如此，疑上有脫文）其大者既別為紀載，乃錯綜餘緒，以為是書。上關典常，微及俶詭，包前修之往行，具名流之嘉話，下而街談巷議與座人所不語者，往往在焉。讀之可以辨風俗，徵善敗，國史郡乘，或裨其闕，非徒小說之靡而已。朋輩謂此書當相輔而行，乃醵錢梓之，而余為之引云。閩中幻老人書。

【周棨《重刊七修類稿序》】《易》曰：仰以觀於天文，俯以察於地理，是故通幽明之理，而盡萬物之變。不極乎天地之廣大，則耳目隘而聰明錮矣。《春秋》記二百四十二年之事，聖人生乎當代而據事直書，此後世紀國事者之所昉也。明乎兩大之奇變，熟乎朝廷之典故，而古今一事一物，又有義理寓乎其中，此致知所以基於格物也。三代以降，歷世久遠，記載愈繁，而承訛襲謬之弊，學者羞稱，則辯證之埤益非淺尠矣。陶寫性情，臚陳篇翰，紀時述事，厥有詩文，韻語雅詞，傳為佳話，未始非考鏡之一助也。詞藻故實，皆供臨文之驅使，而事物不探其賾，則儉陋貽譏，非所以徵雅贍矣。詭怪之談，儒者不道，然理之所必無，安知非事之所或有，因奇成謔，揮麈者或借為談資焉。夷考歷代史書，天文、地理，各有專志，時政記注，職在史官。類事之

家，事物必原其始；窮理之學，經史必刊其誤。至於文史、詩話，播諸風騷；宣室、晤車，新人聞見。而代有作者，各稱專家，裒為一編，端賴巨手。明仁和郎氏仁寶，賦性淡於進取，藏書富於雜家，攬要咀華，刺瑕指纇，辯論同異，述作等身。所著《萃忠錄》及《青史袞鉞》二書，今已闕焉不彰，惟《七修類稿》尚有傳世。其書分七類，曰天地，曰國事，曰義理，曰辯證，曰詩文，曰事物，曰奇謔。綜諸家之所長，竭終身之得力，貫穿百氏，津逮來學。七修之義，舊序不詳，大都因類立義，刊修經時也。緬維餘韻，已閱二百餘年。問其後人，尚承世德。蓋詩書之流澤長矣。惜其書鏤版散佚，藏弆家購覓舊本，珍如拱璧。余家敝篋，悉先大父殿撰留貽，插架無多，皆沾祖澤。自分才薄，不足以應當世之務，閉門危坐，玩索是書，亥豕之訛，重加校勘，授之梓人，以公世好。方今朝廷搜羅群籍，纂輯《四庫全書》，名山之藏，悉登天府。古今著作之富，什伯於是編者，不可枚舉。而固陋之見，猶拳拳奉此陳編，不敢自秘。亦以卷帙簡約，徵引浩博，留意學問者，亮所深取也。卷中間有記憶之訛，字句之累，悉仍其舊，不復駁正。大醇小疵，今昔同患，博識者無苛論也。凡正稿五十一卷，續稿本不分卷，今釐為七。據《浙江通志》稱，其正稿為五十三卷，續稿二卷，與今書不符，茲惟從原目，不致疑辨。刻既成，因妄為論次，以弁厥首。乾隆四十年，歲次乙未，仲冬三日，錢塘後學周棨謹識。（此序乾隆本無，明本原書亦屬抄補，恐所抄有誤）

【四庫提要】《七修類稿》五十一卷（江西巡撫採進本），明郎瑛撰。瑛字仁寶，仁和人。是編乃其筆記，凡分天地、國事、義理、辯證、詩文、事物、奇謔七門。所載如杭州宋官署考，則咸淳《臨安志》及西湖各志所未詳。又紀明初進茶有探春、先春、次春、紫筍諸名，及漕河開鑿工程，皆明《會典》及《明史》諸志所未及，亦間有足資考證者。然採掇龐雜，又往往不詳檢出處，故舛謬者不一而足。如以宋李建中為南唐人，謂謝無逸以《蝴蝶詩》得名，後李商隱竊其語，則以唐人而蹈襲宋人。引武林女子金麗卿詩「梅邊柳外識林蘇」句，譏其不能守禮，出則擁蔽其面，皆極為王士禎所詆斥，見於《香祖筆記》中。此外如紀楊維楨為明太祖所召，託疾固辭，作詩縊死，則全無事實。「桓溫妻我見猶憐」之語，不知為李勢妹，而但云溫娶妾甚都，則失之耳目之前。至「周公恐懼流言日，王莽謙恭下士時」一詩，以為不知姓名，必宋人所作，則並《白居易集》而亦忘之。蓋明人著書鹵莽，往往如此。書中極詆《說郛》《輟耕錄》，然此編實出此二書下，所謂人苦不自知也。（《四庫全

書總目》卷一百二十七「子部三十七・雜家類存目四」）

【許應元《草橋先生傳》】草橋先生姓郎氏，名瑛，字仁寶，仁和人。生有異質，五歲喪其父。父且卒，指以語人曰：「吾六十生男，不觀其成，當視而入地。然是兒成必有以自名者，此吾所以瞑也。」少長，從先生長者遊，有儁稱，選為學士，與邑人王一槐陰伯相友，兩人既高才，慕重期許，自以寡儔，又淺少當世之為舉子學者，乃相與馳騁古昔，以踔厲廣博絕出庸近為奇。先生素多疾，以是蓋無意榮進，有愛之者曰：「如後時何？」先生曰：「吾既以委身載籍矣，尚復與少年斷斷爭甲乙耶？」因作《牌對》以見意。督學潮陽盛先生惜其才，猶欲網羅推挽之，卒謝不出。家故餘財，自奉親外，一以購書，所藏經籍、諸子、史、文章、雜家言甚盛，至他人所無奇記逸篇、古圖畫、金石之刻寖以益富，而貲日以貧。先生無所顧，獨敞大屋，樹高度，列置數几，危坐諷誦其中，攬要躐華，刺抉眇細，摘瑕指纇，辯同異得失，而著為書，凡數種數十百篇，四方纓綅之徒見其書，無不願知先生者。行省及臺郡守丞以下二縣之大夫，下車則先問禮先生，或延以教子姓。至金陵顧公璘、河南王公尚絅、進賢萬先生潮皆當時宿望巨公，尤器重先生，與為交友云。先生為人率直，言議不能阿貴人，亦時時摳攬談天下事。正德末年，寧藩計始萌芽，未有覺之者，先生獨先以為憂。其後聞陽明先生在汀、贛，曰：豎子不足圖矣。在顧公座論士習，頗詆訾吳人，然顧公故吳人，亦無諱也。事母以孝聞，有疾，再刲股，再愈。幼小時兩姊婿利其財，謀危之者百方，幸不害，其後死，皆棺斂之。初所與友王陰伯者，仕為工部郎中，卒，先生為撫定其身後事甚備。其於倫道如此。所著詩文及聯句若干卷，訂正《孝經》《大學格物傳》各一卷，《萃忠錄》二卷，《青史裒銖》六十卷，《七修類稿》五十五卷。（載黃宗羲《明文海》卷三九五）

【秦漢書多同】《孟子》所書：「齊景公問於晏子曰：『吾欲觀於轉附朝儛，遵海而南，放於琅邪，吾何修而可以比於先王觀也。』晏子對曰：『天子諸侯無非事者，春省耕而補不足，秋省斂而助不給。今也不然。師行而糧食，從流下而忘反謂之流，從流上而忘反謂之連，從獸無厭謂之荒，樂酒無厭謂之亡。先王無流連之樂，荒亡之行。』景公說：『大戒於國。』」《管子》內《言戒篇》曰：「威公將東遊，問於管仲曰：『我遊猶軸轉斛，南至琅邪。』司馬曰：『亦先王之遊已，何謂也？』對曰：『先王之遊也，春出，原農事之不本者，謂之遊。秋出，補人之不足者，謂之夕。夫師行而糧食其民者謂之

亡，從樂而不反者謂之荒。先王有遊夕之業於民，無荒亡之行於身。』威公退，再拜命曰：『寶法。』」洪容齋讀而疑之，以管氏既自為書，必不誤也，何二子之語相似？因而載之《三筆》，欲細考也。元人鄭元祐以賈誼《新書》多同《大戴》之篇，意古或有是言。予嘗記憶所知者，《荀子・勸學篇》與《大戴》之《勸學》前面俱同，或句有先後，字有多寡，乃《大戴》刊誤也。《禮論》與《史記・禮書》後段同，《樂論》與《樂記》互有詳略，內中《三年問》即《禮記》之所載也，《哀公篇》前半段即《大戴・哀公五義章》也。《大戴・三本》一篇，是截《荀子・禮論》中之一段「天地者生之本也」五百言。而《史記》又截五百言之後「禮豈不至哉」以下作「自己極言禮之損益」為《禮書》之結。《禮經・聘義》後，子貢問比德於王一段，亦《荀子》之所有。《禮》有《禮運》，《家語》亦有之，始則俱同，而中後則未詳於《禮》也。《大戴・曾子大孝篇》與《小戴・祭義》同，《禮察篇》與《小戴・經解篇》同，且又重出於賈誼《治安策》。《文王官人篇》與《汲冢周書・官人解》相出入。《新書・保傳》前一段千六百言無一字之不同《大戴》，中則《大戴》增益三公、三少之事，末段胎教幾二千言又無也。但其中《大戴》說巾車之處，《新書》卻說懸弧之禮，此則不同也。然《大戴》總為一篇，而《新書》各條分之。《家語・執轡篇》言人物之生數一段，又與《鴻烈解・地形訓》《大戴・易本命》數百言相同。《列子・黃帝篇》言海上之人好鷗一段。與《呂覽・精喻篇》海上之人好蜻者全類。《戰國策》楚宣王與群臣問答狐假虎威一事，與《新序》並同，但其後二十餘言不同。二者所同皆不下二百餘言。予嘗反覆思維，豈著書者故剽竊耶？抑傳記者或不真耶？非也。二戴之於《禮記》，彼此明取刪削，定為禮經。其餘立言之士，皆賢聖之流。一時義理所同，彼此先後傳聞。其書原無刻本，故於立言之時，因其事理之同，遂取人之善以為善，或呈之於君父，或成之為私書，未必欲布之人人也。後世各得而傳焉，遂見其同似，於諸子百家偶有數句數百言之同者，正是如此耳。此又不能盡述。（郎瑛《七修類稿》卷二十三）

　　【七修類稿】郎瑛《七修類稿》謂李商隱襲謝逸詩句，又以西臺為南唐李建中，王阮亭《香祖筆記》曾訾其誤。以余觀之，疵謬尚不止此。如：隱語昉於《左傳》「麥麴」「山苄蔫」之喻，而以為起自東方朔「口無毛，聲謷謷，尻益高」。「南道主人」見《魏書・裴延雋傳》，而以為始於唐鄭餘慶。「親家翁」見《隋書・房陵王勇傳》，而以為始於五代李愚誚馮道。謂「今

之祭物眾矣，名亦工文」，備述「黍曰薌合」數語，而不知其出於《曲禮》。謂表德用「甫」字起自王荊公，而不知《後漢書》已有之，如袁閎字夏甫，杜密字周甫，萬冀字元甫之類是也。謂「點心」始於《能改齋漫錄》，而不知本於《唐書‧鄭傪傳》，吳氏特引其語耳。謂趙明誠為清獻公中子，是誤以正夫為閱道也。謂劉健今尚在，年已一百七，而考之《明史》則云：「卒於嘉靖五年，年九十四。」其他謬誤尚多，未遑悉正也。（陸以湉《冷廬雜識》卷二）

七修續稿七卷　　（明）郎瑛撰

　　書前有錢塘陳善《七修續稿序》，稱《類稿》馳騁古今，貫穿子史百家之言而折衷之，嘉靖丙寅，先生春秋八十，猶日綜群籍，參互考訂，成《續稿》一書，古今疑義辨析曲盡，至論時事憂深言切；又稱舉平生之精力而從事於博聞立言之科，亦甚難矣；若以其嗜學之心研窮性命，反求身心而有得焉，則所論著又必有進於是者云云。〔註73〕

　　書分七類，天地類、國事類、義理類、辯證類、詩文類、事物類、奇謔類，類各為卷。國事類「國家戌元」條辨《南園漫錄》與《近峰聞略》之雷同，稱二書皆記明朝戌元之事，無一字不同，以刊書則近峰在後，人則同時。義理類「理論」條曰：「術之精者必殺身，天道不容也；利之多者害必隨，人怨所致也。位極則危，功高不賞，損益之道也，惟謙約為可免耳。有利無害，求之愈得，其惟學乎？然必至於貧，為仁不富矣。」「人形」條駁相家以人如某物之形為貴之說。辯證類「書名沿作」條論書名模擬現象，「半夜鐘」條辨唐張繼之詩「夜半鐘聲到客船」不誤，「亡命為僧」條稱皆素養貌相似者，急則詭充其名，一旦臨危，得之者只欲立功，不辨真偽，不知真者早具文牒，一時毀形，去之遠而未可識云云。至於詩文類「俗語本詩句」條、「唐宋用字之別」條，事物類「婦女殺賊」條，奇謔類「透光鏡」條，皆有可觀焉。

　　此本據揚州圖書館藏明刻本影印。

【附錄】

　　【陳善《七修續稿序》】草橋郎先生所著《七修類稿》，馳騁古今，貫穿

〔註73〕《續修四庫全書》第1123冊，上海古籍出版社，2002年版，第345頁。

子史百家之言而折衷之。吁！可謂富矣。嘉靖丙寅，先生春秋八十，猶日綜群籍，參互考訂。客有慫之使成續稿，未及印摹，而四方好奇之士購求恐後。先生持以示予曰：「嘗辱子養德養身之教矣。操此末技，可愧也。然一得之愚，序以終教可乎？」予聞古之好學者，忘食忘憂，而忘其身之老，蓋其求之於內者專，故所以成其身者大也。今觀先生之書，古今疑義，辨析曲盡。至論時事，憂深言切。矻矻窮年，誠不知老之將至也。嗟乎！舉平生之精力，而從事於博聞立言之科，亦甚難矣。若以其嗜學之心，研窮性命，反求身心而有得焉，則所論著又必有進於是者。昔衛武公年逾九十，猶日求箴儆以自益，故《淇澳》之詩傳之至今。先生精神完固，可進於武公之壽，尚亦有武公之學哉？後有論次，當與《淇澳》之詩並傳無疑也。

【杭蘇糧輕之故】嘗見諸家紀吳越王橫取屬民，降宋之日，齎圖籍之臣，慮其賦重害民，虛言被風沉冊於河。太宗令補闕王永往均吳越田地，永以錢民稅畝每五斗為一斗上之，至今杭越糧稅為輕。若吳郡糧賦，至重於天下。宣德間，得郡守況鐘奏免九十餘萬名，今尚每畝科至四斗者也。聞太祖抄沒沈萬三秀，得其租薄，即照租以徵糧之。故王永、況鐘可為蘇杭萬代之陰德者。（《七修續稿》卷二）

【武穆不能恢復秦檜再造南宋】先正邱文莊公濬嘗云：「秦檜再造南宋，岳飛不能恢復，元不當與正統，許衡不當仕元。」時以為確論也。予嘗聞之，惜未親得其所以。意元乃北虜，而不當仕與正統明矣。岳之不能成功者，果權臣在內，則昔人云：「將在外，君命有所不受。」況郾城之抵黃龍，地不遠矣，恢復而請罪，未晚矣。以錢穀兵甲之無所出歟？則因糧於敵，古人所常；解民倒懸，猶大旱之望雨矣。岳故忍而不處，棄功虧於一簣耶？非也。岳乃忠孝純臣，觀其甘死而信何鑄之欺，肯一事之妄為耶？邱蓋原其情而論其時，知其必難矣，非以少岳也。以檜再造南宋，此則計孝宗之時，算其犒軍之費，止得十有三番，故難恢復。予又掘得銅牌，計寸闊一而長二，文乃臨安府行用淮三百文，省此必南渡國窮，救補通變之物，交會鈔引之類。夫以孝宗之時尚財用之不足，高宗草創，固可知矣。使急於用兵，徒促淪亡。故南渡以來，雖多良將，帝常為賊驅，和議之後，敵緩民養，國方有久立之規。是檜之心雖私，而和之事則當，豈非鬼神陰有以成宋家之天下耶？邱蓋原其事而究其理，非以右檜也。（《七修續稿》卷三）

【書名沿作】梁武帝撰《金海》，王應麟撰《玉海》；蕭子範撰《千字文》，隋潘徽作《萬字文》；古有《百家姓》，今朝有《千家姓》——比效而續之之篇尚眾也。王充有《刺孟》，宋劉章作《刺刺孟》；柳子厚有《非國語》，劉章作《非非國語》，此皆反而正之之意，實難也。況王乃辭勝理者，因孟而矯之時則可耳；柳以正理而矯淫誣之辭，劉何能勝之耶？惜未見其書。先正邵二泉有《日格子》，予嘗為《格格子》十數條，乃邵公一時未到之意，亦死中求活，可輕議耶？（《七修續稿》卷四）

【半夜鐘】「夜半鐘聲到客船」，唐張繼之詩，《學林新編》作溫庭筠，非也。歐陽文忠以詩則佳，而無夜半鐘聲之理。《王直方詩話》以金輪寺僧謙詠月而得「清光何處無」句，喜極而夜半撞鐘。予意謙得句而撞鐘，乃各時之事，張豈無據而云，即以僧謙之事以欺耶？況寒山與金輪自非一地，真可謂癡人前不得說夢矣。及見《中吳紀聞》辯夜半之鐘實有，第惟姑蘇承天寺為然。予復意其冀固蘇人，而寒山原非承天，似亦未得其旨。又讀《墨客揮犀》云：「古有分夜鐘，蓋半夜打也。」至讀《南史‧邵仲孚傳》：「每讀書，以中宵鐘聲為限。」則思唐時半夜亦沿流古人分夜之打，故於鄴有「遠鐘來夜半」，皇甫冉有「夜半隔山鐘」，非後世曉暮比也。冀時承天寺尚爾也。（《七修續稿》卷四）

【蘇李詩】古詩十九首之下，即以蘇、李接之，其亦五言始於二氏之說耶？夫十九首，諸家各指作者不同，蔡寬夫因而辯之。予意既名古詩，又何必擬章摘事，斷為何人。昭明概以古名編之，當矣。但蘇、李之作，諸家去取命篇，亦各不同，此則當與辨之。何也？蓋二氏之作，有在漢、在虜不同。因皆陷虜，虜中諸篇，世多傳誦，後或集中有別意者，即訛之於虜不可知，諸家遂多以自相別為題。其訛一也。自晉初摯虞《文章流別志》中有李陵眾作，非盡陵制之言，而昭明《文選》因之，並蘇作止合取其七篇。自後唐宋諸人，遂以後人所擬，多不見錄，世久不傳，集亦並亡。其訛二也。後或雜見於他書，取其半，取三之一者焉，又或一章錄半，兩章合一，彼此牴牾，傳之到今，其訛三也。不知二集之目，班固《藝文志》已載，而《通志》亦有《騎都尉李陵集》二卷，非止相別，非擬可知矣。子美有云：「李陵，蘇武是吾師。」東坡《跋黃子思詩》云：「蘇、李之天成，二公尊之至矣。」夫豈無見哉？因摯虞一言，而後人不傳，不亦謬哉！（《七修續稿》卷四）

古言二卷　（明）鄭曉撰

　　明鄭曉（1499～1566），字窒甫，海鹽人。遵化訓導儒泰之子。生有異質，年甫十歲，父授之經傳，即能通經傳，復授以子史，即能通子史。父數指古今人賢不肖事誡之曰：「汝他日當為此，不得為彼。」故曉自少至老毅然必欲為君子，不以毀譽利害貳其心。嘉靖壬午舉浙江鄉試第一，嘉靖二年（1523）中進士，博洽多聞，尤諳本朝典故，學士董玘力薦之政府，政府亦知曉名，曉竟不一往，尋授兵部職方主事，日取故牘閱之，由是盡知天下阨塞與其士馬虛實強弱之數，遂撰《九邊圖志》三十卷，一時士大夫始知曉為經世才。甲申，以議大禮杖闕下。癸酉，大同卒殺其巡撫都御史，當事者請宥之，曉抗疏以為不可，不報。丁母憂，服除，補武選。尋丁父憂去，家居者又八年。會世宗皇帝特詔，起發調考功進郎中，巡按御史。官至刑部尚書，尋以右都御史協理戎政，改刑部尚書。曉通經術，習國家典故，時望蔚然。為權貴所扼，志不盡行。既歸，角巾布衣與鄉里父老遊處，見者不知其貴人也。既卒，子履淳等訟曉禦倭功於朝，詔復職。隆慶初，贈太子少保，諡端簡。著有《禹貢說》《四書講意》《徵吾錄》等書。生平事蹟見《明史》本傳、《皇明史竊》卷六十四、《罪惟錄》列傳卷十三、《兩浙名賢錄》卷十九。

　　全書不足三萬言，分二卷。書前有嘉靖四十四年乙丑（1565）鄭曉自序，稱此書為其家傳之課兒錄，故多述前人陳說，時有可取之處。其孫女乃朱彝尊之祖母，故《經義考》多所轉載。鄭曉之學，主三教合一，不罵佛道之學；重陸、王而排程、朱，力辨陸學非禪學。如謂公孫弘勝司馬光，謂王安石遠過韓、范、富、歐，謂王通勝董仲舒，謂柳宗元勝韓愈，謂張子勝程子，甚至謂堯、舜非生知安行，皆務為高論，而不近理。又謂佛言空，道家言虛，儒言太極只一個空圈，為學只要還此本體，謂吾儒格致誠正工夫與佛老無甚異，但二家不歸於修身，謂佛老莫可絆繫，天理完固。又欲以老子、周子、文中子別為三子，其他如前劫後劫無不毀之天地，豈有不亡之國、不敗之家、不死之身云云。故《四庫全書總目》詆之甚厲，謂其議論時有偏僻，引據亦不免疏舛，提唱二氏之說不一而足，尤不可為訓云云。

　　何良俊稱其書所論經傳，於考究盡有詳密處，但於義理無所發明。〔註74〕周中孚稱其說經諸條只緣飾舊說，未能有所發明，其說子史益加偏僻，而導

〔註74〕何良俊：《四友齋叢說》卷一。

揚二氏之教尚少，猶有可取云云。〔註75〕

此本據復旦大學圖書館藏明嘉靖四十四年項篤壽刻本影印。此書又有明抄本（藏山東省博物館）。

【附錄】

【四庫提要】《古言》二卷（浙江范懋柱家天一閣藏本），明鄭曉撰。曉有《禹貢圖說》，已著錄。曉清直端諒，號為名臣，其人足以自傳。此編則隨筆成文，議論時有偏僻，引據亦不免疏舛。如謂公孫弘勝司馬光，謂王安石遠過韓、范、富、歐，謂王通勝董仲舒，謂柳宗元勝韓愈，謂張子勝程子，甚至謂堯、舜非生知安行，皆務為高論而不近理。又謂佛言空，道家言虛，儒言太極，只一個空圈，為學只要還此本體。謂吾儒格致誠正工夫與佛、老無甚異，但二家不歸於修身，謂老、佛莫可繫絆，天理完固。又欲以老子、周子、文中子別為三子，其他如前劫、後劫無不毀之天地，豈有不亡之國，不敗之家，不死之身云云。提唱二氏之說，不一而足，尤不可為訓。至於以《竹書》紀伊尹事誤為《逸周書》，以《大禹謨》為《今文尚書》之類，小小筆誤，又不足言矣。（《四庫全書總目》卷一百二十五「子部三十五·雜家類存目二」）

【進退存亡之道】孔子曰：「作《易》者其有憂患乎？」又曰：「當文王事紂之時乎？」是故其辭危，讀《易》而後知聖人憂勤惕厲之心也。文王羑里時年八十八，其所演《易》，《象詞》是也。讀其詞而見其心矣。德愈盛則身愈下，名愈彰則跡愈危，此文王小心翼翼，昭事上帝，以服事殷之心也。危必平，易必傾，吉凶消長之理，進退存亡之道也。危而平矣，平易至於傾也。易而傾矣，傾可反而平也。危易之心毫髮，傾平之跡天壤。

【宋儒得失】宋儒有功於吾道甚多，但開口便說漢儒駁雜，又譏其訓詁，恐未足以服漢儒之心。宋儒所資於漢儒者十七八，只今諸經書傳注盡有不及漢儒者。宋儒議漢儒太過，近世又信宋儒太過，今之講學者又譏宋儒太過。

【孔孟之傳】聖學相傳至孔孟，論者皆云直至宋儒周、程始為得孔孟之傳。論孔庭從祀者益多其說。孟子之後，惟文中子、周茂叔、程明道、朱晦庵之學為正。若荀況、楊雄、董仲舒皆大儒知學，退之、永叔以文章言道術，又次之，漢諸經師人品雖不能盡善，然實有功於聖教。

〔註75〕周中孚：《鄭堂讀書記》卷五十三。

【一起一結】原始反終，故知死生之說與無極而太極同意。一起一結也，無極而太極，從頭推到後；原始反終，從後遡到前。

芝園外集二十四卷　（明）張時徹撰

張時徹（1500～1577），字維靜（或作惟靜），一字九一，號東沙子，又號芝園，自署東沙山人、芝園主人，寧波府鄞縣人。少受學於族人張邦奇，治程、朱之學。正德十五年（1520）中舉人，嘉靖二年（1523）成進士，授南兵部主事。遷副使，督江右學，備兵臨清，參知福建政事，長雲南桌，既轄山東藩為右使，改湖廣，轉河南，左以御史大夫，開府四川，改江右，遷南少司寇，改少司馬，以尚書贊南都軍興事。時徹以經術取卿大夫，所居吏盡吏職，所崇學，遵先王之業而潤色之。治禮禮辨，治兵兵律，具一時稱為完人。其持文秉廣厲學官之路，理法不以委曲生意，訟者蝟集，吏抱牘與身等，無不立斷之，如馳填重地。官至南京兵部尚書。嘉靖三十四年，因抗倭不力，為御史彈劾，辭職歸里。家居著述二十年，與范欽、屠大山並稱「東海三司馬」。有文名，能著述，提攜後學，宏獎風流。其《遊烏石山》詩云：「漸與塵凡隔，俄將霄漢鄰。虛岩通日月，疏牖錯星辰。野水秋含璧，鳴禽晚向人。荒苔時拂拭，得見舊題真。」陳子龍稱其樂府頗有造構，近體宛倩麗逸，如層臺佚女，意帶雲霞。輾文曰：「司馬不甚有詩名，余閱其全集，頗有可採。合所選者俱駢麗流佚，灑然自佳，他作未免入俗，不能稱也。」著有《芝園全集》《急救良方》《說林》，編輯《寧波府志》《定海縣志》《皇明文範》《皇明文苑》等書。《明史》附見張邦奇傳。生平事蹟詳見王世貞《東沙張公墓誌銘》、余有丁《張司馬先生傳》及《兩浙名賢錄》卷十八。

全書十七萬言，凡分二編，卷一至十六為《說林》，十七卷以下為《續說林》。其文亦喜擬古，採用古人筆調，遍擬《莊》《列》《孟》《左》以及唐、宋鉅子之文，而所擬諸篇，貌似古色斑然，實則借古人之酒杯，澆胸中之塊壘。或問為政之道，答曰「以人治人」，又謂御馬之道通於御民之道，又謂守己欲嚴而用人慾廣，忠恕之道也，此三者（以人治人、御民如御馬、用人慾廣）為其大旨也。其書切近簡要，質而能該，於範世勵俗之道頗有發明，其中亦不乏善言，如卷二《諫說林》曰：「人臣之惡，莫大於樹黨；而其速禍也，亦莫大於樹黨。」卷三《政治林》曰：「漢武帝窮奢極欲，賦役繁興，

民不堪命。」卷四《議論林》曰:「貪也者,殺生之阱乎?貪色死色,貪酒死酒,貪盜死盜,貪鬥死鬥,貪獵死獵,貪漁死漁,此人情之所共明也。貪祿死祿,貪位貪位,貪權死權,貪賄死賄,貪名死名,貪計死計,此人情之所易昵也。」卷五《人事林》曰:「善持貴者以謙,善持富者以廉。」卷六《鑒戒林》戒幻鬼,戒奢靡,戒樹黨,戒毀譽,戒貪欲,戒偷安,戒媚權,慎擇術,慎擇臣,慎擇地。所戒六妖者,為物妖、食妖、服妖、學妖、政妖、俗妖。學妖者何?曰:「道德不師周、孔,文章不則六經,剿佛、老以為博,逞鉤棘以為奇,以徑超頓悟為絕學,以博聞廣見為習迷,穿鑿經傳,非毀程、朱,此之為學妖。」卷八《昭諭林》曰:「為善者不必得福,得福其常也;為惡者不必得禍,得禍其常也。」卷九《假喻林》曰:「人知有用之用,而不知無用之用。」又曰:「大佞似忠,大詐似信,大貪似廉,大垢似潔。」又曰:「天下之治亂在士氣,而土地人民不與焉。」卷十《操行林》曰:「君子遇君子,則引類而升,幸氣相濟也。小人遇小人,則張牙而噬,惡氣軋己也。」卷十一《國事林》曰:「善諫者乘其君之不意,善納諫者亦出其所不意。」卷十二《好尚林》曰:「避禍不如避名,息影不若藏形。不取當時之名,而得後世之名,乃真名也。」卷十三《明術林》曰:「有道之士,貴以近知遠,以今知古,以所見知所不見。」卷十四《廣訓林》曰:「人君之職,莫大於用人;宰相之職,莫大於薦人。」又曰:「進言者審其利國與否,而不當以其私。聽言者審其利國與否,而不當逆其私。」卷十六《記述林》曰:「一書而可以終身行之者,其《易》乎?」又曰:「歐陽子乃以《繫辭》為非聖人之書,吾不知其何說也。」卷十七《談道林》曰:「君子之學,非惟忘富貴之為貴,而以忘名之為貴。」卷十八《明志林》曰:「處治世惟恐其不智也,處濁世惟恐其不愚也。」卷十九《瑣弋林》曰:「論者曰:『不井田,不封建,不肉刑,不足以復三代之治。』此泥古之見,非通達治體之言也。」卷二十《籲俗林》曰:「大吏之設也,本以禁奸,今以長奸;本以戢貪,今以導貪。此其於國家何賴焉?」卷二十一《卜塗林》曰:「今之人大抵皆賈道也。有賈名者,有賈位者,有賈利者。」卷二十三《負暄林》曰:「凡為治之道,承小弊者補之,承大弊者革之。」《四庫提要》稱其史論尤多偏駁云云,因時代間距而誤讀誤判也。

此書有明嘉靖間刻本,刻印俱佳。此本據中國科學院圖書館藏嘉靖間刻本影印。

【附錄】

【四庫提要】《芝園定集》五十一卷、《別集》十一卷（浙江汪汝瑮家藏本），明張時徹撰。時徹有《善行錄》，已著錄。是集凡分二編：一曰《定集》，為賦詩二十卷，雜文二十七卷，史論四卷；一曰《別集》，為奏議五卷，公移六卷。詩文皆分體，而律詩中，又分《兩京》《藩臬》《歸田》三稿，《明史·藝文志》載：《芝園全集》八十五卷。考《浙江通志》，時徹尚有《芝園外集》，史蓋合而總計之。然《浙江通志》載：《芝園定集》五十六卷，《別集》十一卷，《外集》二十四卷，與此卷數亦不合。或《定集》當為五十一卷，《別集》當為十一卷，《外集》當為二十四卷，共八十六卷，史誤「八十六」為「八十五」；《通志》誤「五十一」為「五十六」歟？其詩文不出常格，樂府喜用古題，而所擬諸篇，皆捨其本詞而擬其增減，入樂之詞，未免逐影而失形，史論尤多偏駁。（《四庫全書總目》卷一百七十七「集部三十·別集類存目四」）

【資德大夫南京兵部尚書參贊機務東沙張公墓誌銘】大司馬公之卒也，以萬曆丁丑九月，而其生以弘治庚申生之夕。王父贈司馬公夢龍瑞，最後公夢遊岱嶽而病，病逾月卒。公壽七十有八年，成進士負大人名者五十有五年，蓋終始感異夢雲。而公生好持文章柄，進退今古，而間與其伯子邦仁指屈今人而古其文者，某某則不佞與一焉。屬先大夫之葬也，而公諫之。至是邦仁輩卜仲冬舉公魄大歸於某地，而贄帛以沈太史一貫之狀，輔公所自述，與余宗伯有丁沈山人明臣、王太學稚登、余貢士寅之傳四，而請誌若銘，曰：公之遺意也，夫公知己也，且有先大夫之諫在，即公大歸，而貞不肖，懼不成勞於窀穸，何敢以椎弗稱辭。按狀：公張姓，諱時徹，字惟靜，別號東沙子。其先為宋魏國忠獻公濬，傳子明公栻，又四傳而為原，徙於鄞。原生紳，紳生儒，儒生惠，惠生迎，迎生叔誼，叔誼生公曠，是為贈司馬公。贈司馬有三子，其季曰緒，是為封膳部公，其贈亦司馬。娶沈太淑人，而生公，亦有三子，公其長也。公之先世世受農，至贈司馬公緒始受儒，當公生，而族子文定公邦奇長於公十六歲，既蚤讀中秘書，以經術行誼稱，天下而識公於逾髫時，曰：「叔父而其代興哉？」當是時，公雖內敏，而狀嘿嘿，贈司馬初弗省也，以就外傅，日授書數百言，輒誦益之，輒又誦，又強以十日，所當授書益之，輒又誦，然尚弗省也。自文定公之異之，而稍試以制舉業，則愈大奇公，乃進以天人鴻略、經傳微指與兩京諸名家言。甫十四，試於郡，郡守林公富私少之，既試而後喜，曰：「勉之，不為少也。」自是試輒利，遂抗顏塾師席，弟子有倍

年者矣。二十舉於鄉，明年絀禮部，遊吳中，吳中弟子益進。又三年登進士，授南京膳部主事。久之，進武庫員外郎，還復為儀制郎中。公之在南京八年所，所當皆天下豪傑，若呂仲木、鄒謙之、王子崇、顧武祥輩爭折節下公，公以詞賦名籍甚，南北而自其與諸公遊，則稍欲進之為德功矣。已乃升秩按察副使，督江西學政。公才高，有所掄薦，於諸生中去皆取大科，為時顯臣，而不能無汰斥，大指欲以裁冒士服而農賈實者。江西為貴臣藪，諸造請一切報罷，以是不能無嗛意。會九廟災，喉言官論調公，公笑曰：「一博士長應天道耶？」然所坐益白，乃補山東，以故官餉治臨清兵備，人或風公盍少狥者，公不答。至則益持風裁，罷去，使客額外供重錦文罽，自遠日坐堂皇，諸奸累蝟集，為剖決立盡，而加挾其匿實者曰：「若罪當某某律，以匿實，故挾也。」自是累不待讞吐矣，公時時申束約境上諸干掫者，無得容尺刃寸鏃入境，不則立死。汝以故竟公任，毋剽攻警，所部稱治。轉福建右參政，道務素稱簡，諸好以臥養高，公謂吏弊什百衰我，我何臥為？乃自勤力為政，閩瑤故無準，公衡之，因著《瑤書》，以式來者。胡氏子孤而富，且出母子也，宗人交質為非子，因賂吏摘赤籍以成囷之獄，公立為辯其枉，閩人稱之。積四歲，不遷，時文定公方掌銓，乃以嫌故，既稍遷按察司，又為雲南州邑……遷山東右布政使……遂遷河南為左布政使……於是公遷右副都御史，巡撫四川……尋入為南京刑部右侍郎，未上，以北警召入，改注兵部。當是時，大將軍驁挾重肘腋間，而藉寵勢張甚，既已奪商侍郎大節兵，又勒使聽約束，商公上疏劾之，不勝，下獄論死……上乃解，僅鐫公二秩，而公以太淑人喪歸，上竟念公賢，弗深責也。予之祭為營葬，且並葬贈司馬，云倭寇起東南為躪，而南兵部缺尚書，太宰李公默疏起公，公服猶未除，以國難，故墨縗而從事，所論經略事宜章十上，俱報可倭有逸，而勁者僅六十人，轉鬥千里，所抵皆奔潰，至南京郭外，公與大帥謀發兵出禦之，不利，事聞，當是時權相之子貪，既以中望公不滿，而又惡李公，遂特勒公致仕。公既歸，自壯有餘日，得以益肆力於文章。所著述不休，而文定之為南大司馬也，公繼之僅一紀，人以為代興，語信哉，遂稱兩大司馬云。而後先賈其餘，著藝苑聲，乃沈君則謂其學同，而歸稍殊，文定密而醇，公鴻而概，又謂文定長經，公長諸子，其然乎哉？公間一治農，農即倍獲，因自署曰上農夫，而所獲即以潤其族黨，乃至中外戚毋不被者，以田請予田不能田，又問公給作以廬，請予廬廬敗，又問公苴茸至再三，靡倦色，孝友敦睦，其共奉家庭間雍容如也。其自居及御子姓臧獲肅如也。

公成進士，而同年生王祭酒子楊者齒倍於公，而來問交，曰：「而吾兄也。」子楊死，為刻《鶴山集》。善豐考功人翁以貧死，為刻《考功摘集》。善陳提學約之，以夭死，為勒墓門石，刻《後崗集》。凡為公傳者，若明臣，若稚登、寅皆後進齒卑，公為之遜行歡然交也。客能操一觚管，口唇囁嚅作吟態者，叩之無不立見，且與行弋釣山水張宴授簡，又為之治橐，而後別人謂公且近名。夫公去國二十四年，而少有尉薦者，此其於名豈乏，特以不能由臺使監司祚階故，然公竟不以二十四年少尉薦而折大臣節，此陳仲舉之所以先李元禮也。人以名擬公者何淺也。然至今上聞公訃，下有司諭祭，營奏如故事。雖不為竟用公，所以待大臣禮至矣……所撰《芝園集》《外集》《別集》若干卷，《寧波府志》《定海縣志》若干卷，所輯《皇明文範》若干卷、《文苑》若干卷，俱行世。（王世貞《弇州續稿》卷九十四）

【御民之道】子知孔子之論御乎？顏無父之御也，其上也，馬如知愛也，顏淪之御也；其次也，馬如知敬也，至於顏夷而衰矣；馬如知畏也。故通於御馬之道，則通於御民之道矣。今天下之困極矣，如其務鉤稽而急操切，如束濕者也，民將不得屈伸，又何賴而思乎？（《芝園外集》卷三）

【明哲保身】小人之欲殺君子，其常也。然有幸而不死，有不幸而死，則天也……然則君子之處小人何如？得去，則為《否》之君子，儉德避難；不得去，則為《遯》之君子，不惡而嚴。此明哲保身之道也。故古之人臣殺其身而有益於君，則為之；若主昏政亂，權奸虎噬，而欲以口舌救之，無益於君而駢首就戮，是非智者之所為也。（《芝園外集》卷七）

【為政之道】或問為政之道，曰：「以人治人而已。」曰：「何謂？」曰：「使少者敬老，卑者敬尊，斑白者不負戴，此以其貴貴之也；男遂於耕，女遂於織，粟帛充牣，戶有蓋藏，此以其富富之也；兵革不興，力役以時，野無草竊，閭閻安堵，此以其安安之也。猶之為魚，德者非挈而入淵，為蝯賜者非負而緣木，縱之其所而已。今不惟民莫之求也，用其淫威，而日播之毒，欲世之治，得乎？」（《芝園外集》卷二十）

【朋友之道】朋友之道四，而通財不與焉。善相勸也，過相規也，進相援也，患相恤也，此古之為友者也。善相妬也，過相訕也，進相傾也，患相快也，此今之為友者也。《伐木》之詩，其古之道乎？《谷風》之詩，其今之道乎？然管、鮑之生知也，張、范之死友也，王、貢之彈冠也，蕭、朱之結綬也，沒世而人稱之矣。儀、秦之鬥智也，耳、餘之交兵也，欽若、丁謂之相排

也，惠卿、安石之反噬也，沒世而人詈之矣。取友者當何所擇乎？（《芝園外集》卷二十一）

稽古緒論二卷　（明）趙時春撰

趙時春（1509～1568），字景仁，號濬谷，陝西平涼府平涼（今屬甘肅）人。為人慷慨磊落，幼與群兒戲，每列旗鼓部署，自長御之。年十四，舉陝西鄉試第三。十八舉進士第一，為嘉靖五年（1526），時春年方少，名方盛，海內方伺其有所製作，取而誦傳之，時春則日習騎射，談甲兵，憂邊事，以邊才自負。六年以張璁言改官得戶部主事，八年轉兵部。九年疏劾都御史，帝斥其妄言，復上《崇正本疏》，下錦衣衛，削職為民。十八年起復其職，翌年再黜為民。三十二年以右副都御史巡撫山西，作《禦寇論》，論戰守甚悉。既秉節鉞，益思以武功自奮。其年九月，寇入神池、利民諸堡，時春率馬步兵往禦之。至廣武，諸將畢會。諜報寇騎二千餘，去兩舍。時春擐甲欲馳，大將李涷固止之。時春大言曰：「賊知吾來必遁，緩追即不及。」遂策馬前。及於大蟲嶺，伏兵四起，敗績。倉皇投一墩，守卒縋之上乃得免，涷軍竟覆。被論，解官聽調。時春喜談兵，至是一戰而敗。然當是時將帥率避寇不擊。為督撫者安居堅城，遙領軍事，無躬搏寇者。時春功雖不就，天下皆壯其氣。時春讀書善強記，與羅洪先、唐順之為友，中外稱「三翰林」。其文章豪如太白而不淫，雄如子美而多變，疏暢跌盪如司馬子長、班叔皮，其詩氣勢磅礴，滾滾而出，慨當以慷，如擊唾壺，不必中節，與李開先、王慎中、唐順之、陳束、任瀚、熊過、呂高並稱「嘉靖八才子」。著有《平涼府通志》《趙濬谷集》等書。生平事蹟見《明史》本傳、何喬遠《名山藏》卷七六、周鑒《濬谷趙公行實》、徐階《趙公墓誌銘》。

全書近四萬言，分上下二卷。卷上論聖門之學曰：「君子量力而行，度德而任者也，故不敢以自大自高之詞欺世而盜名。夫欺世盜名，君子之所深嫉者也。故曰聖門之學在務實。」論聖人之道曰：「始乎禮，終乎樂。禮之分嚴，嚴以止亂。樂之情和，和以興治。」論先王至德要道曰：「常觀天下之理，其弛也或張之，其散也或翕之，其敗也或成之，其伏也或振之。」論聖人天地氣象曰：「江漢以濯之，秋陽以暴之，皜皜乎不可尚者，此聖人之氣象，含弘光大者也。」不過以孟釋孔，未能深入探討。時春有言曰：「不觀諸子之學，則

無以知聖人之德大而精，不究異端之失，則無以知聖人之道微而顯，是以交用者也。」未免大言欺人。時春稽古未深，學問未成，《緒論》一編，龐雜無緒，卑之無甚高論，未能研精一理，亦未能自成家數焉。

此書名曰「稽古」，實為經世之學。其書主旨在闡述聖人之學，以治道為中心，如《先王至德要道》《聖人天地氣象》《學至聖人之道》《學者潛心聖人》《五殊二實二本則一》《保身以保民》《聖人文章自然與學為文者不同》《為相用人之體》《人主出治之本》《道之大原出於天》《至誠治天下》等篇皆是。通檢全書，「聖人」一詞高達 247 次。所謂聖人之學，實則帝王之學也，時春欲合經濟與義理而一之，隱然以宰相自居，可惜空懷長策，壯志未酬。其中少數篇目注明撰作時間，如《聖人法天而不私》《雪夜微行》正德庚辰年作，《問鼎》正德辛巳年作。

此本據北京師範大學圖書館藏明嘉靖間刻本影印。

【附錄】

【孫應鼇《稽古緒論序》】劉勰之言曰：「論也者，彌綸群言，而研一理者也。其義貴圓通，辭忌枝碎，必使心與理合，彌縫莫見其隙；辭共心密，敵人不知所乘。」余嘗味斯言，因以締觀文章家，其禁格名目至夥眾，乃若融百慮而出一辭，辨析事勢道術之奧，以為權衡，則所謂論學者定兼綜焉。然質諸心與理合，辭共心密之旨，則率又多漫羨，宵眾靡定，於要束難以稱作者，將無彌綸群言之本，未立其研理者，無所折衷歟？茲歲壬戌，余試士至平涼，得見濬谷先生趙公，移日始別云已。又得公所著《稽古緒論》讀之，雖累日彌旬，餘音遺味猶不盡於口耳。於戲！其理合矣，其心密矣。夫形器易徵，文情難鑒。二三子從余遊，於所謂論學者欲知權衡，盍肄業於是以求源本，寧毋徒傅會緣飾於枝葉耶？世之論公為文，多擊節於異橐，而裋魄於奇氣。於戲！公有言曰：「不觀諸子之學，則無以知聖人之德大而精；不究異端之失，則無以見聖人之道微而顯。是交用者也。」又曰：「聰明者，耳目之正事；知識者，耳目之餘事。能不作餘事，則心靜而清；知識自退藏矣，故曰栽者，培之知識者已也。帝則者，禮也，故曰克己復禮。」於戲！此公所以彌綸群言而研一理，為作者所不能及，是所謂源本而不可以徒傅會緣飾者也。二三子肄業之。壬戌秋中，淮海孫應鼇書。

【何喬遠《臣林記》】趙時春，字景仁，平涼人。幼與群兒戲，每列旗鼓部署，自長御之。年十四，舉鄉試。十八舉進士第一，為嘉靖五年，時春年方

少，名方盛，海內方伺其有所製作，取而誦傳之，時春則日習騎射，談甲兵，憂邊事，既改庶吉士，授戶部主事，調兵部武庫主事。嘉靖九年，言邇者災警頻仍，聖心隱惻，下詔求言，已涉旬餘，大小臣工類以浮辭面諛訪問之。詔未乾，慶賀之章屢上，蓋自往年靈寶縣官言河清受賞，繼而都御史鋐進甘露矣，今則副都御史贊訓導仲斌進瑞麥矣，指揮楫進嘉禾矣，鋐及東進鹽花矣，禮部尚書時再請稱賀矣，鋐東等憲紀攸司不能激揚獻替，稱將明之任尚書時職典三禮，罔上要君，壞風傷政，小臣所以撫膺流涕不能已言，伏乞申令百官，直陳時事，敢有託瑞設諛，熒惑聖聰者，即加誅譴，庶可化佞為忠。上曰：「大臣科道既無陳說，時春必有諤諤之論其以聞。」時春惶恐，未對，上怒趣之，乃對上，上責其掇拾賣直，下錦衣，考訊黜為民，居十年。以薦起除翰林編修，兼司經局較書，與羅洪先、唐順之同上疏，復罷為民。時春讀書，日記萬言，凡史氏所載，天文、地理、戶口、錢穀多少之算與寇戎蠻貊之詭姓隱名，歷歷成誦。既罷為民，邊地蕭條，無朋可侶，則數數與邊人譚干戈事而已。作《禦戎論》三篇，其一篇曰：「中國之患，莫大乎士大夫崇浮靡而忽實效。戎狄之窺中國，其始於襲吾長而毀吾短。中國之人，襲其水土，饒智計，足以達變；阜賄貨，足以利用；四裔之人性專而用瘠，以智撓專施，利收瘠。故吾之用一兼其倍矣，況實用百以敵一，何患自守哉？古善用長，其在於斯。不善者則不然。其智計亂於輕浮，而賄貨匱於奢靡，彼以其專勝吾之亂，彼以其瘠取吾之匱，故《春秋》譏之，以為自亡，而兵家忌之，曰致於人。自古士大夫崇浮靡，忽實效者，莫深於宋。宋之亡也，咎不在師旅之不武，而在士大夫弛武而不講；不在設守之不固，而在於不知以攻為守之術。舉天下如是之大，英雄豪傑如是之多，宛轉戎狄，掌股之上，曾無一夫奮袂大呼者，陋哉！宋之君臣汩沒於浮靡之深也，國家驅全勝之蕘胡，紹百王之絕統，奮青丘之神劍，還紫宮於夷庚，神武既布，然後聖文聿修，時則有覆軍折將，而邊圉無尺寸之失。蓋嘗皇輿北狩，而戎夷終不敢失君臣禮。信臣精卒，畫疆固守，虓虎之旅，霆發而飇揚，於是離極重明，百蠻稽服。觀前事之得失，睹今日之功效。禦戎上略斷可識矣。今使士大夫忽當務之實用，蹈前車之覆轍，慕文德之虛名，忘經武之夫計，此猶畫餅療饑、以菖陽消癊疽也。」其二篇曰：「夫散兵不足制人，而制於人。疑志不足應敵，而應於敵。天下無事畫封疆，申約束，利兵健卒，星羅雲布，勢不為不強，威不為不張，猝有狂夫奮挺之難，恫喝相仗，莫肯受命者，顧妻子私貨財之念重，而赴義致果之志微也。

故曰制於內。內顧重而外難輕，則上下異心。上下異心，則投機有間。投機有間，則智鑰齎盜。故曰應於敵，有生之心必喪其生。設守之謀常蟠其守，使有必死之心，則其生不足為也。使有必攻之謀，則其守不足為也。戎狄之眾，曾不百一於中國，癠肥相較，利害相懸，萬一未侔，而能為中國患者，攻其所守者也。獲其地不足以益士，役其民不足以廣眾，而征伐之兵勢不得息者，以攻為守者也。眾均尚勇，勇均尚智，智均尚聖，四者戎狄之所短，而中國之所長也。攻守之勢在中國不在戎狄明矣。散眾而守，則守有定形。聚眾而攻，則攻無定勢。以有定之守，禦無定之攻，雖有聖智難為，而況勇怯之間哉？使戎狄襲吾長而毀吾短者此也。夫勝敗相參，鼓旗相當，而莫敢先窺者，謂其士強弱等而將智勇班也，使吾簡百一之士，練技擊之兵，非全兵能當也。信任英賢，申嚴節制，非烏集之敵也。彼見吾有眾攻之勢，無寡守之失，故誘之利，其眾可亂，惑之聲，其情可得，合變制奇之要，在此不在彼明矣。是非欲其甀裘之眾，利其犛蠡之具也。使彼知甀裘之眾不可冀保，而況吾衣冠之民犛蠡之具不可冀饗，而況吾賄貨之富，則飲馬之謀寢，而款塞之請可幾矣。」
其三篇曰：「其本莫如自治，以結天下之心。慎守以待既衰之勢。漢晉之亂，單于叛。安史之亂，河隴陷。盧文進之奔幽薊割，郭藥師、劉整之降宋室，微其患在內，萌於至近，發至於遠，浸淫毒害，遍滿宇內。一夫乘機，四夷交難，終之在人，始之由我。明王知人之不足恃也，故先治其身。使其心志足以倡率，百體血氣足以供給，庶用聰明，足以役使群動，威靈足以招徠英豪，未明而衣，日而入，兆民之情，四徹無蔽，雖有纖介適至之疾，而無士崩瓦解之勢。外備不索於內，內取不求諸外，卒有大寇列疆，而守重兵以示勢，脅其深入，並壁以入堡，絕其鈔掠，重賞以誘士，知其情偽，彼雖未敗，固已無所利矣。夷狄之情，惟利是逐。小戰則小利，大戰則大利，不戰則不利。破一十家之堡，不足千人之朝食，百家則不能克矣。日馳數百里之地，必擊空虛之處，遇敵則不能戰矣。深入險重之中，必知情勢之宜，無間則不能出矣……願諸君安坐無憂。所憂者將懦不足任，貪沴流行誤國耳。」時春見鷥驕縱玩兵，老師匱財，因作《責言》三篇諭志。頃之，命為山東按察僉事，統民兵禦虜，時春領山東兵四千餘騎，至通上命屯西直門外，新建兵民教場，鷥惡其兵，整毀諸上，上不行命，移駐密雲。時春介騀率甲兵，鼓行不見虜，還。其明年春，仇鷥復出征，時春領兵……一時文學氣節、政事之聲震動天下。時春曰：「此皆儒者末節，其志專在攘夷狄，復祖宗疆宇，世世治安。」時春為人嚴毅

介特，與士大夫處，意有所不可議論，有所不合，常引繩按矩，詰責不少貸。或語及北虜，方持杯酒相歡笑，輒裂眥攘臂，誓不與俱生數，謂所知曰：使吾得備偏較領精兵五十人，操勁弓巨矢，間以長槍大斧，俺答丘福不足平也。士大夫率壯其志，而訝其太輕，憂其太悅。時春在山西，虜犯神池諸堡，身帥馬步軍往禦之。至廣武，諸將皆會，忽諜報曰：「有虜騎二千餘去此兩舍許，疾掩可盡得。」時春擐甲欲馳，總兵李淶等固止曰：「虜悍未易攻，公第駐此，淶督諸將力禦之，當不貽公憂。」時春攘臂，前及虜於天泉，嶺伏四起，鼓譟來麕，淶太息曰：「公速去，吾死此矣！」時春乘眾而奔，虜欲取時春，淶等殊死遮鬥，與子松及大同參將馮恩、游擊李桂、神池守備孔賓、偏頭守備高遷、太原指揮陳金、中軍尹忠、把總俞輝皆戰死，全軍皆沒。時春倉皇投一墩，守哨以卒繩引之乃免。虜尋引去，言官言時春平時意氣餘有，當事沉幾不足。詔解官聽調。隆慶元年，復薦起，及未用，卒於家。（何喬遠《名山藏》卷七十六）

畏齋薛先生緒言四卷　（明）薛甲撰

薛甲（1498～1572），字應登，號畏齋，江陰人。嘉靖八年（1529）進士，選擇兵科給事中，時方士邵元節用事，連具四疏，指斥邵黨，劾之，謫湖廣布政司照磨。歷寧波通判，保定同知，四川、贛州僉事副使。忤嚴嵩，解任以歸，杜門靜養，斷掃家事，一切無得關白。薛甲初有志於聖學，其學初以紫陽為準的，以所學驗諸行事，有未盡合，復取象山、陽明遺書而參伍之，合異為同，反博於約，誦陽明《傳習錄》，霍然大悟曰：「解我縛者，陽明先生也。吾向者聽命於耳目手足而強持之。今者耳目手足聽命於我，而我無與也。微先生，吾徽纏死矣。」由此篤信陽明之學。又倡導「朱、陸合一論」：「陸子之學，在先立其大；朱子之學在，居敬窮理。學者苟能存先立其大之心，而務朱子之功，則所謂居敬者，居之心也，所謂窮理者，窮之心也，則朱、陸合一矣。」黃梨洲《明儒學案》列入王門學案中。尚著有《易象大旨》《四書口義》《心學淵源錄》《心傳書院講義》《藝文類稿》《續稿》，學者稱畏齋先生。生平事蹟見《本朝分省人物考》卷二十八。

此書前有隆慶二年（1568）薛甲自序，發揮朱熹「去兩短合兩長」之說。《緒言》曰：「朱子與象山論學云：『今日須是去兩短，合兩長。』此非大賢

功深力到不能為此言。蓋朱子課程最密，只為源頭差了些，所以費了許多工夫，晚年方悟到合一處。象山見處雖到，然終是少了朱子一段工夫，故從之遊者意見雖高，而持循處少，往往失之玄虛，又不知如學朱子者有著落也。」又曰：「學者學晦翁之學，須透得象山門戶，則晦庵學問方有受用處。然不從事於晦庵之學，欲徑從象山門戶而入，亦有未易能者。」於朱、陸之學多有折衷，主張去朱、陸兩家之短，合朱、陸兩家之長。究其實，其學更重陸象山、王陽明一系。薛甲少深惡陽明之學，詆之甚力，平日專靠書本子上做事，所以不得力，後於患難之際，因陽明「除卻人情事變則無事矣」一語而開悟，遂極力宣揚其學。一曰：「陽明學問是孔門嫡傳，致良知是學問大頭腦。」再曰：「陽明文字發揮得義理。陽明是義理正脈。」又曰：「心學最難，才高固易入，卻又不專事於才。」故其言曰：「格物即所以致知，慎獨即所以存養，成物即所以成己，無暴即所以持志，與夫一在精中，貫在一中，約在博中，恕在忠中，皆合一之旨，此學之所以易簡，而非遺棄物理之謂也。」群推為姚江後勁焉。彼於訓詁詞章之學頗為輕視。如曰：「訓詁、詞章之學，佛氏所謂化城也。藉以安身，終非究竟。」又曰：「記誦之學，中年而精神已衰；義理之學，至老而精神益壯。」又曰：「訓詁俗學，做成片段。舉世趨之，學者一時沒溺其中，要透得出，亦甚難。與陽明爭辨者，皆當時知名之士，如《困知錄》之類……得惺悟時，訓詁俗學，莫非妙理。」又曰：「人之學，是要學做人，須就己身上體認，不得膠泥訓詁之說。」又曰：「詞賦之學非不美，但使人專用心於此，則枝業盛而根本衰，義理疏而精神散，不可以入道。」且曰：「小人儒，滯於知識言語之間者也。」其論修生養性曰：「心死身存。」如曰：「雖踽踽小人，尚有些基趾，不似今之從政者，蕩無著落。」又曰：「嗜欲深者天機淺，試之立見。」又曰：「《書》曰：『小人怨汝詈汝，則皇自敬德。』怨詈之言，更無隱諱，定是己身之所不可、人情之所不堪，於此敬德，最為切身，不惟可省己非，又可以消人怒。若含怒，又不可。恐忍於此而發於彼，又涉好名。不是聖人，如何體貼到此。」其他雜論亦有可取之處，如曰：「論人者，苟先橫好惡於中，而決於外，論之是非，則沒世不得其真矣。」又曰：「大山大水之地出大智慧之人，小山小水之地出小智慧之人。」

此本據福建圖書館藏明隆慶間刻本影印。

【附錄】

【薛甲《緒言引》】昔日鵝湖之會，晦翁先生云：「今日之事，須去兩短，丘合兩長。」學者因其言，遂謂晦翁晚年自悔舊學之誤，此未知晦翁者。夫子嘗有言曰：「丘也幸，苟有過，人必知之。」聖人示人微意，固自有在，初非人所易窺。晦翁之意亦猶是也。昔在聖門，子所雅言《詩》《書》執《禮》，而性命與仁則罕言之，聖人豈不欲直指道妙，使學者為可幾及耶？顧學問貴乎深造，又必以道乃能自得。詩書執禮，深造之道也。若性命與仁學者，在自得之，其可驟而致乎？故在當時，雖卓唯如顏、曾，其於博約忠恕之條不敢違越。自餘三千之徒，身通六藝者七十有二人，雖不能盡如顏、曾之卓，唯然德成材達，其所造詣亦自成章。譬之百穀，皆有實用，不至流於空虛無住之歸者，由聖人教之有道也。易簡如象山，庶幾自得之矣，但其頓悟直截之學，與深造以道者大不相侔，則晦翁之功其可少乎？學者不由晦翁之功而遽希自得之效，鮮有不墮於空虛者。晦翁深為此懼，故寧自任其短，而不欲使學者妄意象山之長。其所謂兩短，所謂兩長，學者默而會之微意，蓋可識矣。乃若文義之間未免有誤，則晦翁之短誠不能無。愚於《緒言》中略已見其一二，但在執方之士持而循之，有可據守，比於說妙談空者不為甚害，況善學者果能力到功深，超然自得，則雖博約忠恕亦為渡河之筏，登岸無所庸矣，況訓詁乎？此又不得因枝葉而病本根矣。隆慶戊辰十月丙子朔，畏齋薛甲述。（又見薛甲《藝文類稿》卷二）

【明江西按察副使畏齋薛公墓碑】嘉靖初，王文成公守仁與其徒日講良知之學，有風之者即謂其為非聖賢之徒不足以語聖賢之學，不知捨三者而從吾所好，不佞竊謂公言激也。夫使良知之學明遇邁而發之氣節，為功業，為文章，亦何不可？苟岐而二之，而加取捨於其間，吾故曰激也。自文成公歿，其諸弟子各以其資而得其識之所近，毋論能為文成公與否，良知之學亦藉以大明於天下。而大江之陰有薛公甲者，少不及事文成公，始以明穎治經術，工時義，為博士弟子冠，既心薄之，其父浮休先生章用古文辭著聲東南，公亦遂以古文辭名。既復心疑之曰：「龍門、昌黎可輕覬耶？即不啻若龍門、昌黎，於真我何益？」自是日潛心朱氏遺書，曰：「此吾師也。」汲汲焉探討之。是廛而署其室曰畏齋，以自檢謂，敬吾未敢，能吾姑以畏階之耳。即步武語默，酬酢出處，一依準繩，居然武夷白鹿弟子也。第其為諸生，則恒冠諸生，捷於鄉，於南宮，射策於金馬，皆不廢時義。舉進士，隸事禮部，即以政論見

賞其尚書，遂拜兵科給事中，而當其在禮部時，給事之長信州公與方士邵元吉比，而進《親蠶圖》《南北郊議》，得上心，進學士，仍兼長吏科。公偶與其儕語而歎曰：「是焉能蔽吾考功令耶？」而及公之拜給事，則有忌者已讒之信州耽耽公矣。公為給事之二月，即上封事，謂新進之士多感恩思奮，伉易而練不足，惟陛下虛懷以聽之，開霽以容之，若震之以威，折之以辨，則無有能攄吐其愚者。又謂宜用祖宗故事，御平臺宣召卿士與商略政機，則下情不隔，明良志同。又謂進退大臣宜以禮，不宜使小人傾奪，長冒競之風。末則痛言方士異端，其人與書皆斥屏之，毋使亂政。上頗嘉納，而信州怙寵與太宰方公訐而危，勝謂公意譏之，且疑所謂方士者指元吉也，恚甚，嗾其所善給事饒秀論糾公阿奉太宰，鑴秩為湖廣布政司照磨，公以進士得給事甫二月，得謫以給事，得給事論糾皆出非常，而識者頗用氣節歸公，公殊不敢當。會有致文成公《傳習錄》者誦之，霍然大悟曰：「解我縛者，陽明先生也。吾向者聽命於耳目手足而強持之。今者耳目手足聽命於我，而我無與也。微先生，吾徽纏死矣。」故其居楚臬，嘗署黃州，所發摘如神明。及通判明州，修治東湖址匯水而省費以萬計，稍遷同知保定府，一切皆以良知應之，而稍有未盡瑩者，則益磨切文成公之遺言，而證諸高弟子若鄒謙之、聶文蔚、王汝止、錢洪甫、歐陽崇一諸賢，反覆下上，已而有超然自信者，常謂格物即所以致知，慎動即所以存養，成物即所以成己，無暴即所以持志。貫在一中，約在博中，於是文成之學益備而驚於虛高脫頓者，稍有所折衷矣。公之自保定而超僉按察也，實飭蜀之敘瀘兵事。烏蒙烏撒皆土酋也，始烏蒙強，烏撒弱，強者欲復故界，而監司更避強名，弗欲與，蓋四十餘年狺狺也。公曰烏撒衰烏蒙，鬩我惟衰之是狥而諱強乎？明年，播州與永寧復爭地，始播之賦重，而永寧寬，播之民陰以地歸永寧，久而播覺之其酋兩強，而爭更巨川，南東二道俱袖手，而公凤有德，於永寧之女酋諭之曰：「毋論汝鬩也，強以其民為我德。」於是前後之侵地悉平。始撫臣欲為播，而脅永寧以兵公持之，曰：「毋煩兵。用兵之是挑永寧叛也。」撫臣始恚公，而卒慚服其言。公又為清諸衛所之伏田，兵餉遂足。凡所經畫皆利便，謳謠載道。久之，超為江西按察副使，飭贛州兵事如初。贛故文成公開府地也，公喜自得師，悉取其遺指畫斟酌之。有巨寇葉廷春、曾祖華者，並負山而窟，狡黠不可猝制，公殲以秘筴，若承蜩，威聲大振，已為之清屯糧，卻鹽稅，布團操，立小學，贛人相頌，稱以庶幾，故文成公而公所治。與袁州比壤，袁州相之廬產黨戚錯居贛如繡，公頗持三尺裁之

不少借，以是大失其父子心。屬大計吏頤指言路劾罷公，公鬜，喜謂子弟：「身今吾有也。使袁州宿怨而責我，以艱巨磑盎隨之，何所問身。是故信州玉我者也，袁州食我者也。」歸而按行田里，曰：「是不可為政乎？」取東魯王氏書課田父，為之瘠鹵轉而膏腴，傍敹益拓。當是時，王汝止、錢洪甫尚無恙，而羅達夫、唐應德材高，而亦能尊文成公學，而稍出入焉，時時過從，公與之揚挖青衿，受業者眾，然公實以朱氏學誨勖之，曰：「羿教人射，必以彀率，學者亦必志於彀率恒也。俟其成而後進之幾矣。」公性不喜涉公府，歲首僅一謁，跡可數也。守令叩公廬，與談興革利弊、閭井痌苦，亹亹矣。倭寇屢犯邑，公乃從徒入城，凡再上兵使者今太保王公書，其言治兵創堡，咸中竅。諸從公則利永，不從則不永。邑令錢鐸篤信君子也，以師禮事公，為循吏而死於難。公哭之慟，移書幕府，得贈官，錄後祠以祀之。祠成，而公記其狀甚悉。公於他詩文鴻芑爾雅，然未嘗一語離學。所著述有《易象大指》《四書口義》《心學淵源錄》《心傳書院講藝文類稿》及《續稿》數十百卷，行於世。嗚呼！公故不以氣節、功業、文章自期，其究亦有厄於命而未獲盡者，然視文成公可謂具體而微矣。使公盡廢而日從事講學，何以稱公哉？銘曰：新安近曾，東越斯孟。其入不同，乃同其竟。公遊新安，而得東越。如冰春泮，如暝明發。既武東越，不廢新安。毋使遊學，凌節避難。世趣事功，氣節文章。與道為一，云何弗臧。稱公以此，稱亦淺矣。捨而他稱，我又何紀。（王世貞《弇州續稿》卷一百三十五）

【憲副畏齋薛公墓表】吾常至古延陵郡吳公子札所封，札以禮樂見推於上國，迨卒，葬申浦，吾夫子表其墓，曰：嗚呼！有吳延陵季子之墓，蓋謂其達於理學也。自是之後，兩楹夢奠，禮壞樂崩。漢董仲舒、隋王仲淹、唐韓退之傳孔門之餘緒，斯道賴以不墜。然皆西北之產，而東南則眇乎其未之有聞也。至宋政和間，楊中立承伊洛之傳，僑居於常，於是常之屬邑武進則有鄒志完父子、周伯忱兄弟，無錫則有尤延之師弟，宜興則有唐彥思，皆知以道為學，而實為東南之倡矣。未幾，學禁旋作，宋祚遂衰。迨我洪武崇尚理學，迨今二百年間，吾常謝處士子蘭、邵宗伯國賢、徐司徒用中、毛給事式之、唐中丞應德，皆以理學聞於時。江陰人文雖盛，其以理學聞者則尚未之有也。畏齋薛公應登者其殆褒然而崛起者乎？公諱甲，字應登，畏齋其別號也。常之江陰人。父浮休先生，諱章憲，以文學名。娶張氏，生公。公生而穎敏，有異質。年二十五，中嘉靖壬午應天鄉試。己丑舉進士，選授兵科給事中，遂以

言忤當路，謫湖廣布政司照磨。壬寅量移浙江寧波通判。又三年乙未，升保定同知。明年丙申，升四川按察僉事，整飭敘瀘兵備。又四年庚子，升江西南贛兵備副使。在贛五年，致仕。歷任政績皆種種可述，具在公年譜中。而公平生所自為者，則不屑屑於是也。公自弱冠時即謂「文人之文於身心無益」，遂潛心晦庵之學。迨入仕後，得陽明《傳習錄》讀之，遂遵其教，而以象山為宗，曰：「解縛者，陽明先生也。不然，桎梏死矣。」時四方從事陽明之學者所在群起，公皆斂衽下問，按公年譜，在京師則會於白塔寺，在江西則會於青原，山居鄉則約諸友為名山之遊，往往會於僧舍，雖在會者其人未必盡誠，而公之探討服行，務求良知之究竟、知行合一之本原，則皆真心實意，以冀其必得所歸，而略無狥外為人之私，故年逾邁而志愈勵，汲汲焉未嘗少懈，所謂朝聞夕死斃而後已者，公實其人焉。歲辛未，公年且七十有四矣，特顧余山中，余迎之竹樹間，值雨過石滑，公累步艱行，余進而扶之，公即笑而言曰：「陳瑾生長東南，不識伯淳，猶可委也。吾為魯人，不識東家，可笑也哉！吾是以來。」余問云何，公謂：「近見君《考亭錄》（即《考亭淵源錄》——引者注），謂『晦庵之言，孔子教人之法；象山之言，孟子教人之法』，不覺恍然而悟。前人數百年之爭辯，吾輩數十年之講求，誠費辭矣。不然，良知之言，又一桎梏也。吾敢不以筋力為禮，而不至君一拜耶？」余謝不敢，當而心服公之真切為道，蓋誠不在於附和趨時聲音笑貌間也。余方將從公以永餘年，詎謂不逾年而公遂易簀矣。余既為文哭公，而公之子逢等乃衰經詣余，稽顙請表公墓。余謂公之涖官行政不表可知，而江陰之以道為學則實自公始。惟其道之是否，而不惟其人之從違；惟其言之當否，而不惟其人之顯晦，亦唯公為能之也。謂公為豪傑之資、聖賢之學，亦何過哉？是故表而出之，俾過公之墓下者得以覽觀而興起也。公生於弘治戊午十月二十四日，卒於隆慶六年七月二十五日，享年七十五。娶華氏。子男四：長某，次某，縣學生，次某，恩貢生，早卒，次某，太學生。女幾。孫男女幾。具在誌狀中。所著有《易象大旨》《四書口義》《心學淵源錄》《藝文類稿》行於世。（薛應旂撰文，黃宗羲《明文海》卷四四四）

【副使薛畏齋先生甲】薛甲，字應登，號畏齋，江陰人也。嘉靖乙丑進士。授兵科給事中。劾方士邵元節，降湖廣布政司照磨。歷寧波通判，保定同知，四川、贛州僉事副使。以忤相嵩，拾遺免。先生篤信象山、陽明之學，其言「格物即所以致知，慎獨即所以存養，成物即所以成己，無暴即所以持志，

與夫一在精中，貫在一中，約在博中，恕在忠中」，皆合一之旨，此學之所以易簡也。先生曰：「古今學術，至於陽明漸爾昭融。天不假年，不能使此公縷析條分，以破訓詁之惑，用是學者雖略知領悟，而入之無從。區區不自量，妄意欲補其缺，會缺所聞，總成一書，名曰《心學淵源》，冀傳之來世，以俟知者。」羲按，陽明之格物，謂致吾心良知之天理於事事物物，則事事物物皆得其理。意在於事親，則致吾良知於事親之物，去其事親之不正者，以歸於正。事親之物格，而後事親之知至。先生之格物，以感物為格。不能感物，是知之不致。陽明以「正」訓「格」，先生以「感」訓「格」，均為有病。何不以他經證之？意以知為體，知以物為體。毋自欺，良知也；好惡，物也。好惡至於自慊，則致之至於物矣。不忍堂下之牛，良知也，舉斯心而加諸彼，則致之至於物矣。蓋至於物，則此知才非石火電光，所謂達之天下也。此正致之之法，與擴充同一義耳。「格」當訓之為「至」，與「神之格思」同。二先生言正言感，反覺多此一轉。所致者既是良知，又何患乎不正不感乎？（黃宗羲《明儒學案》卷二十五《南中王門學案一》）

覺山先生緒言二卷　　（明）洪垣撰

洪垣（1507～1593），字峻之，號覺山，江西婺源人。嘉靖十一年（1532）進士，知永康縣。廉慎有才，清稅糧，興水利，嚴溺女及火葬之禁，擢御史。按視兩淮鹽政，請蠲餘鹽積逋銀百二十萬，清核泰州民田與灶戶相錯，使無侵冒，在臺七年，疏數百上，世宗每嘉納之，稱為言官一人。十八年，世宗南巡，冊立皇太子，命閣臣夏言、顧鼎臣選宮僚，垣再疏言溫仁和、張衍慶、薛僑、胡守中、屠應埈、華察、胡經、史際、白悅、皇甫涍等皆庸流，不可使輔導青宮，帝亦已，從他諫官言廢黜者數人。未幾，劾文選郎中黃禎先賄選郎楊育秀得為考功郎，及居文選，貪婪欺罔，知州王顯祖考察調簡，而補大州知縣，何瑚年過六十，而選御史，皆非制，今當大計京官，乃以猥瑣之曹世盛為考功郎，誤國甚。帝下禎詔獄，令十三道御史公舉冒進得罪者二十餘人。出按廣東，與督撫毛公伯溫論征交趾，忤當事意，差未竣，出為溫州知府。其性溫粹，即之知為醇儒，遇士以禮，與民煦煦若家人父子然，條行鄉約，每朔望躬臨約所，召眾開諭之，集諸生講明理學，在郡三年，教化大行。二十四年，大饑，永樂、瑞平皆然，惟泰順稍稔，鄰邑荒民多就食，斗

米值二百錢。洪垣以富戶閉廩，下令定價平糶，違者加之罪。惡少輩遂藉此要之，於是富戶虞賈害競通外境人貿，糴穀遂罄，然洎春麥絕收，殍饉載道，洪欲下鄉約審饑民賑之，眾喧哄，毆鄉約長葉侍書致斃，嗣且攘奪公行，閭右重足，洪捕前喧毆首惡者捶殺之，人心乃定，然竟以此褫職矣，士論惜之。初，禮部侍郎湛若水講學京師，以「隨處體驗天理」為宗，垣受業其門，撰《甘泉山館記略》以廣其學，內云：「先生之學，隨處體認天理是已。天理者，非他也，在天謂之命，在人謂之性。天、地、人、物所以生生而不已者也，真脈也。故曰『人受天地之中以生』，又曰『仁者天地之心』，是故人之心渾然至善具矣，不可以內外、動靜分矣。今夫體認之心即致知寡欲之心，致知寡欲之心即不著絲毫人力之心，不著絲毫人力之心即天理之心。天理非待發而後有也，發斯是矣。若曰發而後有，是無內無靜矣。體認天理亦非待發而後存也，存斯全矣。若曰發而後存，是有外有靜矣。無內外，無動靜，一以貫之，是為各自得自心，而至廣至大之德業出矣。斯之為求其實也。或又曰：體認必曰廣大者又何居？曰：子不見夫室中之人乎？指一隙之光而問之，此曰天也，彼亦曰此天也，其他則不知也。一旦登諸千仞之巔，俯視四表，則萬象森羅，一舉目而見矣。體認之功是登高觀天之類也。」〔註76〕洪垣後坐落職歸，復與同里方瓘往從湛若水，若水為建「二妙樓」居之。若水之門講明心性之學，洪垣與項喬每相過從，鱸羹糲飯，談必竟日。早年又與泰州學派宗師王艮亦有交往，嘗為之構學舍，居其學徒。見王艮弟子林春所居湫隘，欲代為新之，春力辭曰：「學宮，春發跡地也，修之愈於春室矣。」垣重其意，遂具二千金，為之修學宮。家食四十餘年，年九十而卒。著有《覺山史說》。生平事蹟見《明史》本傳及《明外史》本傳。

　　此書為洪垣講學之書，四庫未著錄，《四庫提要》稱其講學之書今未之見，考《千頃堂書目》著錄為七卷，《楝亭書目》卷一理學類著錄七冊，而此本僅殘存《語錄》二卷。覺山嘗曰：「先輩語言，須虛心細玩，不可輕忽置去。一擔黃連通吃了，方說甜語。」〔註77〕《明史‧湛若水傳》末稱：「湛氏門人，最著者永豐李懷、德安何遷、婺源洪垣、德安唐樞。懷之言變化氣

〔註76〕見《增修甘泉縣志》卷六《學校志》。
〔註77〕李德懋：《青莊館全書》（景仁文化社）卷之二十八《士小節》，《域外漢籍集部‧韓國文集‧二》。

質，遷之言知止，樞之言求真心，大約出入王、湛兩家之間，而自為一義，垣則主於調停兩家，而互救其失，皆不盡守師說。」今觀其書，史言不誣。卷一多精要之語，如曰：「學問全在志願，是乾道。」又曰：「諸子不能變化氣質，豈但不好學，不知學耳。」又曰：「學以自然為宗。」又曰：「仁以為己任，除卻此，更無別事。故只此一路，死而後已。」又曰：「學在盡性，不在盡事。」又曰：「中庸之道，是日用常行之道。」又曰：「君子之學，明德而已矣。」又曰：「道問學是從德性脈絡來，故曰道。」又曰：「尊德性而道問學，是求至德以凝之，其工夫全在道問學上。尊德性而道問學，則道問學皆尊德性也。溫故知新，敦厚崇禮，道問學實下手處，全在知行上。致極道盡，皆道問學事也。」又曰：「學貴切近之悟。若夫口耳之學，無反己之思，則雖推一以知十，夫子弗取矣。」又曰：「養志事理甚大。」又曰：「變化氣質不如致良知直截，是當下頓悟之說。」又曰：「天下最怕雷同，雷同便不是學，故如切如磋。」又曰：「問：『老子得《易》之體，孟子得《易》之用。』曰：『老子似言伏羲時事，孟子似言周文時事，老子反本，故以體為用；孟子經時，故言用而體自存。二之非也。』」又曰：「性靜者可以為學。」又曰：「觀物之變化，必至其時，言何容易。」又曰：「道在庸言庸行之間。」又曰：「人須大著眼處看破，便有幾分工夫。」又曰：「學貴日新，須於日間對境時自取證驗。」又曰：「太極是無知無為底心，心是有知有為底太極。」又曰：「學必以親民為大頭腦。」又曰：「論古聖賢，只當論其學，不當論其事；只當學其心，不當學其事。」又曰：「學問如人食蔗，漸入佳境，方有長進。」又曰：「學貴初念。」又曰：「實悟是誠。」又曰：「為學如用兵，須先立家計，定規模，然後得寸即寸，得尺即尺。家計規模，志聖志道是也。」又曰：「大凡先論心術，然後可講學術。心術不好的人難講學術。」又曰：「虛實同原。」又曰：「學者無至虛至公之心，只是為人守門戶耳。」又曰：「聖人進身難，轉身輕。」又曰：「百世之下，只論人品，不論貴賤。」卷二多援佛入儒，不一而足，難免龐雜之譏。書前有萬曆戊申（1608）焦竑序，稱考其論著，詳於檢束躬行，而略於自然之宗，豈先生之學而有未至云云，似寓微詞。

此本據浙江圖書館藏明萬曆間刻本影印。

【附錄】

【焦竑《覺山先生緒言序》】道在天下，未始有敝也。而任之者，人人殊

焉。《記》曰：「君子之中庸也，君子而時中；小人之中庸也，小人而無忌憚也。」君子、小人之中庸豈有異哉？然一得之以時中，一以恣其無忌憚之為。夫以恣其無忌憚之為，則亦不得為中庸也已矣。孔子倡道洙泗，蓋逆後世之學有出於此者矣。故綢繆於仁義禮樂之文，諄復於孝悌忠信之行，而未嘗輒及於道，豈聖人不欲人之早有知乎？晚宋諸儒不得夫子之意，保殘守陋，至於晦塞而不明。自白沙子出，知其模放似而非真，誦說多而迷始也，直以自然為宗。乾坤載闢，而日月重朗，學者當事逸功倍，以直躋於聖人之域而無難。徐而察之，乃有大謬不然者，何歟？覺山洪先生嚴事湛文簡公，師弟所授受淵源於江門者遠矣。逮考其論著，所為追琢於念慮，檢束於躬行者，詳哉其言之也，而於自然之宗則有不數數然者。余竊疑之，豈先生之學而未有至歟？將別有說歟？居久之，核於身心者日以詳，驗之朋儕者日以廣，於是乎霍然而窹，始知先生之旨，殆自有主謂，而余窺先生者有未盡也。聖人者有道有器，守於器者，階循等歷，猶有所執而不逾，蓋潛心者可由是為上達之階，而不能者亦可以寡過，乃道之未明，而務擺落古人之形跡，將蕩然無復可守之矩度，而移遊茫昧，反易致浮誕惰縱者之所託。以余觀於世，蓋往往然矣。然則語文章而略性道，殆孔門之成法，先生豈將以是為闡先聖之道之具，而防學者之末放也歟？余夙講聞先生之學，於友人潘去華詳矣。頃與先生孫君謨遊，始盡得其書而讀之，雖知先生已晚，而猶可因其言為返躬自治之助，乃序而傳之，與有志者共焉。庶世教賴之，而孔氏之遺意亦可以不墜也哉！萬曆戊申夏日，後學秣陵焦竑敬書。

【四庫提要】《覺山史說》二卷（浙江鮑士恭家藏本），明洪垣撰。垣字峻之，婺源人，覺山其號也。嘉靖壬辰進士，官至溫州府知府。事蹟具《明史》本傳。又《湛若水傳》末稱，湛氏門人最著者，永豐李懷，德安何遷，婺源洪垣，德安唐樞。懷之言變化氣質，遷之言知止，樞之言求真心，大約出入王、湛兩家之間，而自為一義。垣則主於調停兩家，而互救其失，皆不盡守師說云云。其講學之書今未之見，是編其論史之書也。如論伍員鞭墓之類，頗能主持名教，他如論管叔、蔡叔合於義，而不知天命，詆紀信代死為呂祿辨冤之類，則不免文士好奇，務為新論。至於論余闕死節一條，斥闕不當仕元，且以全家並命為非是，則紕繆至極，無論闕本色目人，實非南宋遺民，垣於事實為不考，即使闕之祖父果為南宋遺民，而是時元混一天下已屆百年，踐土食毛，久為黎庶，垣乃於數世之後，使為宋守故臣之節，此於理

不更悖乎？（《四庫全書總目》卷九十「史部四十六‧史評類存目二」）

【溫州府志】洪垣，字峻之，直隸婺源人。嘉靖壬辰進士。初令永康，有聲，入為御史，按廣東，與督撫毛公伯溫論征交趾，忤當事意，差未竣，遂轉郡守。性溫粹，即之知為醇儒，遇士以禮，與民煦煦若家人父子，然條行鄉約，每朔望，躬臨約所，召眾開諭之，集諸生講明理學，在郡三年，教化大行。乙巳歲饑，以救荒，致民嘩，去官〔見遺事〕，士論惜之。（明萬曆刻本卷之九《治行志上‧郡良吏》）

【永賴祠】滄浪里祀明巡鹽御史洪垣。淮安蔡昂記云：祠宇之建，嗣續斯人功德，俾延馨不磨也。生祠之建，又斯人功德在人若神明，所為以神道報之，尊之至也。尊生於感，感不虛生。予觀古之時，甘棠不剪，後是望碑隕涕，今也祠廟興矣。古之民也質，今之民也文，其心則一也。侍御覺山洪君以新安之良令秦澤凝、惠洽、漢尹循良也，立臺執憲，不回埋輪風裁也。所至清約如寒士，不避權勢，人稱鐵面。奉命理醝政於江淮，惟明惟平。先是，揚之屬邑興賦甲郡中，稱民疲者曰興化也，始賦三萬，今五萬有奇者，小人內訌之遺殃也。且連壤五場鹽民，鹽民額無稼田，入興界，耕獲者宜莫為禁，久之飛灑欠稅，攘據蝟興，且人性悍鷙，官司追攝，輒走鹽院叫呶，院常聽之，為其變幻善飾也。興人多致於理，又能操吏甚急，吏視鹽民莫能黑白，興坐是大困。仁和傅侯尹縣列其狀於朝，遍白當道，侍御君曰吾事也，乃駐節於興，檄所司毋徇，布令榜於衢，曰：「有自放於約之外者，將以刑書議之。」其無悔，由是咸馴息恭命，疆理倬然，不逾月，無隱田，迭賦損益如律，興人如流郎，積歲而返故鄉，其父子姻朋相向自慶。今之鹽院，非職賦者，其職鹽鹽民惟所司是聽，如人與鄰子爭，鄰父不直其子，子自俛首歸矣。是役也，非侍御君主之徒爾。奏訐紛紛，無益也。邑人戴侍御君如神，越明年，建祠於傅侯祠右，請紀於石。君諱垣，字峻之，號覺山，徽之婺源人。余禮部時所舉士也，今為名御史云。復繫之祠，曰：有土有賦，孰爇其常。人綱人紀，忍是跳樑。御史執憲，海外有截。一麾百里，是遂是達。煌煌使節，乘驄以蒞。積蠹百年，拂振而去。山谷幽遠，陰霾曷昭。亮滋王事，以安爾曹。海邦有懷，爰作爾歌。用光有德，勒石不磨。（《重修興化縣志》卷一）

涇林雜紀二卷　（明）周復俊撰

涇林續紀二卷 （明）周玄暐撰

周復俊（1496～1574），字子吁，自號木涇子，崑山人。嘉靖十一年（1532）
進士，授工部主事，歷員外郎、郎中，升四川提學副使。獨持風紀，皎皎不
受世俗滋垢，一切請謁無所問，蜀人士心服其公，而口爍之以刻核，謝病
歸，又丁內艱。服除，改補雲南副使，官至左布政使，迴翔南詔間，多所建
立。升南京太僕卿，告歸鄉里。能詩文，好著書。嘗遊矯亭方先生之門，精
研理要。在滇時獨與楊慎交，雅相矜許。廉靜簡重，寬裕優容，平生不輕喜
怒，平易近民，而於刑名尤不事深刻。苟有冤者，必與平友民，賴以存活者
眾多。嘗修《霸州志》，建都察院，作文明書院，而給教官以護城之田。著
有《涇林集》《全蜀藝文志》等書。復俊甄綜鄉黨之詩，為《玉峰詩纂》，而
以己詩請楊用修評點，亦稱好事，朱彝尊稱其諸體多膚淺，不足觀云云。生
平事蹟見于慎行《穀城山館文集》卷二十《木涇周公墓誌銘》、錢謙益《列
朝詩集》丁集第三。周玄暐，字叔戀，一字緘吾，崑山人。復俊之孫。萬曆
十四年（1586）進士，官至雲南道御史。萬曆四十四年三月辛未朔，孝肅皇
后忌辰，奉先殿行祭禮，遣官祭裕陵，逮原任電白知縣周玄暐下獄。玄暐罷
官家居，雄於貲而好譏議。所著《涇林續紀》牽涉時事，凡官司之菹其土者
率加訐詆，即事干宮禁，亦書之會與邑令忤，鄉人乘之，冀快夙憤，以誹誣
朝廷訟之者數百人。應天巡撫王應麟、提督直隸學政王以寧露章交劾，上以
其書有宮闈事，命毀其板，逮繫錦衣衛獄，瘐死獄中。《明神宗實錄》卷五
四六亦稱：「己未，巡撫應天都察院右副都御史王應麟奏，臣待罪南都，封
疆是任，民俗士風所宜申飭，乃不意一時有周玄暐、董其昌二事。玄暐之犯
眾怒也，以《涇林續紀》為之招，其復倚勢凌轢士民，故士民群起而合訴者
五百餘人。臣與學鹽二臣會疏上聞，及明旨逮問，臣恐怨毒既深，潰敗決
裂，仍嚴諭毋得乘機洩憤，擅為蹂躪，故就逮之日，曾無一人敢輕嘩其室。
此江南士庶所共睹也。其昌起家詞林，素負時望，三月間忽與生員范啟宋並
至蘇州互相告訐，方行批發，而其昌華亭之居業於此時化為煨燼矣，海上之
民易動難靜，難發於士子，而亂成於奸民，固不可與玄暐同日而語也。總之
臣望輕才劣，謬處於斯，有負任使，伏乞罷斥，以重紀綱。上報云周玄暐已
有旨，董其昌事嚴查首從議處，王應麟照舊職。後玄暐竟卒於獄。」其孫室
琳，字韞美，天啟甲子舉人。弱冠時，玄暐以《涇林續紀》一書為怨家所訐，
逮詔獄室。琳徒步走京師，瀝血具疏，草屨青衫，日拜長安門而哭臺省，交

章論救，事得解，玄暐卒，室琳扶櫬南還，聞者莫不稱歎。生平事蹟見《太倉州儒學誌》卷二。

前二卷為《涇林雜紀》，多記滇中風土人情，如婦女服飾之異，花木鳥獸之奇，山川景物之美，風俗人情之淳，無不備載。雜記見聞瑣事，頗資談助。如李夢陽劾李東陽事，東陽拒不負匪徒橫行之責。又推崇曹端之實學，許為道學正宗。又盛稱楊椒山劾嚴嵩疏洞照姦臣之肺肝，其光焰若揭諸日月，與天壤俱存。論小學曰：「不識古訓，未可與談經；不識古字，未可與解經。」論詩曰：「詩最怕近。」又於明代諸人一一點評，持論頗允。論「阿睹」「寧馨兒」「打」諸條，討論俗詞俗字，殊為難得。記嘉靖乙卯烏夷寇蘇城時「毛三官人割耳朵」之童謠，亦可補正史之闕。所記嚴世蕃貪淫不法狀，較正史為詳。所記科場舞弊之術，亦具史料價值。又載案宗數起，可徵案例情狀。至於所記方孝孺少年除妖事，似小說家言。

卷三、卷四為《涇林續紀》，卷端題天南逸史周玄暐著。玄暐為復俊之孫，故此書以「涇林續紀」為名。此書多記崑山事。李慈銘稱：「大抵村俗傳聞瑣屑之事。惟載分宜父子弄權、納賄兩條，潘伯寅尚書謂可裨史闕。然其言嚴世蕃資性強記，世宗觀經史，有未經者，朱書片紙以問嵩與徐階等，皆不曉；嵩以問世蕃，即曰在某書第幾卷第幾葉，其解云何，無一差者；則不可信。世蕃未嘗讀書，史稱其熟諳掌故及六部例案，蓋有之耳。其痛詆張江陵，謂有問鼎之心，尤為謬妄。」〔註78〕又稱：「又閱明人崑山周玄暐《涇林》一卷，皆記隆、萬間鄉曲瑣事，其極詆張江陵，謂有窺伺神器之心，尤委巷妄言。」〔註79〕

此本據上海圖書館藏明刻本影印。

【附錄】

【續修四庫全書總目提要（稿本）13～312】其書記弘正以來見聞雜事，皆隨筆記錄，不加文飾，然記述反近自然。其稱一代之事，時可為多識之助。如世宗時嚴氏父子弄權，薰灼一時，忠臣如楊繼盛、沈煉者不知凡幾。然世宗非庸主，政由己出。嚴嵩之得以竊柄，實緣於善於揣摩上意。其誅勦忠臣，皆設法激怒龍顏，由帝自行之。故屢經言官彈劾，而寵迄不衰。《明史》雖開

〔註78〕李慈銘：《越縵堂讀書記》，上海書店出版社，2000 年版，第 709 頁。
〔註79〕李慈銘：《越縵堂讀書記》，上海書店出版社，2000 年版，第 711 頁。

此意，而史文簡要，未暇一一著其事例。此書則謂嚴嵩一切施為，皆世蕃為之謀。並詳言其致寵之由，可為史書疏證。其記張居正之死，由於嬖揚州妾，縱慾過甚，實斃於婦人之手，亦資異聞。

【南京太僕寺卿周公復俊墓誌】卜子曰：今世論士人操行，率取崎崛名高，舉群趣之，至履方尚實之士，訕而不稱，其談藝文以激越幼眇盛相誇詡，而沉深容裔、本原六籍者亦弗貴也。捨軌跡而馮虛，偭規矩而錯巧，謂世道何？顧安得先民之典刑而風之？頃讀張文學所狀周太僕公，則俛仰而歎曰：嗟夫！士之操行與藝文架糵不在是耶？世胡莫之述也。蓋公沒而家中落，至孫玄暐既貴，乃克營其墓石，故予得悉公之文行而之志曰：公諱復俊，字子吁，館於木人涇之旁，嘗自號木涇子。自宋南渡以來，世居崑山之涂松土里，里有鼎姓三，亦謂之三家市，周其一也。國初有諱勝十者，於公六代祖，傳高祖道祥，曾祖毅，並隱不仕。祖元學，以德誼稱。考諱在，舉鄉進士，授養利州知州，辭疾不就。皆以公貴贈通奉大夫、雲南左布政使。姁皆夫人。初養利公兄弟六人，而已最少出，而室於吳，諸兄析產，斥不與分，曰當受諸吳，吳亦不與分也，曰當受諸周，養利公皆讓不言，而食貧治經，奮曰：「丈夫墮地，顧自樹何如耳，安問周與吳？」已而名果成。偕計長安，從日者卜，卜曰：「君法故不當貴，有子乃貴耳。」而吳太夫人夢龍翔於庭，是夕公生，相與異之。公生而器度純雅，風儀韶□（潤），□（弱）冠從諸生遊，試輒首，與方伯顧公夢圭、太史王公同祖齊名，號「崑山三雋」。嘉靖乙酉，南直省試中式，舉壬辰會試第七。明年授工部主事，奉命採青滇南。尋進員外郎，庀材潞渚，闢四門於苑，賈人輸木，各從其方，魚貫而入，無所留難，歡聲大噪，再進郎中。綜事鳩工，具有規程，司空倚重焉。東宮出閣，詔選郎官侍從，公名在牘，或略而更，公不慍也，以望擢四川按察司副使，提督學校，申布功令，獨持風紀，貴要私請亦皆不行，以刻核見中。太夫人春秋高矣，謝病歸，侍五年，不出，內艱服除，以故官改補雲南，備兵鹿滄，獠夷叛，西洱海中遮略三郡，吏不能制。公與鄰道謀畫，誘致別種，取獠自效，西洱遂平，撫臺上公功最，相臣子用事，銜其無賄也，賞格不行，稍遷本省左參政，尋升四川按察使、右布政使，仍轉雲南左布政使，考核吏治，無所阿。邑有岳牧體，故事，方伯久次不滿而遷，遷即開府，公三年奏績，受策書矣，而以入覲聞命，遷南京太僕寺卿，例改別使，入覲，兩臺弗許，公不得已，北上一日，道中雨雪，先止候館，有御史某繼至，別宿民舍，

心固不快，故以好謞，公語次，言孤遠之臣，中朝無援，浮沉滇蜀數年，僅從量擢，又困□□御史□人也，幸其無當，遂劾公入覲非法，公默不置辨，亟上疏乞休，詔與致仕。穆廟登極，乃進今階，士論惜焉。狀稱公人儀觀簡重，言笑有常，在官三十年，貞介嚴明，終始一節，監司所積贖鍰舉付諸守藏，未嘗私取。滇南寶貨出納一無所染，有土酋嗣官者旁支殷富，以賄奪適，公獨以法正之適感公恩。因里人博士某以金瓶異寶壽直可萬緡，公正色卻之，亦不語人。博士歸里，人誦說乃知其事。今舉世浮慕清修，至譚楊太尉卻金，皆謂固然無足異者。綜其實不爾，如公趣操亦大難矣。天性孝友，內行純備，太夫人性嚴時有不悅，即長跪請謝，色解乃起，迎養入蜀，每至險道，輒步行夾轂，扶掖而進，即得平地，乃敢登車。少時嗜酒，嘗有酒過，太夫人力誡之，自此終身止飲，曰：「吾法陶士行。」兄伯忼直使酒，公能曲順之，及與分產，以腴田讓兄，自取其瘠。瘠田大穰，復分其入。至其敦睦群從，奉事寡姊，恩禮篤至，人所稱尤不可勝紀云。里居杜門掃軌，不修請謁，凝塵晏然，一如寒素。故蜀中諸生有宦於吳者，屝屨及門，方出一見，亦不使里人知也。其學淵源，經藝而稱說程、朱之言，於子史群籍多所涉獵，尤嗜左、馬、屈、宋諸家，獨不喜佛書，嘗著論闢之。少時與從兄子言以聲詩相和，及至滇中，交楊用修太史，雅相矜許，太史校公集序之。公始以使至滇，愛其山水，圖之以歸，後監司出入滇、蜀間，幾若干歲，故所遊履歌吟於西南多。所著有《元史弼違》《玉峰詩纂》《東吳名賢記》及《涇林詩集》若干卷，行於世。別有詩十卷及《涇林雜記》《涇林類記》《四書解》各若干卷，藏於家。嗟嗟！以公所操持韞籍，而概其文與行，可謂先民之典刑，非耶？吳即多莊士材人，如公品第，宜亦無幾。而後進慕名，少所稱說，豈其耳目所涉遠而不及聞耶？抑風會之流各有所趣入而不返也。故亟表而傳之，以世模楷，淳風幾可復焉。（于慎行撰文，載《國朝獻徵錄》卷七十二）

【皇明崑山人物傳·周在子復俊孫泉】周在，字承德，早孤力學，不務口語相高，而立意雄邁，常出人群。念父元學有遺言，但置義田八百畝，便可給族子之貧無養、孤無教者，往來胸中二十年不能就，會仲兄承平卒無嗣，乃請諸兄就仲產而割所有益之以成父志。弘治壬子，領鄉薦。癸丑，會試，上其事於朝，乞所司察如約。又建綏成祠，祀始遷之祖，而以絕無嗣者祔，敦睦勵操，傑然有大人之概。後謁選人，授廣西太平府養利州知州。州故南粵交址之界，俗陋土瘠，仕宦者多拱手待遷，無所事。公慨然曰：「仕將以有為，

徒取大冠如箕綬，若若揖讓貴人前，仕何事，學何學哉？」遂致其政而歸。子復俊，字子吁，嘉靖十一年進士，歷工部主事員外郎、郎中，進四川提學副使，獨持風紀，皎皎不受世俗滋垢，一切請謁無所問，蜀人士心服其公，而口爍之以刻核，見中歸，丁內艱，補雲南副使，歷官至其省左布政使，迴翔南詔，間多所建立，升南京太僕卿，告歸鄉里。公學問該達，好著書。嘗遊矯亭方先生之門，精研理要，在滇時獨與楊用修切劇往來，其學益進。所撰述抉奧流葩，不為理障，世服其無學者氣。所著有《太僕集》《玉峰詩纂》《東吳名賢記》。長子泉，字若蒙，自幼好讀書，伊吾聲與曉漏相徹。祖母吳特憐之。公為篝燈默誦，不令母聞。既長，為諸生，不大售，讀書愈力，太僕憐其悴也，為入貲太學，補裏府良醫正，公謝弗往，乃築室玉山之陽，題曰雲東草堂，買金削產，奉太僕懸車之歡，輒洗其橐，意乃大得。太僕既歿，公往來草堂中，橘刺藤藉，茂茂駢織，仰面看梅花古石，欣然忘倦，顧獨恥與貴遊狎，敝衣草履，從一二奚奴冉冉行市中。市中人皆識公，相與語曰：「夫非振振公子歟？」公聞亦自得也。歲入不能了伏臘事，即有餘粒，惟三黨數十老嫠婦是費，而余以茸草堂，老眼㷀㷀，伊吾萬卷中，如少壯時，間提藥囊，過所親貧無醫者，一劑起之，歡笑竟日，孤姥村龐貿貿求砭於公，公施彌勤，或慰勞之。公笑曰：「吾惡夫居其名，忘其實者。語曰：『上醫醫國。』吾以俟吾後之人矣。」初，太僕之官於滇也，有御史求名家後未列青衿者，公念曰：「吾父甚德我家，長史雖報不足償此其會乎？」乃以其嗣孫洪祚往，時有冶家子持千金為公壽，公勿應也。蓋公之養志類如此。卒時年六十有六。（張大復《崑山人物傳》卷五）

【唐伯虎】唐伯虎名寅，字子畏，才高氣雄，藐視一世，而落拓不羈，弗修邊幅，每遇花酒會心處，輒忘形骸。其詩畫特為時珍重。錫山華虹山學士尤所推服，彼此神交有年，尚未覿面。唐往茅山進香，道出無錫，計還棹時，當往詣華傾倒。晚泊河下，登岸閒行，偶見乘輿東來，女從如雲，有丫環貌尤豔麗。唐不覺心動，潛尾其後。至一高門，眾擁而入。唐凝盼悵然，因訪居民，知是華學士府。唐歸舟，神思迷惑，輾轉不寐。中夜忽生一計，若夢魘狀，被髮狂呼。眾驚起問故，唐曰：「適夢中見一天神，朱髮獠牙，手持金杵云：『進香不虔，聖帝見譴，令我擊汝。』持杵欲下，予叩頭哀乞再三。云：『姑且恕爾，可隻身持香，沿途禮拜，至山謝罪，或可幸免。不則禍立降矣。』予驚醒戰悚。今當遵神教，獨往還願。汝輩可操舟速回，勿潤乃公為也。」即

微服持包傘，奮然登岸，疾行而去。有追隨者，大怒逐回。潛至華典中，見主櫃者，卑詞降氣曰：「小子吳縣人，頗善書，欲投府上寫帖，幸為引進。」即取筆書數行於一紙授之。主者持進白華，呼之入。見儀表俊偉，字畫端楷，頗有喜色，問：「平日習何業？」曰：「幼讀儒書，頗善作文。屢試不得進學，流落至此。願備書記之末。」公曰：「若爾可作吾大官伴讀。」賜名華安，送至書館。安得進身，潛訪前所見丫環，雲名桂華，乃公所素寵愛者，計無所出。居久之，偶見郎君文義有未妥處，私加改竄，或為代作。師喜其徒日進，持文誇華。華曰：「此非孺子所及，必倩人耳。」呼子詰之，弗敢隱。因山題試安，援筆立就。舉文呈華，手有枝指。華閱之，詞意兼美，益喜甚，留為親隨，俾掌文房。凡往來書札，悉令裁復，咸當公意。未幾，主典者告殂，華命安暫攝，出納惟慎，毫忽無私。公欲令即代，而嫌其未婚，難以重託，呼媒為擇婦。安聞，潛乞於公素所知厚者云：「安蒙主公提拔，復謀為置室，恩同天地。第不欲重費經營，或以侍兒見配可耳。」所知因為轉達，華曰：「婢媵頗眾，可令自擇。」安遂微露，欲得桂華。公初有難色，而重違其意，擇日成婚。另飾一室，供帳華侈。合巹之夕，相得甚歡。居數日，兩情益投，唐遂吐露情實，云：「吾唐解元也，慕爾姿容，屈身就役。今得諧所願，此天緣也。然此地豈宜久羈，可潛遁歸蘇，彼不吾測，當圖諧老耳。」女欣然願從，遂買小舟，乘夜遄發。天曉，家人見安房門封鎖。啟視室中，衣飾細軟，俱各登記，毫無所取。華沉思莫測其故，令人遍訪，杳無形跡。年餘，華偶至閶門，見書坊中坐一人，形極類安。從者以告，華令物色之，唐尚在坊，持文翻閱，手亦有枝指。僕尤駭異，詢問何人。旁云：「此唐伯虎也。」歸以告華，遂持刺往謁。唐出迎，坐定，華審視再三，果克肖。茶至而指露，益信為安無疑。奈難以直言，躊躇未發。唐命酒對酌，半酣，華不能忍，因縷述安去來始末以探之。唐但唯唯。華又云：「渠貌與指頗似公，不識何故？」唐又唯唯，而不肯承。華愈狐疑，欲起別去。唐曰：「幸少從容，當為公剖之。」酒復數行，唐命童秉燭前導，入後堂，請新娘出拜。珠珞重遮，不露嬌面，拜畢，唐攜女近華，令熟視之，笑曰：「公言華安似不佞，不識桂華亦似此女否？」乃相與大笑而別。華歸，厚具妝奩贈女，遂締姻好云。（賈茗《女聊齋誌異》卷一「桂華」條引《涇林雜紀》）

【王瓊奴】瓊奴，姓王氏，字潤真，常山人。二歲而父歿。母童氏，攜瓊奴適富人沈必貴。沈無子，愛之過己生。年十四，雅善歌詞，兼通音律。言、

德、工、容，四者咸備，遠近爭求納聘焉。時同里有徐從道、劉均玉者，請婚尤切。徐子莒郎，劉子漢老，皆儀容秀整，且與瓊奴同年。徐華胄而清貧，劉暴富而白屋。猶豫遲疑，莫之能定。一日，謀於族人之有識者，曰：「擇婿為重教之治，具召二生而自試之。」乃於二月花晨，張筵會客，里中名勝，咸集於庭。均玉、從道亦各攜子而至。漢老雖人物整然，而登降揖讓，未免矜持，莒郎則衣冠樸素，舉止自如。沈之族長有耕雲者，號知人，一見二生，已默識其優劣矣。乃指壁間所掛「惜花春起早」「愛月夜眠遲」「掬水月在手」，「弄花香滿衣」四畫，使二生詠之。漢老恃富，懶事詩書，聞命睢盱，久而不就。莒郎從容染翰，頃刻而成。其詠「惜花春起早」云：「胭脂曉破湘桃萼，露重茶蘼香雪落；媚紫濃遮刺繡窗，嬌紅斜映秋韆索。」「轆轤驚夢起身來，梳雲未暇臨妝臺，笑呼侍女秉明燭，先照海棠開未開？」「愛月夜眠遲」云：「香肩半軃金釵卸，寂寂重門鎖深夜，素魄初離碧海壖，清光已透朱簾罅。」「徘徊不語依闌於，參橫斗落鳳露寒，嬌娃低語喚歸寢，猶過薔薇架後看。」「掬水月在手」云：「銀塘水滿蟾光吐，嫦娥夜入馮夷府，蕩漾明珠若可捫，分明兔穎如堪數。」「美人自把濯春蔥，忽訝冰輪在掌中；女伴臨流笑相語，指尖擎出廣寒宮。」「弄香花滿農」云：「鈴聲響處東風急，紅紫叢邊久凝立，素手攀條恐刺傷，金蓮怯步嫌苔濕。」「幽芳擷罷掩蘭堂，馥郁馨香滿繡房，蜂蝶紛紛入窗戶，飛來飛去繞羅裳。」均玉見漢老一辭莫措，大以為恥，父子竟不終席而返。於是四座合詞稱美，而莒郎之婚議遂成。既納聘，必貴以愛婿故，招置館中。偶童氏小恙，瓊奴方侍藥，而莒郎入問疾，避弗及，乃相見於母榻前。見瓊姿容絕世，出而私喜。封紅箋一幅，使婢送於瓊。瓊拆之，空紙也。因笑成一絕，以答莒，曰：「茜色霞箋照面勻，玉郎何事太多情；風流不是無佳句，兩字相思寫不成。」莒郎持歸，以誇漢老。漢老方恨其奪己配也，以白均玉。均玉不咎子之無學，反切齒於徐、沈，誣以陰事，俱不得白。徐戍遼陽，沈戍嶺表，全家俱往。訣別之際，黯然銷魂，觀者無不下淚。自此南北，各不相聞。已而必貴謝世，家事零落。惟童氏母女在，蕭然茅店，賣酒路旁。雖患難之中，瓊奴無復昔時容態；而青年粹質，終異常人。有吳指揮者悅之。欲娶為妾。童氏以既聘辭。吳知故，遣媒謂曰：「徐郎遼海從戍，死生未卜；縱幸無恙，安能至此成婚乎？」瓊不聽，吳以勢凌之。童氏懼，與瓊謀曰：「莒去五載，音問杳然；汝之身事，終恐荒唐矣。矧他鄉孤寡，其何策以拒彼彪悍乎？」瓊泣曰：「徐本為兒遭禍，背之不仁，兒有死耳！」因賦《滿庭芳》詞，以自

誓云：「彩鳳分群，文失侶，紅雲路隔天合。舊時院落，畫棟積塵埃。漫有玉京離燕，向東風似訴悲哀。主人去，捲簾恩重，空屋亦歸來。涇陽燃悴女，不逢柳毅，書信難裁。歡金釵脫股，寶鏡離臺，萬里遼陽，郎去也，甚日重回？丁香樹，含花到死，肯傍別人開！」是夜，自縊於房中，母覺而解救，良久方蘇。吳指揮者聞之怒，使麾下碎其釀器，逐去他居，欲折困之。時有老驛使杜君，亦常山人，必貴存日，頗與相善，憐童氏孤苦，假以驛廊一間而安焉。一日，客有戎服者三四人投驛中。杜君問所從來，其人曰：「吾儕遼東某衛總小旗，差往南海取軍，暫此假宿耳。」值童氏偶出簾下，中一少年，特淳謹，不類武卒，數往還相視，而凄惻之色可掬。童氏心動，因出而問之。對曰：「苕，姓徐，浙江常山人。幼時，父嘗聘同里沈必貴女。未婚，而兩家坐事謫戍，不相聞者數年矣。適因入驛，見媽媽狀貌酷與外類，故不覺感愴，非有他也。」童氏復問：「沈家今在何處？厥女何名？」曰：「名瓊奴，字潤真。聯姻時年方十四，以今計之，當十九矣。第知戍海南，忘其所寓州郡，難以尋覓。」童氏入語瓊奴，瓊曰：「若然，夫也。」明日召至室中，細問之，果苕郎，今改名子闐矣，尚未娶。童氏大哭曰：「吾即汝丈母。汝丈人已死，吾母女流落於此，出萬死已得再生，不圖今日再能相見！」遂白於杜及苕之伴。眾口嗟歎，以為前緣。杜君乃率錢備禮，與苕畢婚。合巹之夕，喜不勝悲。瓊訴其衷懷，因誦杜少陵「夜闌更秉燭，相對如夢寐」之句。苕撫之曰：「毋傷，姑俟來年，挈爾同歸遼東耳。」既而苕同伴有丁總旗者，忠厚人也，謂苕曰：「君方燕爾，莫便拋離；勾軍之行，吾輩分任之。君善撫室，於此相待。」苕置酒餞別。諸人既去，吳指揮者緝之，愈怒。以逃軍為名，捕苕於獄，杖殺之，藏屍於窰內。亟令媒恐童氏曰：「彼已死，可絕念矣。吾將擇日，舁轎相迎，如復拒違，定加毒手。」瓊奴使母諾之。媒去，謂母曰：「兒不死，必為狂暴所辱。將俟夜引決矣。」母亦無如之何。是晚，忽監察御史傅公到驛，瓊奴仰天呼曰：「吾夫之冤雪矣！」乃具狀以告。傅公即抗章上聞，得旨鞫問，而求屍未得。正讞訊間，羊角風自廳前而起。公祝之曰：「逝魂有知，導吾以往。」言訖，風即旋轉，前引馬首，徑奔窰前，吹起炭灰而屍見。委官驗視，傷痕宛然。吳遂伏辜。公命州官葬苕於郭外。瓊奴哭送，自沉於家側池中。因命葬焉。公言於朝。下禮部旌其家曰「賢義婦之墓」。童氏亦官給衣廩，優養終身焉。（賈茗《女聊齋誌異》卷一「王瓊奴」條引《涇林雜紀》）

虛舟集一卷 　（明）陳堯撰

　　陳堯，字敬甫，號梧岡，通州人。少開敏，日記千餘言。弱冠舉於鄉，從涇野先生呂柟學大指「反求」二字。嘉靖十四年（1535）進士，授工部主事。時議立興獻廟，世世勿遷。堯援禮正之，廷臣弗能用。視工清江，嘗請改鑿黃河上游，避灌口以達清江，不果。出知台州，調南安，郡多佳山水，數從其賢士大夫遊，以堯不好飲，相與稱堯醒翁，作《醒翁亭記》，比堯歐陽，堯亦因自號。轉運長蘆，增課萬餘。詔採丹砂，開永寧銀池，皆力持之。擢廣西左布政，裁省靖邸宗人及諸降人子虛祿萬計。巡撫四川，六番楊氏二子爭立，移檄遂定。嘉靖四十三年二月乙巳，升南京戶部右侍郎陳堯為工部右侍郎兼都察院右僉都御史，總理河道。（《明世宗實錄》）比歲水溢，奏蠲江北樁草河夫逋賦三萬緡。會黃河由溜溝入漕，淤上流數十里，費以萬計者二，方議興工，適河水出飛雲橋，淤悉沖去，其後淤沛下百二十里，大害漕。堯選大校，探习陽湖，得故道，自潰口轉達胡陵，卒無亡失。召為刑部右侍郎。公始為郎，以水部出治清江浦，所至審擇便利人，至今法之。官至刑部左侍郎，移疾歸。堯少孤依母邵，遠宦嶺外，不可偕，留婦朱以養，至是念邵益老，徵薦不出。性嗜學，夙從呂柟遊，得其傳，晚年手一編弗輟。以嫉惡聞，卒祀鄉賢。王弇州謂其所際非時，以古之大臣擬之。著有《陳梧岡集》《史衡》《八書》《遵聖錄》等書。生平事蹟見汪道昆《刑部左侍郎陳公墓誌》《通州直隸州志》卷十二、《本朝分省人物考》卷二、《罪惟錄》列傳卷十一。

　　此書前有嘉靖四十二年（1563）陳堯自序，稱好觀《郁離子》《龍門子》，因取蟲魚草木之細小者，敘而錄之，曰《虛舟子》。莊子有言：「人有方舟，而濟於河，虛舟來觸，雖有褊心者，不怒於戲。」「虛舟」一詞本乎此，取處世應變之義。

　　是集僅六千言，凡三十二條，用寓言體，意存發憤，皆義正詞嚴。如「灌園得金」條稱「窮不違其道」；「鶴媒」條稱「大則賣國，小則賣友」；「人鼠」條指斥守倉之吏監守自盜，結黨營私，上下其手，貪污腐化；「娼魚」條稱「不飲貪泉，不食淫魚」，「禳鴉」條斥妖鳥；「獨象」條稱清除敗群之象、害群之馬；「門犬」條稱自古帝王求士而不用，徒有虛名；「珠還」條稱孟嘗君為政清廉，而百姓還合浦之珠。序稱取法劉基、宋濂，然寓意未深，詞旨淺顯，雖小有可觀，終不及二氏遠甚。

　　此本據國家圖書館藏明嘉靖間刻本影印。

【附錄】

【陳堯《虛舟子自序》】余少也好觀青田劉公、金華宋公所著書曰《龍門子》《郁離子》者，壯其文詞，慨然大息焉，謂二公皆翊運宗臣，在帝左右，既以謀謨製作備載史館，傳頌天下矣，猶能操觚握牘，作為稗官爾雅之談，視今之儒生閉門綴業，其勤勞不啻過之，若類乎博雜而不情者。比余稍長，去而干祿，常行乎憂患之途，處乎得失之境，每有感觸，不能喻之於懷，輒扼腕竊歎，乃知二公著書發憤若此意，豈淺鮮哉？彼固有概乎其心者也。因取蟲魚、草木、人物之細小者，敘而錄之，以發其議論，久之得若干篇，名之曰《虛舟子》。莊生有言：「人有方舟而濟於河，虛舟來觸之，雖有褊心者不怒。」於戲！通其說者可以處世應變，況於文字之間乎？人之視之見謂為虛舟，雖觸之不怒矣。不然，二公無以辭其責，何有於余哉！嘉靖癸亥冬十月朔日，維揚陳堯書。

【刑部左侍郎陳公墓誌】公名堯，字敬甫，通州人。嘉靖乙未進士。嘉靖四十三年公總理河道。比歲水溢，奏蠲江北椿草河夫逋賦三萬緡。會黃河由溜溝入漕，淤上流數十里，費以萬計者二，方議興工，適河水出飛雲橋，淤悉沖去，其後淤沛下百二十里，大害漕。公遣小艇得古廟碑昭陽湖，遂引漕舟，悉由湖陵城入，即河塞，漕如期。已，改刑部右侍郎。公始為郎，以水部出治清江浦，所至審擇便利人，至今法之。（汪道昆撰文）

【蛋人】南海有珠，生於蚌蛤之中，隱於黿鼉蛟螭之窟。有蛋人者，絚其腰，泅而索之，久之不出，輒為水怪所食，有血一縷，直射水上，則知蛋死矣。虛舟子曰：蛋之頑冥不靈，示甚矣哉！雖然，蛋以採珠為業，而擅其利，不死則不得利，故輕其死。君子以崇高富貴特倘來物耳，乃乘危蹈險，陷於大辟，而莫之悟，豈謂不死則不得耶？於戲！吾未見以死而易富貴者也。（《虛舟子》）

【人鼠】倉中之鼠，皆穿窟奧下，孳息蕃育，大耗其粟。縣官歲賦於民，每石加斗升焉，名曰「鼠耗」，取足其數。虛舟子曰：鼠之耗粟甚矣，不有人鼠之尤者乎？夫守倉之吏，至長子孫不得代其傭於官者，皆里中博徒及屠狗之雄耳。據其窟，食其粟，結為死黨，莫可驅逐。入其室，豐酒大肉，妻子淋漓，皆倉之餘，與鼠共之者也。比其事覺，官簿錄之，輒曰「鼠耗」。鼠耗執法之吏指為故事，亦上下其手，移罪於鼠，於是吏日肥，粟日耗，鼠負屈日益甚。於戲！孰知人鼠之害，甚於倉鼠也哉！（《虛舟子》）

【娼魚】江南有魚，張口縮項，其骨脆其肉膏，而美遇薦新，時一尾直百錢。貴家市之，置盤中，諸品皆廢，其風致如此，故燕客非此不歡，人以其尤物名之曰娼魚。虛舟子曰：甚哉！人之宣淫靡所不至也。夫魚遊於江湖，非能傳朱粉，薰蘭澤，倚市門而悅人者也。徒以其肉之美，以娼辱之名雖奇，不殆於誨淫乎？夫君子不食邪蒿，不飲貪泉，惡其名也。於戲！娼魚有肉，豈得而食諸？（《虛舟子》）

畫永編二卷　（明）宋岳撰

宋岳，約明嘉靖、萬曆年間人，自號東越承山子，餘姚人。嘉靖二十年（1541）中辛丑科沈坤榜。呂時中序稱兩拜部郎，俱稱清簡，並遊闕下十餘年，後出任天雄兵憲。〔註80〕嘉靖間任河間府知府、大名兵備道。官至按察使。生平事蹟見《（雍正）浙江通志》卷一三二。

該書最早著錄於徐乾學《傳是樓書目》小說家類，分上下二集，不分子目。數百年來，其書之偽，無人道破。今考，其書皆抄錄前人嘉言懿行之可為法則者，稍加點竄，掩為己有，而一一諱其出處。全書凡三百六十條，其中三百五十三條偽跡昭彰，僅有七條闕疑待考。舉以備參。

此書前有嘉靖四十三年（1564）呂時中序，稱其書雖宏肆散見，旨趣不一，要多歸之切身。〔註81〕書後有嘉靖甲子閻承光跋，稱歎翁之學術正大光明，宜其發於事業，章章赫奕，足以為人師表云云。〔註82〕今按：呂序、閻跋亦未究其實，絕不可信。呂序又稱「無一條不概於胸中，無一句不斂為己有」，似乎又以微詞相譏。〔註83〕書前又有嘉靖四十一年（1562）宋岳自序，稱有以省躬則錄之，有以保生則錄之，有關世教則錄之，有裨見聞則錄之，以傚先儒隨筆之義云云。〔註84〕自序自欺欺人，掩耳盜鈴，所謂先儒「隨筆」之義豈能作為抄襲之遁詞乎？

此書實為一拙劣之偽書，不慎混入《續修四庫全書》之中，未免魚目混珠。今本實事求是之心，廣搜證據，將其徹底證偽〔註85〕，望學人勿為所欺

〔註80〕《續修四庫全書》第1124冊，上海古籍出版社，2002年版，第231～232頁。
〔註81〕《續修四庫全書》第1124冊，上海古籍出版社，2002年版，第232頁。
〔註82〕《續修四庫全書》第1124冊，上海古籍出版社，2002年版，第302頁。
〔註83〕《續修四庫全書》第1124冊，上海古籍出版社，2002年版，第231頁。
〔註84〕《續修四庫全書》第1124冊，上海古籍出版社，2002年版，第232頁。
〔註85〕詳見拙作《畫永編辨偽》，載《學鑒》第四輯，武漢大學出版社，2011年版，

耳。此書雖偽，若視作雜鈔、雜纂之類，亦小有可觀，並非毫無價值。

此本據國家圖書館藏嘉靖四十三年閻承光刊本影印。

【附錄】

【呂時中《晝永編》序】吾邑令尹閻君者偶持書二卷示余，曰：「此我天雄兵憲承山宋公之所為《晝永編》也。」余既卒業，乃不覺矍然自喪焉。曰：嗟乎甚哉！余之不善學也，平生每見一佳書，亦未嘗不檢閱，及掩卷，或間日而憶，則莊然無所得，或提綱而莫究其目，或語首而輒忘其尾，憑几悉睹，不旋踵而若遺散帙，躍如及立談之頃，則喋喋而四視，此其故何哉？涉獵靡精，泛濫而寡要，目勞而心不應，齒煩徒役，而管楮太憊，是余之病也，又何咎焉？承山公既登第，兩拜部郎，俱稱清簡，於是博搜洽覽，上自古人之載籍，下逮昭代名公達士之言行，靡不得其根極要領，有會於心，則隨意錄之，久之遂成鉅卷，蓋無一條不概於胸中，無一句不斂為己有，公之用心其何如哉！始余與公為同年友，公實少余，並遊闕下，殆十餘年，及余出秦晉暨齊梁，而公亦揚歷郡臬，又十餘年，蓋至是，而余忽已老，而不知公之學若此乎益精且要，則余有竊愧之矣。是編也，不用篇什，不求僻隱，不委瑣，不漫漶，燦乎如五彩煥施，各標生意，如繁星之麗天，令眾快睹，又如通衢廣肆，百貨俱陳，而良賈者所居盡奇，皆足為世珍異。蓋公於天下書無所不讀，故取而錄者，一一膾炙人口。語曰：「長袖善舞，多財善賈。」言積之者備而出之者當也。彼卑卑為論者，未可同年而語矣。中曰《易》云：「君子終日乾乾，夕惕若。」大禹稱神，乃惜寸陰。周公之聖，坐以待旦。況其下者，胡可暇逸？今士人得志，一朝往，往遂棄其所學，或聲利是耽，詩酒自廢者，亦不可勝數。如公日無虛晷，手無停披，筆無倦錄，而一意著述，為聖賢之學者可易得耶？其書雖宏肆散見，旨趣不一，要多歸之切身，心明化理，可以處天下國家，亦可以資聞見議論，然且編名「晝永」，則公之意深矣，使今之得是書者置諸左右，時時展玩，儼乎若龜鏡在側，師保臨前，雖欲頃刻背違，頃刻自暇，而亦不可得，則公之所以淑人者豈其微哉？於是閻君聞之曰：「承山公命我矣。」賜進士出身、通奉大夫、奉敕總督倉場、督理西苑農事、戶部右侍郎、致仕年治生清豐呂時中撰。嘉靖甲子歲孟冬之吉，大名府知清豐縣事濩澤閻承光刊。

第 95～253 頁。

【閻承光《刻畫永編跋》】我憲臺承山宋翁節鎮天雄、保釐、河朔，每事範今師古，確有章程，凡我屬吏，仰承明憲，時聆謦欬，退而人人悅服，乃知翁文事武備醞籍有自，非徒事一偏而弗睹其全者可倫也。一日，晉謁臺下，手出是編，選得而受讀焉，則見夫嘉言善行、隱德遺事，種種具陳，均之足以備觀省而昭鑒戒。玩誦良久，恍然有得，始歎翁之學術正大光明，宜其發於事業章章赫奕，足以為人師表如此。謹用捐俸入梓，布之諸屬，以廣嘉惠。抑者耀德崇化，禁於未發，亦翁之防範人心一端云。嘉靖甲子歲孟冬之吉，大名府知清豐縣事漢澤閻承光刊。

【宋岳《畫永編小序》】余昔為比部郎，繼補夏官之武庫，皆簡署也，畫長，公暇，得檢諸家書旁覽焉，條貫錯陳，或往聞而始睹記，或夙清而華取裁，雖事有纖鉅，理有顯幽，其足以牖吾里焉，一也。古人有云開卷有益，豈虛語哉？輒忘固陋，肆採輯焉。有以省躬則錄之，有以保生則錄之，有關世教則錄之，有裨見聞則錄之，日積月累，匯而成編。嗟乎，大道未聞，百家鮮究，余寡昧焉久矣。是編掛一漏萬，無足多者，即所由集，亦以倣先儒隨筆之義云爾。雖然，嗣是而典滄瀛，則沖繁是競，駐河朔則戎務載營，日勞形於案牘，而讎視詩書矣。畫永云乎哉！畫永云乎哉！嘉靖歲在壬戌仲春穀旦，東越承山子宋岳書於臬府之澹盧亭。

金罍子四十四卷　（明）陳絳撰

陳絳，字用揚，號雲公，自署金罍山人，上虞人。幼而奇異不凡，為姚江謝文正器重。稍長，過目輒成誦，為諸生高等。嘉靖二十三年（1544）成進士，知樂平令。官至太僕寺卿、應天府尹。著有《辨物小志》。生平事蹟見車任遠《金罍子傳》。傳稱其言自天地名物之變，禮制政事之繁，上極像緯，中盡倫紀，下迨蟲魚，皆援證精切，辯論正大，意皆古人之所未發，而無一字不根於古云云。〔註86〕

此書以子名，自筮仕抵遂初，時時涉筆不置，欲勒成一家之言。原名《山堂隨鈔》，後經陶望齡刪汰，改題此名，以所居地有金罍山之故。全書二十九萬言，原無銓次，後分為上、中、下三編。上編二十卷，中編十二卷，下編十二卷。上、中二編按時代為序，下編則分古禮、稱名、考古、象數祠祀、

〔註86〕《續修四庫全書》第1124冊，上海古籍出版社，2002年版，第10頁。

仙技雜異、雜異、忌諱、雜言、辨物九類。體例、內容皆仿王充《論衡》，博引古事，而加以考證。萬曆三十四年（1606）其子陳昱所作《凡例》稱，上編考訂訛謬，自古今治亂得失以及禮儀，撮其事之博大、義之宏深者而揚扢之；中編比事述詞，拾遺糾舛，並加考訂，而《儀禮》尤詳；下編究古以原其始，考禮以證其實。

初印本有萬曆三十四年（1606）陶望齡、舒曰敬序，陳昱所作《凡例》及車任遠之後序。後印本又增徐待聘序、陳明性後序及陳志遵跋。陶望齡序稱其書類所謂說家，其博而精，辨而正，酣經鬯史，聯絡曲折，而出之粹然，過《潛夫》《論衡》遠甚云云。〔註87〕今按其書，頗有正論，如曰：「尚論人物，當就其明志大節觀之。」曰：「教人者，先察其所短而治之；取人者，當量其所長而任之。」曰：「言爭名於朝，爭利於市。今也不然，爭利者於朝，爭名者必於山林矣。」又引《學記》曰：「善待問者如撞鐘，大叩之則大鳴，小叩之則小鳴。」又引傅玄曰：「人之學者猶渴而飲河海也，大飲則大盈，小飲則小盈。」陶望齡稱：「金罍子，儒家者也。」其言不誣矣。然《四庫全書總目》列入存目，稱迂僻者居多云。

此書有明萬曆三十四年陳昱刻本，此本據以影印。

【附錄】

【陶望齡《金罍子序》】劉歆序《七略》，三曰諸子，而臚為十家，稗官小說家與焉。自漢以降，諸子之名蓋罕，存者多不足觀，而說日繁盛，不知說固子之別名耳。然班固之論，謂諸子十家，可觀者九。說家者，閭里小知、街談巷語之陋，紬不足道。則說與子又似有間矣。夫古之工於立言者，言所明也。莊周之於道德，韓非之於刑名，其瞭然於中者，迫於吐而必可茹。如水盛堰敗，沛不可遏。又如老農之計困廩，大將之料軍實，舉所有而已。《潛夫》《論衡》之屬，吾無取焉，彼其中固無有也。固鮮所明也，而強言之，故膚而不裏，蔓而不根，讀之如啖木然。久矣夫諸子之龐而難擇也，又況虞初者流又非雅者乎！《金罍子》者，其書類所謂說家，其博而精，辨而正，酣經鬯史，聯絡曲折，而出之粹然，過《潛夫》《論衡》也遠甚。其命名曰《山堂隨鈔》，予懼名之近於說，而不知者與街談巷語之書概而少之，故更之曰《金罍子》。金罍子者，其號也。或曰：「子之子金罍子也，以為韓、莊乎？」曰：金罍子

〔註87〕《續修四庫全書》第1124冊，上海古籍出版社，2002年版，第303～305頁。

者，儒者也。儒家者流，非子與？以術則韓、莊非類，以文而曰金罍子。今韓、莊也，予又敢哉？然而有難有易。今夫老農之計困廩，大將之料軍實，此順而易者也。有善數者焉，隔困而筭，禽合不爽也。有善兵者焉，望兵而揣，虛實不爽焉。此逆而難者也。莊與韓道其欲言而止，如數家儲，然易耳。後之儒者，是非定乎載籍，善敗決乎古今。引之也至繁，而要之至當。此與隔困望敵而籌者，奚以異乎！此金罍子之所難。然均以言其所明，則一也。金罍子，上虞人，嘉靖甲辰進士。仕至應天府尹。所居近金罍山，故稱焉。萬曆歲丙午，賜進士及第、國子監祭酒、前左春坊右諭德兼翰林院侍講兼修正史撰述、制誥會稽陶望齡撰。

【舒曰敬《金罍子序》】舒子曰：予讀陳京兆先生書，蓋竊歎古今人心賞之艱遘，生不同遊矣，今人絕無其徒矣，獨其名存耳。吾猶將竊之，以私自比數，所以相如薰心，則犬子更號。天奇厥合，神往奈何！乃有讀《子虛賦》而為之喟然者，曰：「嗟乎！生不得與斯人同時。同時而抱千古之恫也！然得無而幾成千古也。艱矣！奇矣！一日失之，千古不易矣。一室失之，四海不易矣。」不佞敬靈齠而集古文辭，業已沾沾北地、信陽、歷下、太倉諸長老先生者，恨生也晚，備役鞭走而不得。比壯遊海內，而中郎之屣有至輒倒也。竊自謂中原賢雋，我能得之，生者把其臂，歿者讀其書，誠不自無失之京兆陳先生。先生之藩，予南州也，不佞故未齒青衿，先生定秉三代之遺，其政績閟閟沟沟，今人顧其全而不見其班。相傳先生殆古萬石君流，椎魯而不文。迨予官延令，而先生長君翌者貳之間一編請予曰：「先大夫宦囊靈業有是耳。詢其為先大夫者何如人，則京兆之發落南州者也。展而讀之，若觸予以海。先生之學，有瓊海之浩汗，而一洗其萎薾；有新都之博雅，而不作輕佻儇譎之態。大率國朝諸先生，若以程秦矩漢，斤斤笑貌，衣冠是莊，則北地輩自獲先瞖，其有律據經義，旁披百家，典禮定幾，微之似是品騭，補百代之缺遺，則二百餘年當無有踞先生右者。閟閟沟沟者何以有此。予非讀先生書，幾失先生。讀其書而非所素習之名藩長遂謂先生千古以上人，又幾失先生。倘予知先生蚤二十年者，當獲左提右挈，甚以開我，艱矣奇矣。天於不佞，先生胡若以媾之，而卒以攜之也。然佞天幸矣。先生去南州，未遠其行，事隱隱在眉睫者。今其懿訓，又津津在口煩，非有音響遼絕，至無比數其人，而不得先生清貧，無所遺故，即世幾十年，而稿幾侵於蠹魚，異日而讀先生書，扼腕於子虛之不同時者，豈曰無人？則不佞於先生其一日合之，而一室命之矣。賜進士第

南昌後學舒日敬書於泰興隻立軒中。

【四庫提要】《金罍子》四十四卷（內府藏本），明陳絳撰。絳字用言，上虞人。嘉靖甲辰進士，官至太僕寺卿。其書上篇二十卷，中篇十二卷，下篇十二卷。大抵欲倣其鄉人王充《論衡》，博引古事而加以論斷考證，然迂僻者居多。本名《山堂隨鈔》，陶望齡為刪汰之，改題今名，以所居有金罍山也。（《四庫全書總目》卷一百二十四「子部三十四·雜家類存目一」）

【金罍子傳】罍山陳公者，越之上虞人也，名絳，字用揚，居金罍山麓，因自號云。公幼而岐，歲不凡，為姚江謝文正所器。稍長，讀書過目輒成誦，為諸生高等已。嘉靖相酉舉於鄉，甲辰成進士，試樂平令。樂平俗故獷悍，每睚眥相報，公為解喻，禁絕之。時延禮文學士與談治理，民始彬彬向風。至若賑歉歲，毀淫祠，具有成跡。晉冬官曹，治器皿廠事，往內供器輒留中委積，公知為寺閹所乾沒，請得五日一領，所進器更飾以供閹嗛之，每出，遮馬大詬，公不為撓，歲省縣官錢以萬計。大司空吳公鵬以廉幹獨移牒天官，留任久之。或謂所省緡錢盍疏諸朝，不則，以儲公用。公曰：「吾不以是傳名，且謂前官何？」時論高之。既轉刑曹正郎，治城旦書，多平反。稍暇，即手一編，占畢若儒生也。無何，出守彰德，甫蒞，直旱災，躬為雩禱雨，即大澍，人謂「隨車雲」。奸民馮璜輩數十人攻剽椎理，霄數警不寧，悉捕治之。趙王府旗校橫索錢，擾邑里，禁戢，莫敢不服。吏李天祐者，藉郡人郭侍郎勢，盜出帑銀千餘兩取息，公廉治，抵於法。大悻郭公意量移青州，青故懷磽俗，公至殫心為理，與宋富鄭公比隆，當道以材賢特薦者八九上，竟用郭故，格不行，僅常調兵備副使，居寧前，寧前鄰虜穴而阨全遼，勢砥孤危，公曰：「事不避難，臣職也。」遂獨身往，繕隍堡，立營屯，簡卒乘，嚴烽堠，日大閱士，虜聞之氣沮，罔敢闌入。當是時，巡撫王公之誥、巡按李公輔廚倚公為長城。而公亦籌略有餘地，益大肆其力於典籍，談名理，核掌故，悉者之於篇，稱金罍子，蓋倥傯虎帳間，不廢毫楮，而世有傳而簡記者，莫不驚，猶古人居任五年不廷，尚以翦憾云，公處之恬然。比以外艱歸。其不歸者已十五年矣。服闋，穆廟時用宿望授江西參政，已一歲三廷，至左布政使。諸凡節用釐弊，減火耗水腳羨餘銀，亡慮歲省數萬，時謂清廉。二伯前有馮轄，後有陳轄之謠，餘於縣民有以銀解者，中途為同侶所易，啟封皆贗也。民故椎魯，公察其非奸，而銀止三百餘，乃以司吏班銀代償，民灑泣，欲以死報，其子惠之心如此。尋擢光祿寺卿。未幾，轉應天府尹，而公

—157—

已倦遊矣，乃乞身而歸。時太宰張公瀚疏留之，云秉性剛方，操己潔白，頗得公之概矣。公歸而一意於立言，取所著《金罍子》昕旦刪並，以成全書。虞故有西溪湖，於水利最巨，埋廢者已百餘年，而公為復湖議，精鑿明悉，邑令朱公維藩得而請於憲府，僅復之，然其利於虞亦溥矣。夫公所已試者，十不得一，而其一足以濟世。如前歷宦跡是已。所未竟者百不售一，而其一足以名世，如所著《金罍子》是已。當公著書時，味不存口，枕不便宵，冥搜玄覽，殆無虛晷，其方自天地名物之變，禮制政事之繁，上極像緯，中盡倫紀，下逮蟲魚，皆援證精切，辯論正大，意皆古人之所未發，而無一字不根於古，是可以不配公也夫。外史氏曰：余既傳陳公，則竊歎虞多名碩，無庸縷舉。即如漢之王仲壬，彪炳歷世，血食賢祠，他美固著，夫非以《論衡》最耶？亡論陳公政業，就以《論衡》絜材較長，故應無遜。公沒而未祭於社，何哉？四方睹公之書者，必且翕然企慕之不置。語云：「人貌榮名。」殆是謂矣。邑後學車任遠撰。

【金罍山人對】上虞城西南偏有山，踽踽潔立於煙市野水中，與雉堞上下，老檜修篁，停雲寫霧，望之鬱然者，金罍山焉。山之崇不竟數仞，廣以畝計者百而贏，虞四面多大山，皆障起壁絕，獨是藐焉，蓋魁父然，而山稱舊矣。志曰：「漢魏伯陽氏所嘗棲真也。迨晉太康中，有於此濬井得金罍者，故山名云。」陳子者，邑人，讀書其山，而樂之狡焉，將遂據而有之，因自署金罍山人。或問金罍山人：「子何選於是？夫升高望遠，可以曠懷，窮幽極深，可以怡性，乃金罍有一與若？吾虞故饒佳山水，諸足以稱子需矣。昔者謝公之屐翩焉，猶曰疲於奔命，弗之遑也。而子果倘然無意乎？何以蹈垎井而雄視東海與？」山人對曰：「唯唯否否。誠善子之言，然味之酸醶嗜也，子能為我耶？吾聞之，即境而適，不在高大。山曰高乎？泰山高矣，崑崙俯之，俯崑崙者無山與？是亦焉所底止。如以為皆山而已矣，則崑乎萬仞，非有餘於絕頂之外。儉乎一丘，非有慼於容足之中，故曰毫末之為丘山也，而何羨乎天？幽顯喧寂，而心為境，天下非有真境也。逃名者必山林濫巾，竊吹者不黷乎誠，虛吾之心以遊於世，則畔也可藏，市也可隱，即蟻丘有自之民，而馬門有肥遯之史。由此觀之，委順而逍遙矣，又何必攬長蘿，援飛莖，跨穹窿之懸礙，歷幽昧之絕徑，守枯乎介山，發狂乎華峰，而後謂之寥朗者哉？吾之讀書其山也有年矣，蓋私心誠慕而樂之。自是而周遊天下，衡足之所跖，衡睇之所及，以為未嘗有山焉者，固已神恍三山，而氣壓五嶽。彼會

稽、四明、赤城、雁蕩、太微、玄蓋之天，金華、寶陀、方蓬之島，擊雲蔽日，喬絕於吳、越者，舉不足以供吾之一瞬，而況百樓、五癸、蘿岩、蘭阜妄有名字於吾虞者乎？是何以易吾之處乎？」問者曰：「固而不可徹者，子之謂矣。抑宇宙此山，子烏得晏而有之。夫山之一草木，盡屬他人之籍，而子將奚攘耶？」山人對曰：「唯唯否否。有也者，將苟藏而楗烏耶？彼固天地之塊物矣，誠會之以心，而遊之以神，則過而未始留，取而孰或禁。故天地萬物而富有於吾性之內者，克如也。而獨此山也與哉？語曰：『仁者樂山。』有其山者也，孰謂巢由買川，而稱箕山者心巢由，其精神性術既恒與之，宜而氣魄力量又適與之對，故生而以其實，契之歿而人以其名配之，度其賢豪特達感　而登臨者古今豈乏也耶？而曾莫與之爭，安知金罍非吾之箕潁也耶？」問者曰：「是亦或之然矣。藏山於澤，夜半有力者不負而去乎？夫山人得而有之，則魏氏固窟宅於此矣。」川人對曰：「唯唯否否，斯亦未睹厥理也。相尚以道，不聞以力。元凱之賢，而不能與叔子爭一峴首，其道貶也。夫有對而後與之爭。儒者之道，無對于天下，而神仙者流乃能役其遊魂，倚險而與吾角斯丘也。聲吾儒之說，鼓行而前，猶有斂乎？將圖其督亢縞車服而陳乎道左，吾得有斯山省矣。」問者於是墨墨，不復致辯而去。頃之，山人亦隱几就睡，夢有鬢眉皓潔偉衣冠者肅而前，曰：「予山之靈也。甚善，辱子之不鄙予。雖然，辱子守矣。搗人者乘其虛，子毋乃它日馳，子以當塗而遺我以空山與？則厚顏蒙恥，膜膽而怒目者，訌有人矣，即山之草木皆敵兵也，況宿其不平？」而伺者與山人愧其言，蹴踖未對，嬰然就悟，歎曰：「非山君謂我耶？儒者之道，不苟為富貴，而神仙之所棄也，將以贗儒而當真仙，勝負之變，倏然移矣。然安可終視也耶？」乃酌於九井之水，而矢之曰：「予它日甘心富貴，往而不返，負此山也者，幸為賦以招我。不然，將移文以謝我。」（卷末附錄）

蓬窗日錄八卷　（明）陳全之撰

　　陳全之（1512～1580），名朝鋆，字全之，以字行，更字粹仲，號津南，晚號夢宜居士、夢宜耘叟，福建閩縣人。叔剛曾孫。嘉靖二十三年（1544）進士，後授禮部主事，提督四夷館。三十三年以員外郎使周藩，進郎中。出知荊州府，築堤治水利民，民間稱陳公堤。仕至山西布政司右參政，致仕歸

鄉，耕讀於義溪。著有《食物本草》《夢宜集》《蘆滄集》《巴黔集》《菇荊集》《遊梁集》。生平事蹟見俞汝楫《禮部志稿》卷四十四、《（乾隆）福州府志》卷三十九。

此書始作於嘉靖十九年（1540），編於嘉靖三十年（1551）。書前有嘉靖四十四年（1565）朱繪序，稱其書為世道計也，雖述作不專，細大不擇，要其指於治理為詳；其通達類賈誼，知幾守正類陸贄，獨持存省正論，即杜牧氏不逮云云。書末有全之嘉靖四十四年（1565）全之《後語》，稱或搜之遺編斷簡，或採之往行前言，自資考閱，略比稗史云云。

全書二十萬言，凡八卷，分寰宇、世務、事紀、詩談四門，門各二卷。比較偏重世務經濟，當與全之出仕人世之志向有關，朱繪序稱當時朝政「以聽採擇者，不過曰國勢、曰士風、曰紀綱、曰宗藩、曰士馬、曰食貨、曰南之倭北之胡，與時低昂大都止於此」，大體近實。寰宇門為地理之作。首述九州、山脈、水源，次論山東、山西、陝西、河南、四川、湖廣、江西、浙江、福建、廣西、雲南、貴州、京後、長城、寧夏及黃河形勢，次敘通遠，尤重日本、朝鮮、安南、西南夷之要道。世務門記食貨制度。鑒於衛兵之弊、清軍之弊，主張弭盜、固本。於邊事尤所關心，主張「徙戎」及「募民實邊」。事紀門雜紀軼聞，解釋名物，間或論及讀書方法，如曰：「宋景文嘗自言手抄《文選》三過，方見佳處。洪景盧亦嘗手抄《資治通鑒》三過，始究其得失。彼於文史間且用力如此，有志大儒為經學者可草草乎？」詩談門多為詩作詩話。

《（雍正）福建通志》稱其談九邊陋塞甚悉。清中期編修《四庫全書》時，此錄由浙江、福建等處呈送，列為抽毀書，據《抽毀書目》稱：「書內『寰宇』等篇雖泛論邊事，而議論多極駁雜，應請抽毀。」《四庫提要》列入存目，稱世務一門多可採，寰宇一門頗參輿記陳言，詩談、事紀則更傷猥雜云云。今考其書，多涉及宋、金關係，內有《虜情論》《北伐論》等，舉以備參。

書名「日錄」者，錄之於他人，多非原創。取之於人，似應一一注明出處，然本書或注，或不注。顧靜標校本一一疏證之，出以案語，誠整理之佳法。據顧靜考其史源，前三門除方志和史書外，有相當部分可能出自當時之《邸報》與傳抄，「詩談」一門往往雜有全之簡短評語。然錢謙益《列朝詩集》、顧炎武《肇域志》、陳衍《元詩紀事》皆有所徵引，未可一概抹殺也。

此本據復旦大學圖書館藏嘉靖四十四年刻本影印。

【附錄】

【朱繪《蓬窗日錄序》】津南陳公參晉藩之明年，政既成，乃出其所著《蓬窗日錄》者視諸太原吳侯，侯請而刻諸祁，乃問序於後庵朱氏。朱氏讀之，罔不章章稱快也，曰：錄也為世道計也，其可傳也夫。錄凡為目者四，雖述作罔專，細大不擇，要其指於治理為詳，茲不他論，論治。序曰：稽諸往牒，君臣道合，必數奏以考功，擬議以盡變。計定而往，善也；百計而百全，善之善也。故立功、立言，哲人尚焉。然士絀於時者每每十五，此其故何哉？嗟！難言矣。非獨世之過也，亦夫人之不善用世焉爾。是故負士名者亡治具亡功，有具矣而弗遇亡功，具而遇矣，不善用與用而不終者亦競亡功。嗚呼！此古之治日所以常少也。當今聖神御宇久，道蒸蒸，海內稱極治矣，百司受成，安所裨益，然少有計劃，以聽採擇者，不過曰國勢、曰士風、曰紀綱、曰宗藩、曰士馬、曰食貨、曰南之倭北之胡，與時低昂，大都止於此矣，茲錄有不備乎？又皆本天時，括地勢，推人情、物理以盡其變，雖九州異宜，諭若指掌，蓋說治莫辯乎錄矣，故曰「錄也為世道計也」，即古人奚讓焉。是故通達類賈傅，知幾守正類陸敬輿。雖辨別利病，又巽言而有矜心，即杜牧氏不逮也。夫杜言誠中，然激亢難投，卒其說廢格矣。洛陽奇才而不售，或有不當帝心者乎，未必絳、灌諸言之易也。唯陸為王佐亡論，今陳公負偉望，且習熟當世之故，若此行將服大政以奉明主，則振聲一代者豈後陸宣哉？吾且撰王褒之頌矣。然非謾也，吾嘗反覆錄中語，唯陳公獨持存省正論，又指評諸儒不爽，至於論文雖獻吉諸人亦當首肯，信匪通儒不能也。余言豈謾哉？然陳公語又曰：「人臣當頤養忠厚，保合太和，乃其指益要眇矣。仁愛恢恢，殆長者以善養人，術不在多也。」余竊心慕焉。或問錄以詩終，蓋溫柔敦厚，二南所以獨盛也。今顧求治於性情，乃益信。陳公長者必有念也。後庵氏曰：余晚得恥庵先生遺事，而知陳錄之所由來矣。夫大河東下，且遍域中，然九派者慕崑崙，珠淵玉璞有自哉！是故君子論世也。嘉靖四十四年乙丑秋七月朔日，賜進士出身、吏科給事中山西朱繪序。

【陳全之《蓬窗日錄後語》】余自庚子觀光上國，晨途夕舟，風江雨湖，歷睹時事，遍窺陳跡，凡得見聞，雅喜抄錄，或搜之遺編斷簡，或採之往行前言，上至聖神帝王吟詠，下至閭閻閻里碎言，近而衽席晤談，遠而裔戎限界，歲積月盛，篇盈帙滿，不覺瑣屑，涉乎繁蕪。辛亥，官南宮，刪其稿。

庚申，轉蘆滄，重訂之。釐為八卷，曰寰宇，曰世務，曰事紀，曰詩談，題曰《蓬窗日錄》。錄之云者，曰漫述之而已，不能與也。自資考閱，略比稗史，既而憮然曰：「此糟粕耳，於心身果何益？噫！吾過矣哉！」參藩晉陽，攜以自隨。甲子夏五，巡歷三關，至寧武出此，以證邊徼，若有符合。吳君節推見而讀之。乙丑仲春，來告云：「祁尹岳木已鋟於梓，不肖業已乞言於後庵朱先生序之矣。」余憮然曰：「吾方以無益心身為懼，而子乃加災於木。噫！吾之過何以自改哉？」嘉靖乙丑秋八月望後一日，閩中陳全之書於文水之紫薇行臺。

【四庫提要】《蓬窗日錄》八卷（福建巡撫採進本），明陳全之撰。全之字粹仲，閩縣人。萬曆甲辰進士。是編分世務、寰宇、詩談、事紀四門，門各二卷。世務一門多可採。寰宇一門頗參與記陳言。詩談、事紀則更傷猥雜矣。（《四庫全書總目》卷一百二十八「子部三十八‧雜家類存目五」）

【宗法】古人宗法之立，所以立民極定民志也。今人不能行者，非法之不立，講之不明，勢不可行也。蓋古者公卿大夫，世祿世官，其法可行。今武職猶有世祿世官遺意，然惟公侯伯家能行之。其餘武職，若承襲一事，支庶不敢奪嫡，賴有法令維持之耳。至於祠堂祭禮，便已窒礙難行。如宗子雖承世官，其所食世祿，月給官廩而已。非若前代有食邑埰地圭田之制也。故貧乏不能自存者，多僦民屋以居，甚至寄居公廨，及神廟旁屋。使為支子者，知禮畏義，歲時欲祭於其家，則神主且不知何在，又安有行禮之地哉！今武官支子家富，能行時祭者，宗子宗婦，不過就其家饗餕餘而已。此勢不行於武職者如此。文職之家，宗子有祿仕者，固知有宗法矣。亦有宗子不仕，支子由科第出仕者，任四品以下官得封贈其父母；任二品三品官得封贈其祖父母；任一品官得封贈其曾祖父母。夫朝廷恩典，既因支子而追及其先世，則祖宗之氣脈，自與支子相為流通矣。揆幽明之情，推感格之禮，雖不欲奪嫡，自有不容已者矣！此勢不行於文職者如此。故曰：非法之不立，講之不明，勢不可行也。知禮者，家必立宗，宗必立譜，使宗支不紊。宗子雖微，支子不得以富強凌之。則仁讓以興，乖爭以息，亦庶乎不失先王之意矣。（《蓬窗日錄》卷四）

今按：此條與明陸容《菽園雜記》卷十三完全雷同，卻沒有注明出處，未免侵權。

輟耰述四卷　　（明）陳全之輯

其書為歸田之作，故名「輟耰」。耰者，摩田之器，其狀如槌，所以覆種。輟耰猶輟耕，《輟耰述》猶《輟耕錄》。書前有萬曆五年（1577）全之自序，暢述耕讀之樂。又有陳瑞萬曆十一年（1583）序，稱所載皆古今事變，足資多識，釋偈詩譚，足理性情，倭虜鹽政，足裨時務云云。

全書近四萬言，分四卷，不分門類，不立條目。細覈其書，亦隱寓義例。卷一錄嘉言懿行。如記楊萬里：「宋楊誠齋月下傳杯賦詩，胸次不讓李翰林。每池上對月，袖手朗吟數遍，呼童取黎瓷盞，傾蘭溪鬱金香，引滿咽之，不知清風明月，與我之為三也。」又引朱晦翁詩云：「朝市令人昏，山林使人傲。誰知昏傲兩俱非，但說山林是高蹈。」卷二紀詩話佳句。如記無名氏詩：「有題子陵釣臺詩云：『千仞樓臺天削成，釣魚人去暮雲平。我來欲問桐江水，東溪以前無此清。』又有題鳴琴畫軸云：『膝上橫琴玉一枝，此音惟有此心知。夜深斷送鶴先睡，彈到空山月落時。』其悠揚蒼潤，千古佳句，竟不知何人也。」今按：後詩為周芝田作，見於元蔣正子《山房隨筆》。卷三記地理、史實。如「京都形勢說」云：「本朝之都燕也，蓋與古不同，稍難於周漢，而大勝於東漢、趙宋矣。夫周漢建都西北，地資建瓴之險，人藉風氣之勁，天下莫之競焉。東漢宅洛，已失全勢，宋人捐燕雲，則又無限胡之防，故卒不能為守。我朝都燕，雖風氣之厚、士馬之強不及周、漢，然據險防胡，居外馭內，其視周、漢一也。故自其常論之，則京後為最急，宣大次之，遼東次之，陝西又次之，去京有遠近也。夫京師為最急，則大寧之內徙、三衛之盤據不可不講也。宣大次之，則獨石之孤懸、豐勝之淪沒不可不講也。講大寧則宣薊無阻隔，而遼東之右臂伸。講豐勝則山陝有交應，而甘肅之左臂伸。此立國之宏規，保安之上畫也。」卷四言邊防、海防。如《虜情說》曰：「國初以至於今，虜勢強弱之不同，其為中國害亦屢遷變易，而不一矣。知虜之所以為害，而我之所以思患，預防者不有道乎？夫自妥懽既奔，愛猷再竄，成祖奮三駕之威，臺魯送軍門之款，虜真脅肩屏息，潛伏窮荒矣……知虜之所以為害，而我之思患預防者有道也。抑又有說焉。天下之事備於未兆者，為力易，已兆者，為力難，圖於始作者其禍淺，已成者其禍深。虜之所以屢遷變易而不一者，大率中國人為之謀也。」

此書《千頃堂書目》小說類著錄。書中涉及虜情，內有《北虜考敘》，清代嚴加禁燬，故流傳甚少。《中國古代小說總目提要》稱已佚，未免失考。

此本據上海圖書館藏萬曆十一年熊少泉刻本影印。

【附錄】

【陳瑞《刻輟耰述序》】太史公譚虞卿著書以自見於後世，嗟嗟是貴於著作矣。述奚為？尼父云「述而不作」，則無述又為君子病，故《春秋》述魯史之舊，《史記》述《尚書》《左氏》《國語》之文，後世讀其書者，無不抵掌歎賞。大都薦紳士大夫進則經綸，退則著述，自非閎覽博物，曷以臻此？《輟耰述》者，大參津南陳公歸田作也。大參公性篤學彊識，其歷容臺荊蘆間，靡嘗釋卷。所著有《蓬窗日錄》《錦冰》《遊梁》《蒞荊》《巴黔》《蘆滄》《晉陽》《聚遠樓》諸集，皆根極理趣，周浹人情，既已稱誦於世矣。及其棄官清隱，嗜學如書生，無昕夕寒燠，時時誦讀，有得即起書之。已而成輯，名曰《輟耰述》。中所載者，皆古今事變，足資多識；釋偈詩譚，足理性情；倭虜鹽政；足裨世務。閎廓深遠，其文雅馴，靡浪語也。余素與大參公善，適大參公子邦範奉是書於余，余取而讀之，曰：「是恢恢乎學識其大者夫！」大參公以明經績學，豈不能自有所創，而直云述大參公之意，蓋可想已。其以「輟耰」名者，余以伊尹應湯聘，則堯舜君民耕莘野，則誦讀以樂，堯舜之道，輟耰之意，其在斯乎？其在斯乎？余於是固多大參公之能述，且以多其子之善述父志也。命梓以行於世。萬曆十一年癸未歲仲秋吉旦，賜進士第、資政大夫、兵部尚書兼都察院左副都御史、奉勑總督兩廣軍務、前南京刑部尚書、都察院掌院事、右都御史長樂文峰陳瑞撰。

【陳全之《輟耰述自序》】陳子主自山右入義溪，見敝廬荊榛芄芄然，蓬蓬然，真駒支所云豺狼所嗥、狐狸所居者。無已，則僑寓會城，時展讀於心遠地偏之室，每逶迤文峰義水，心神飛越垂已，又入東鄉，遵石鬨，訪屏山鉏犁棘矜子麻溪葛嶺之壖，而於於，而睢睢，耕也讀也。時漢事者、中書君、松滋侯、麥光先生每輟耰，必及之，見獵喜心，狂奴故態，不能自邻也。客曰：「求德矣，勞而無功，胡為讀？胡為耕？老已至，自取辱也。」陳子靦然曰：「有是哉！夫耕也者，驗吾所讀也，吾則述吾耕；讀也者，考諸所耕也，吾則述吾讀。」如此而山林，如此而城市，如此而耰，如此而輟，頻頻循循，不覺滿紙。童子請曰：「曷標之為《輟耰述》？俟其盈筩篋，一舉而焚之，使耕者讀者皆不知其所以然。他日田畯野叟嗤之曰：『老而無述，不亦可乎！』」陳子曰：「然。」歲在萬曆伍年丁丑六月之八日甲子，夢宜耘叟陳全之書於西屏耕寓之春及堂。

【北虜考敘】高皇帝永清四海，傳檄驅胡。魏鄂逐之於前，宋涼蹶之於後。當是時，然猶伏我障圍，殘我吏民，掩我將校，皇子元侯，樹藩開府，周匝三垂，選練士馬，周防曲備，羽檄南馳，殆無虛日。高皇乘訓時備，西北獻慮遠矣。靖難之後，臚朐挫跌，五帥不還，文皇赫怒，仗鉞四征，雖嘗躁虜庭，降名王，俘其輜畜，而我之財力亦已大窘。至於末歲，猶議勤兵，廷臣力阻，上意益堅，司徒鉋繫於掖庭，本兵雜經於私第。榆林之變，雖悔曷追？宣宗時出近郊，大搜講武。喜峰之役，薄伐山戎而已……嗟乎！三代之盛，漕挽未及於江南。五季以還，門柝不施於薊北。漢開疆於衛霍，唐戕國於安史，豈若我朝山川綢繆，已得天險，營鎮聯絡，更盡人謀，節其貢賦，有恆足之財，總其紀綱，無專命之吏。蓋自生民以來未有盛於今日者也。善為國者，特加之意而已。

【兵事不振】北虜生生之資，仰給畜牧，績毛飲湩，以為衣食，各安土風，狃習勞事，不見紛華異物而遷，故家給人足，戎備完整。歷代以來，雄者便能虎視四方，金太祖、元世祖是也。中國風俗之敝，季運之際，奢侈無度，財用損耗，人情偷惰，民窮盜起，遂至兵事不振。吁，可畏哉！（《蓬窗日錄》卷一）

海沂子五卷　（明）王文祿撰

王文祿（1503～1591），字世廉，號沂川，更號沂陽子，自署廉子、海沂子，海鹽人。海寧衛世將軍之冑。《海沂子》卷五云：「正德丙子，海沂子十有四齡，學琴於李鴻漸，授八操。」生負異質，喜讀書，好舞劍，博學好古，淹通古今，自經史、諸子，以至天官、地志，無不博觀約取。每與友人抵掌論天下事，口若懸河，意所不合，輒拔劍而舞。嘉靖癸丑，島夷踔海上，武備積衰，人心惴怯，寇未至而先清野爭門，死者數十人。文祿聞之惻然，乃佩劍詣軍門，說大將軍背城一戰，裭寇魄以壯士氣，然後危城可守。大將軍然其計，列陣於野，寇衂不敢攻，而城守乃完。嘉靖十年（1531）舉人。居身廉峻，未嘗以私干人，遇不平事，輒叱罵，不避貴要。戶田三百，請編役如民。博學好名，屢上春官不售，而愈發憤，愈耄而愈精進，年八十餘，猶應試長安，不屑就乙科。秩灰初志。性嗜書，聞人有異編，倒囊購募，得必手校，縹緗萬軸，一樓置之，俄失火，大慟曰：「但力救書者賞，他不必

也！」年至耄耋，讀書徹日夜不止，家人憐而尼之，則曰：「汝何知？我讀來世書耳。」聞者絕倒。文祿則正襟危坐而諭之曰：「生死旦暮耳，不讀書聞道，則虛生浪死，吾孳孳矻矻，庶幾或聞，寧為聲名勞七尺耶？」卒之日，猶手不釋卷。門生私諡之曰文定先生。著有《雁湖子》《求志編》《廉矩》《醫先》《機警》《葬度》《竹下寱言》《文脈》《龍興慈記》《王生藝草》《庭聞述略》等書，編輯叢書《名世學山》五十種（後改題《百陵學山》《丘陵學山》），以擬宋左圭《百川學海》。生平事蹟見《本朝分省人物考》卷四十四。

全書不足萬言，分《真才》《作聖》《稽闡》《儀曜》《敦原》五篇，篇各為卷。全為議論之語，頗多警句。如論真才曰：「真才也者，抱真心者也。真臣也，受一職也，思盡一職也。前天下萬世何利弊也，後天下萬世何利弊也，革之興之，創之垂之，救而補之。通天下一身，通萬世一時，任之而已矣。」論真心曰：「真心，直心也。匪直弗真，故曰人之生也直。心直則身直，可立地參天。不直則橫，心橫則身橫。橫行者，禽獸也，可畏哉！孔子取狂狷，直而真也。惡鄉愿，不直也。」論人才曰：「元氣不息，人才亦不息。養元氣者，養人才也。養人才者，養元氣也。是以人無元氣則死，國無人才則亡。或曰：亡若無人才，興則有人才，何也？曰：帝王造興，為革命小劫，元氣復萃而完，人才亦全焉。若重開闢也。夫元氣盛則世運盛，人才布於朝焉，見有才也。元氣衰則世運衰，人才擯於野焉，見無才也，才豈終無乎？」論忌才曰：「真才不可忌，亦不能忌。」論成才曰：「甚矣才之難成也！今之成才也尤難也。生之長之，養之用之，慎之哉！故曰胎教澄性，蒙教正心，庠教修行。」論成人曰：「人難成久矣！夫成人先成仁。仁猶果核之仁，果食而培核復生仁，全也。《易》曰：『天地之大德曰生。』周末文勝，虛偽不仁，喪心也。孔子教人以仁，反文而尚仁也。孟子曰：『仁，人心也。』又曰：『仁者，人也。』合言之道也。義，仁之宜；禮，仁之序；智，仁之明；樂，仁之和；勇，仁之健；信，仁之孚；誠，仁之確；聖，仁之實，猶結果乎？神，仁之精也。惟仁生生不息，渾闢無累，故孔子專言仁。」辨朱陸之學曰：「徐春子曰：『朱、陸辨後，至我明分二：學高明主尊德性，質實主道問學。白沙、陽明主陸，薛、湛、羅、崔主朱，終古莫一也。』海沂子曰：反之心，求其是而已，曷辨朱、陸？『德性曰尊，問學曰道』，子思明言之矣。尊德性，率性之道乎？道問學，修道之教乎？天命之性一也。」

此書《千頃堂書目》小說類著錄。《四庫全書總目》入雜家類存目，稱

其持論往往偏駁，不免於偏私，其言皆不可訓云云，未免不揣其本而齊其末。今考其書，持論大體純正。文祿論「作官不可輕興革」云：「近世後輩作宦者，少有弛張，人或許可，輒自矜炫孟浪，曰：『我興某利，貧已有濟；我革某弊，奸已有怵。』不惟呈達於當道，而且榜示於所屬，此好名近利之言，多見其不知量也。嘗聞周文襄巡撫江南時作感懷詩云：法在恤民民反病，事因除弊弊逾增。以此老尚爾云然，而後生初仕可以妄道耶？若此者不惟為識者所鄙，而反為奸人所嗤矣。」陸世儀《思辨錄輯要》卷三十三稱其人可謂有心世道者，庶幾近之矣。

此本據商務印書館藏民國二十七年影印隆慶刻《百陵學山》本影印。

【附錄】

【四庫提要】《海沂子》五卷（編修程晉芳家藏本），明王文祿撰。是編分《真才》《作聖》《稽闡》《儀曤》《敦原》五篇，篇各為卷，持論往往偏駁。如《真才篇》以于謙、石亨、石彪之不令終，同歸之天命；《作聖篇》混儒、釋而一之；《稽闡篇》論《大學》孔門之元理，《中庸》孔門之元神，《儀曤篇》純舉釋氏四大部洲之說，《敦原篇》謂古人父重母輕，以制禮者乃男子，故為己謀，不免於偏私；其言皆不可訓也。（《四庫全書總目》卷一百二十四「子部三十四・雜家類存目一」）

【王文祿《蟄存坏戶記》】沂陽王生文祿，字世廉，父諱佐，母陸氏。弘治癸亥夏五二十九日亥時生。七齡就傳。弱冠受詩。正德庚辰遊海鹽邑庠，嘉靖辛卯中浙試式。壬辰，遵養。乙未，始計偕。戊戌、癸卯連罹內外艱。乙丑春試，陳狀元謹首取爭魁，胡會元正蒙阻之。冬季四日堂樓書畫奇玩俱爐，不慍憂。妻包氏。女配朱蕚，外孫三季殤，妻痛悲疾劇。隆慶庚午冬，北行中返。辛未春季，炊白徵……究生平惘憐困厄，若切體膚，拯援未能也。邇臣倡貪效尤，彌偽營私徵利，寇攘勿休，以致炎徵波揚，漠庭塵潰，金宿晝見，虓虎郊行，杞憂無可與語者。出見眾生蚩蚩，靡哲不愚，閉塞成冬，陰盛陽微，卷之允懷。居焉俟命，抱蟄靜寧，豫築壙若坏戶，然存神爾，曷成毀乎？電光泡影，夢幻剎那，功烈文華，何巍何煥。祿也夙悟，性真人心中虛即天心，太虛虛故神，河圖洛書中五中圈皆虛。太極也，聖人則之畫卦，列聖授受，一中由是知常守中，致虛篤靜，應跡翛如也。（黃宗羲《明文海》卷三八四）

【文定先生王世廉文祿】王文祿，字世廉，海寧衛世將軍之冑。生負奇質，喜讀書，好舞劍，自六經、廿一史、諸子百家，以至天官、地志、貝函蕊

笈、龍韜虎鈐，無不騰之舌杪，而置之腹笥。每抵掌天下事，口哆喻如懸河，意所不合，輒拔劍而舞，人皆以為蚩，文祿亦因而蚩之，不校也。嘉靖癸丑，島夷蹂海上，武備積衰，人心恇怯，寇未至而先清野爭鬥，死者數十人。文祿聞之惻然，乃佩劍詣軍門，說大將軍背城一戰，褫寇魄以壯士氣，然後危城可守。大將軍然其計，列陣於野，寇衄不敢攻，而城守乃完。萬曆辛巳，均田之議起，權貴家且有嘖沓，文祿聞之勃然，復佩劍躋公堂，謁邑大夫，畫地指天，道所以均田狀，遇不均處，輒拔劍而舞，曰：「吾以三尺庇小民，有勢挾者請以劍擊之。」諸權貴皆抑首莫敢撓，鄉人蒙其利至今。文祿之事大都如此。年三十，與計偕，迄八十，無弗與者愈不售，而愈發憤，愈耄而愈精進，讀書徹日夜不止。家人憐而尼之，則曰：「汝何知我讀來世書耳。」聞者絕倒。文祿則正襟危坐而諭之曰：「生死旦暮耳，不讀書聞道，則虛生浪死，吾孳孳矻矻，庶幾或聞，寧為聲名勞七尺耶？」卒之日，手不廢書。邑大夫奔而訣，執手問後事，但笑無所言，三問之，則曰：「此不足計。」遂拱而逝。文祿生平樂善，尤喜成就後生，有所聞見，輒諄復相告。八十九年如一日，若乃真心灝氣，直往無前。妙契疾書，以為己任，則又非公不至，非正不由，發憤所為，頑讒辟易。嘗謂佛、老二氏宜共一家，教本互傳，道無殊致。惜乎論述未成，而竟齎志以歿也。歿而無子，文多散佚者。惟《百陵學山》《王生藝草》行於世。歿後三十餘年，鄉人思之不置，歲時伏臘，往往釀金奠墓下，灑泣而欷曰：「今安得復有事如王先生者，為吾儕造福也。」因相與私諡之，曰文定先生。（徐象梅《兩浙名賢錄》卷之二）

【諮訪良法】海昌王文祿作《求志編》，蓋忿嫉當世無留心民事者，故有見輒書，意欲見諸施行，亦可謂有心世道者矣。其言閣輔欲治天下，必先諮訪，凡出差官俱要所過地方、人才、風俗、官吏賢否揭帖，凡有入京士民，必虛心諮訪，以合多者為公。吏部以此法求御史，御史以此法周知三司府縣，誠為良法。使得此等數十人，亦可以修政立事矣。（陸世儀《思辨錄輯要》卷三十三）

【闈門之思】嘉靖丁未春二月望，禮闈試第三場，予與四千五百貢士立場前，俟開門入試。月色如畫，夜氣清明，海沂子惻然思曰：是多士者，天下之選也，未必無建功蓄德以垂不朽之志。再四五十年盡矣，進士今登三百，續登八九百止矣，選而仕者二千餘，能垂不朽之業者幾何？豈無志歟？亦溺富貴歟？抑亦天命限歟？生世一翻，與草木同腐，烏在稟靈秀也。是以得時

行道，不可不以聖賢立志。不然，非士也。三年大比，進舉一士，費三千餘金，皆民膏脂也。出仕而虐民，亦獨何心？（《海沂子》卷五）

【灼見性真】海沂子戊申冬仲自崇德返梓，夜泊荒野，闃靜無人，高天四垂，厚地一方，風吹長河之水，渺茫蕩漾，反予邈然之身，欲參之難矣，非灼見性真，與天地相似，曷能哉？是故性者，天地之原也，見性則超天地矣。（《海沂子》卷五）

【寓兵於農】癸丑夏五月五日，海寇殺掠鹽民，冤哉！乃悟《周官》「寓兵於農」之至計也。寓兵於農，則農皆兵。兵眾矣，足以戰且守也。兵、農分，而農恃兵以捍，兵不能以自捍而遁，農安得不被殺掠哉？所司不能振兵律，反責農之不自捍，安用其為兵也？不亦徒食農之粟邪？是以各鄉保甲之兵不可不豫為之立云。（《海沂子》卷五）

【充無欲害人之心】孟子曰：「人能充無欲害人之心，則仁不可勝用也。」海沂子曰：害人之心，蛇蠍之心也。人未必害，而心先害矣。且蛇蠍害人，或死或不死，有命存也。則人之害人亦然。可惜形雖人而心已成蛇蠍。至命終必化之理也，是故心能變化，必充無欲害人之心，克之以至於無，則仁全，仁全則神全，神全則與天合，與天合則超輕清之氣尚，何淪於異類乎？（《海沂子》卷五）

【南遊海上諸山記】嘉靖壬辰秋九月九日，沂陽子約雨川子游海上諸山，雨川子約陸子移舟來。明日登舟，飲陸子宅。遊豐山，登覺林佛閣，下見南山蒼翠，東海汪洋，日浴波間，恍然想像扶桑蓬瀛之勝。下閣，觀雨川子前度紀遊詩，沂陽子賡之，書左方。訪孝隱山人，不遇。遊秦駐山，登山嶺，南望赭門諸山，自天目來，奔若萬馬，攢若青螺，橫若蛾眉，變態莫狀。下山瞻始皇廟，古松號風，香火寂寥。追昔駐蹕時登，望徐市雄威蓋世，且將羽化飛昇，乃今相傳雨黑夜尚聞戈甲揮霍聲，可慨也已！登舟次茶院，遊金粟山，登僧樓，觀陽明先生詩，賡之書左方。倚闌南望，群峰拱抱，起伏若城堞然。下樓，觀門傍豐碑，因感康僧神異，曾寓此，暑月施茶，以故名茶院。明日，進舟遊茶磨山，舟次山下，捨舟登山。山若磨，以近茶院，姑名……雨止，言歸，碧里子陪出西門，過鮑郎場，遇從吾道人於舟中，急呼邀止之，懇之宅，又辭，遂相飲於蘆花洲中。飲已，乃別道人曰：「此熱別也。」遂乘道人來舟，抵六里堰，過原舟，乃還。其未細遊者，若澂暨湖山之勝，其未及遊者，若長牆山、龍眼潭、談家嶺、鷹窠頂、金牛洞、瀑布泉、紫雲諸山，蓋留不盡之景

以待重遊云。沂陽子海鹽王文祿世廉。(《續澉水志》卷九)

【譚獻《復堂日記》卷五】閱《海沂子》,陽明之門,荒經好議論,如王世廉者,正復不少。雜佛、老而言,亦奚言?而不異惟首卷《真才篇》,痛哭流涕之言,可為高抬貴手。

掌中宇宙十四卷　(明)盧翰撰

盧翰,字子羽,號中庵,又號中黃子,潁州人。嘉靖十三年(1534)舉人。博極群書,研核精當,自成一子。父卒,盧墓三年。服闋,官兗州府推官,雪冤獄,署滕邑,廉,得鉅盜出沒蹤跡,盡擒之。又署曹邑,抗檄發賑,全活萬人。齊魯士受業門下者數百人。告歸,閉戶著書。尤精於《易》。聖祖仁皇帝御纂《周易折衷》曾採其說。汝、潁、淮、泗之間有學行者多出其門。著有《易經中說》《簽易》《月令通考》等書。生平事蹟詳見何紹基《重修安徽通志》卷二百二十一。明代另有一盧翰,字邦臣,集賢坊人,登永樂甲申(1404)進士,與修《永樂大典》。

全書九萬言,凡十四卷,分為十篇,曰《仰觀篇》《俯察篇》《原人篇》《建極篇》《列職篇》《崇道篇》《耀武篇》《表格篇》《旁通篇》《博物篇》。篇下分部,如《仰觀篇》分儀象部、天澤部,《俯察篇》分流峙部、方隅部、名勝部。部下分細目,如儀象部下屬之天又分九天、九霄、九野、四象諸目。細目之下又出條目,如「五五等人」條曰:「中黃子曰:天有五方,地有五行,聲有五音,物有五味,色有五章,人有五等,上五有神人、真人、道人、至人、聖人,次五有德人、賢人、智人、善人、辨人,中五有公人、忠人、信人、義人、禮人,次五有士人、工人、虞人、農人、商人,下五有眾人、奴人、愚人、肉人、小人。」

卷一《仰觀篇》上儀象部天分九天、九霄、九野、四象,卷二《仰觀篇》下天澤部風分風神四、八方之風、八風布政、八風從律、八節風候,雲分四雲、雲名十三、五雲占步、八節雲氣,節序部分四始、三正、三元、三朔、三餘,卷三《俯察篇》流峙部地有九土、五名山、三島、十洲、九嶷山、巫山十二峰、五嶺、三峽、五陵,方隅部四維、八埏、八紘、九達、九服、六輔、八關,名勝部有十大洞天、三十六洞天、七十二福地、金陵四形勝、齊國四形勝、鄂渚四形勝、晉陽四形勝、京兆四形勝、吳王八景、燕山八景、

瀟湘八景（山市晴嵐、漁村落照、江天暮雪、煙寺晚鐘、平沙落雁、遠浦歸帆、瀟湘夜雨、洞庭秋月）、桃源八景、萬川八景、西湖十景、四川六險，卷四《原人篇》族部有五五等人、評品善人三十有八、人有十等、三教、九流，性情部有五性、五事、五思、七哀，形體部有三魂、七魄、六氣、五體、五氣，卷五《建極篇上》曆數部有三皇、十紀、三代，卷六《建極篇下》君道部有帝堯二十行、帝舜三化、文王五大仁、武王六命、文帝五儉德、光武三大政、太宗三鑒、宋祖君道八，治法部有禹貢五服、八政、六卿、天官六典、八法、八則、八柄、八統、九職、九賦、九式、九貢，治體部有五教、進御法、養老之禮四，禮制部有祀天三禮、祭地三禮、社稷二祀、明堂五室、五代明堂、歷代所尚五色、四代服冕，樂律部有八闋、六代之樂、大明集禮九樂、六律六呂、五聲之象，卷七《列職篇》官秩部有左右九卿、四士、九卿、六曹、六察，名臣部有燧皇四佐、伏羲六佐、伏羲龍官六、黃帝七輔、黃帝得六相而天地治、黃帝命二十一臣、十聖之師、瀛洲十八學士，循吏部有三不欺、子路三善、魯恭三異、劉寵一錢、太守六條，鼎貴部有一門貴盛、荀氏八龍、陳氏三君、河東八裴、琅琊八王、五世盛德，卷八《崇道篇》儒道部有孔子世系、孔子世譜、孔子生象四十九表、孔子歷代封諡凡九、孔子後裔歷代襲封凡十更、濂洛六君子、崇文閣從祀十賢、國朝從祀四賢，文林部有十六子、建安七子、唐文四傑、文章四友、大曆十才子、三謨、三頌、三禮、三史、三易，卷九《耀武篇》兵務部有一星、三門、三寶、三軍，卷十《表格篇》隱逸類有商山四皓、二龔、竹林七賢、飲中八仙、香山九老，卓　部有三君、八俊、二十四賢、慶元六君子，女行部有孟母三徙、衛宗二順、晉二賢母，卷十一《旁通篇上》鬼神部有六宮六曜、中九天、外九天，佛教部有一處、二諦、三業、四智、五根，道教部有一生、三無、三寶、三戒，卷十二《旁通篇下》丹教部有金丹七十二品、十八龍、十八虎、三丹、玄牝之君、煉養節次，堪輿部有羅經七解、八山、十五水、二十四向，方技部有寫字十八法、永字三十二勢、論字六體、運筆十八法、草書八法，卷十三《博物篇上》草木部有五穀、三芝、花有十友、梅具四德（梅蕊初生為元，開花為亨，結子為利，成熟為貞）、禽獸部有四靈、五鳥、龍生九子，珍寶部有寶璽、六玉、三帛、七寶，卷十四《博物篇下》宮囿部有明堂九室、王侯三門，飲饌部有八珍、四膳、五侯鯖，器械部有四鐏、九劍、三弓、四甌，雜事部有通五方之言、周處三害、察俗五行、五漸之門。今考，此書實為淺

近之類書，不知何以混入雜家類中。

此本據北京大學圖書館藏明萬曆三十三年歐陽東鳳刻本影印。

【附錄】

【盧翰《掌中宇宙小引》】夫子有言：「君子多識前言往行以畜其德。」又曰：「多見而識之，知之次也。」見之多而繼之以識，宜若無遺知矣。而但居其次，謏聞寡學，其將謂何？未足語夫德之畜也昭矣。吾為此懼恨力之弗能遊江淮，涉汶泗，講叶齊魯之都，如太史遷者，以觀孔氏之遺風，下而多聞之。曰：博物之茂先，竊亦每有愧焉。歲逝生徒既乖內省，素食偷逸，尤所未慊。方將搜羅古人之編籍，而庸以自昭其德，庶幾少有贖也。顧書之在天下者，汗牛充棟，雖窮年涉獵，尚苦於弗能遍也，云何識之多耶？博而寡要，又何庸焉？乃隨所讀而博抄之，綱舉目張，間麗以圖，庶其千古上下，四海內外，萬物終結，若鉅若細，若精若粗，了了若指諸掌，藏之家塾，時一熟玩，而服膺之，尚不辜夫子多識之訓，非敢以衒諸大方家也。嘉靖己亥陽月丁卯，中庵盧翰子羽甫識。

【盧翰傳略】盧翰，字子羽，潁州人。嘉靖甲午舉人。博極群書，研核精當，自成一子。父卒，盧墓三年。服闋，任兗州府推官，雪冤獄，署滕邑，廉，得鉅盜出沒蹤跡，盡擒之。又署曹邑，抗檄發賑，全活萬人。齊魯士受業門下者數百人。告歸，閉戶著書。尤精於《易》。聖祖仁皇帝御纂《周易折衷》曾採其說。汝、潁、淮、泗之間有學行者多出其門。著有《周易中說》四十四卷。〔《江南通志》《潁州府志》〕（何紹基《重修安徽通志》卷二百二十一）

【王侯三門】天子諸侯皆三門，而名不同，以《詩》《書》《禮》《春秋》考之，天子有皋、應、畢，諸侯有庫、雉、路。天子外朝在庫門之內，天子治朝在應門之內。諸侯治朝在雉門之內，諸侯外朝在畢門之內，諸侯內朝在路門之內。又曰：何謂畢門？畢者，蹕也，王出之於此則蹕也。師氏掌焉。何謂應門？應，應也。何謂皋門？皋，告也，王居外朝，告萬民謀大事也。（《掌中宇宙》卷十四《博物篇下》）

四友齋叢說三十八卷 　（明）何良俊撰

何良俊（1506～1573），字元朗，號柘湖，別署柘湖居士，松江府華亭（今上海松江）人。少篤學，不窺園，家有藏書樓名清森閣，二十年不下樓，

日夜讀書，涉獵百家，明經術，善詩文。與弟良傅皆負俊才，時人譽之為「雲間二陸」。傲然不屑，於學無所不窺，千言立就，然久困棘闈，嘉靖中以歲貢入國學，用蔡羽例特授南京翰林院孔目。南都故多山水，良俊富於才情，題詠殆遍。會趙文肅貞吉視院，篆引與深語，定文字交。後王諭德維禎至，待良俊尤加禮焉，每出遊，必挾與題襟倡和。良俊好談兵，以經世自負。居三年，浮沉冗散，鬱鬱不得志，每喟然長歎曰：「吾有清森閣，在東海上，藏書四萬卷，名畫百籤，古法帖鼎彝數十種，棄此不居，而僕僕牛馬走，不亦愚而可笑乎！」遂掛冠而去。自稱「致仕之後，住南都又五年」。家中因倭寇之變，避難來依。浮沉里巷中，與鄉人遊處甚久。復移居蘇州。時值倭寇入侵，有家難歸，倭賊既去之後，其家反而被官方焚毀，「甲寅歲，倭寇到柘林，即以余兄弟三家為巢穴，屯紮將一年。本地方劫掠既盡後，往嘉興、湖州劫掠。空巢而出，去旬日復歸。府縣聞之，即遣人縱火，而三家百年營構盡付烈焰矣。初報至南都，舍弟頗不平，余意色恬然。蓋此宅既為倭寇所據，已非我之所有。若燒去房室，彼不能駐足，必往他處，則此處田土尚有人耕種，不然則方將安居樂業於此。而居民遠避，田卒汙萊，寧有窮已時耶？顧不如燒之為愈。但當事諸公不能燒於倭賊方在之時，而乃燒於倭賊既去之後，此則深為可忿耳」〔註88〕。良俊風神朗徹，所至賓客填門，妙解音律，晚蓄聲伎，躬自度曲，分刌合度，秣陵金閶，都會佳麗，文酒過從，絲竹競奮，人謂江左風流復見今日也。善寫山水，行筆清逸，又工於賞鑒，有《書畫銘心錄》行世，其真蹟亦不多見。著有《何氏語林》《世說新語補》《何翰林集》等書。《明史·文苑傳》附見文徵明傳中。良俊嘗自述習學歷程：「余家舊藏書幾四萬卷，後皆毀於倭夷。近日西亭殿下以為余家藏書尚存，託蔡州守以書目寄來，假索抄錄，皆是諸經各家傳注。余細閱之，《易》有五十四家，《詩》十九家，《書》二十七家，《春秋》六十三家，《周禮》十二家，《儀禮》四家，《禮記》十一家。皆與《文獻通考·經籍考》相出入，亦有《經籍考》所無者，恨無以應其求矣。又嘗見西亭所撰李鼎祚《周易集解》序，亦有發明處，蓋亦留心經術者。今士大夫一登甲第都美官，則不知視經傳為何物矣。使士大夫皆能如西亭之留心經傳，何患經術不明？經術明，何患天下無善治乎？」〔註89〕

〔註88〕何良俊：《四友齋叢說》卷十一。
〔註89〕何良俊：《四友齋叢說》卷三。今按：關於何良俊生平研究，可參考瞿勇《晚

　　齋名「四友」者，自稱與莊子、維摩詰、白居易為友。書前有隆慶三年
（1569）良俊自序，稱其書直寫胸臆，觸犯時忌，可謂憂時之言，憤世之作。
〔註90〕初刻本又有朱大韶序，述其言曰：「莊生玩世而放言，虞卿窮愁而著
書。余少有四方之志，不能與世瓦合。生平意見，或可少資於用者，不欲泯
泯以藏於胸中，今託之《叢說》，直似夢寐中語，固不計世之知我罪我者也。」
　　此書為學術筆記，全書十六萬言，分十七類，凡經四卷，史十三卷，雜
記一卷，子二卷，釋道二卷，文一卷，詩三卷，書一卷，畫二卷，求志一卷，
崇訓一卷，尊生一卷，娛老一卷，正俗二卷，考文一卷，詞曲一卷，續史一
類。其書重漢學輕宋學，如曰：「漢儒尚訓詁，至唐人作正義，而訓詁始無
穢矣。宋人喜說經，至南宋人作傳注，而說經遂支離矣。」曰：「今之學者
易於叛經，難於違傳，寧得罪於孔孟，毋得罪於宋儒，此亦可為深痼之病，
已不可救療矣，然莫有能非之者。」曰：「今言學者摭拾宋人之緒言，不究
古昔之妙論，始則盡掃百家而歸之宋人，又盡掃宋人而歸之朱子，謂之因陋
就簡則有之，博學詳說則未也。」其書重陸王輕朱子，如曰：「朱子好將工
夫分開說，如所謂省察存養之類。終難道教學者撇了省察方去存養，撇了存
養又去省察，頭路忒多，如何下手？極是支離。陸象山只教人靜裏用功，若
存養得明白，則物慾之來，如鏡子磨得明淨，自然照得出。故後人以象山之
學近於釋氏，然為學本以求道。苟得聞道，則學者之能事畢矣。又何必計其
從人之路耶？昔朱、陸嘗會於白鹿洞，兩家門人皆在。象山講君子喻於義一
章，言簡理暢，兩家門人為之墜淚，亦多有去朱而從陸者。則知工夫語言，
元不在多也。」又曰：「陽明先生拈出良知以示人，真可謂擴前聖所未發。
陽明既已拈出，學者只須就此處著力，使不失本然之初，便是作聖之功。」
曰：「朱子作傳注，其嘉惠後學之功甚大，但只是分頭路太多，其學便覺支
離。」曰：「我朝陳白沙、王陽明二公之學，工夫簡捷，最易入道。世或病
其出於象山，余謂射者期於破的，渡者期於到岸，學者期於聞道而已。苟射
者破的，渡者到岸，斯能事畢矣。又何必問其所從入哉？今存齋先生刻《學
則》二書，獨象山之言簡明快暢。其吃緊為人處甚多，讀之令人有感發猛省
處。」但又反對過渡講學：「壬子年至京師。是年冬，聶雙江先生進大司馬，

　　　　明江南名士風貌管窺：以松江何良俊為例》（廣西師範大學出版社，2016 年
　　　　版）一書，書後附錄《何良俊年譜》。
〔註90〕《續修四庫全書》第 1126 冊，上海古籍出版社，2002 年版，第 512～513 頁。

先生在部中。每日散衙後即遣人接良俊至火房中間談。先生但問吳中舊事與吳中昔日名德，絕口不及講學。蓋這個東西人人本來完具，但知得者自會尋得出，何須要講？況中人已下者，但可使由之，又不必講，惟可與言者始與之言。此所謂因材而篤，正雙江之一大快也。若今之講學者，不論其人之高下，拈著便講，而其言又未必有所發明，其視雙江與大周先生蓋天壤矣。」又曰：「陽明先生之學，今遍行宇內。其門弟子甚眾，都好講學。然皆黏帶纏繞不能脫灑，故於人意見無所發明，獨王龍溪之言玲瓏透徹，令人極有感動處。余未嘗與之交，不知其力行何如。若論其辯才無礙，真得陽明牙後慧者也。」又指斥八股取士之弊端：「朝廷求士之心其切如此，而有司取士之術其乖如彼。余恐由今之日以盡今之世，但用此輩布列有位，而欲致隆古之治，是猶以酖毒愈疾，日就羸憊，必至於不可救藥而後已耳。」他如論文章曰：「唐人之文實，宋人之文虛；唐人之文厚，宋人之文薄。」曰：「曾南豐文嚴正質直，刊去枝葉，獨存簡古，故宋人之文當稱歐、蘇，又曰歐、曾。」論觀人之術曰：「大抵觀人之術無他，但作事神氣足者，不富貴，即壽考。」書中多記蘇州、松江人物掌故、文人交往，娓娓動聽，頗有可觀。與文徵明交往頗密，故又多記其事：「余造衡山，常徑至其書室中，亦每坐必竟日。常以早飯後即往，先生問曾吃早飯未，余對以雖曾吃過，老先生未吃，當陪老先生再吃些。上午必用點心，乃餅餌之類，亦旋做者。午飯必設酒，先生不甚飲，初上坐即連啜二杯，若坐久，客飲數酌之後，復連飲二杯，若更久亦復如是。最喜童子唱曲，有曲則竟日亦不厭倦。至晡復進一面飯，余即告退。聞點燈時尚吃粥二甌。余在蘇州住，數日必三四往，往必竟日，每日如此，不失尺寸。」明代雅士風流，令人想望不已。通觀全書，見解甚高，內容甚富，文筆甚暢，影響於後來者甚大，於明代筆記中可謂翹楚之作。自謂「憂時之言，憤世之作」，此八字堪稱定評。沈節甫輯《四友齋叢說摘抄》，居然達七卷之多。然《四庫提要》稱「其可以徵信者良亦寡矣」，實乃誅心之論耳。

　　此書有隆慶三年三十卷本、萬曆七年三十八卷本、天啟元年刻本。此本據明萬曆七年張仲頤刻本影印。

【附錄】

　　【何良俊《四友齋叢說自序》】《四友齋叢說》三十卷。四友齋者，何子

宴息處也。何子讀書顓愚，日處「四友齋」中，隨所聞見，書之於牘。歲月積累，遂成三十卷云。「四友」云者，莊子、維摩詰、白太傅與何子而四也。夫此四人者，友也。叢者，蘩也，冗也，言草木之生，冗冗然荒穢蕪雜，不可以理也。又叢者，叢脞也。孔安國曰：「叢脞者，細碎無大略也。」叢說者，言此書言事細碎，其蕪穢不可理，譬之草木然，則冗冗不可為用者也。何子少好讀書，遇有異書，必厚貲購之，撤衣食為費，雖饑凍不顧也。每巡行田陌，必挾策以隨，或如廁亦必手一編。所藏書四萬卷，涉獵殆遍。蓋欲以攬求王霸之餘略，以揣摩當世之故。一遇事之盤錯難解者，即傅以古義合之。而有不合，則深湛思之，竟日繼以夜。或不得，何子心震掉不懌。如此蓋二十五年所。何子年已幾四十，無所試。何子遂得心疾，每一發動，則性理錯迕。與人論難，稍不當意，輒大肆詬詈。時一出詭異語，其言事亦甚狂戾，不復有倫脊，即此十六卷所載者是也。或者曰：「子之言多謬妄。其有一二中理者，子擇而去取之以傳，何如？」何子曰：君固未聞元聲叟寱語之說者耶？夫寱語者，寱語也。寱中之語，此誣妄之極也，寤而覺其妄也。針砭薰灼，醫療備至，及寱而寱語如故。此則天所授之病，雖沒齒不可藥而愈者也。然昔人固有晝為乞兒，夜而夢為帝王，處於王宮，袞冕黼黻，南面以臨諸侯。亦有晝為帝王，處王宮，袞冕黼黻，臨御百辟，夜而夢行乞於市中。夫以宇宙之大，其間顛倒謬悠何所不有。余又烏知寤時之君子，其寱而不為小人耶？余又烏知寤時之小人，其寱而不為君子耶？則余說之為寤為寱，為君子為小人，余蓋不得而定之也。則是君子小人交禪於寤寱之間，余既不能辨識而別白之，況寱時之寱語，其孰為是孰為非，余又安能決擇去取於其中？故欲過而兩存之，以俟夫不諱寱語者示之。苟見之者曰：「此何子之寱語也！」則良俊之幸也。若必曰：「此何子之莊語！」蓋必有所憂也，則此書者，良俊之罪也。然其幸與罪固在諸君子耳。良俊方在寱中，則又烏能定之哉？隆慶己巳九日，東海何良俊書於香嚴精舍。

　　【四庫提要】《四友齋叢說》三十八卷（兩江總督採進本），明何良俊撰。良俊字元朗，華亭人。嘉靖中官翰林院孔目。《明史‧文苑傳》附見《文徵明傳》中。是書分十六類，一經，二史，三雜紀，四子，五釋道，六文，七詩，八書，九畫，十求志，十一崇訓，十二尊生，十三娛老，十四正俗，十五考文，十六詞曲。又附以續史一類，雜引舊聞而論斷之，於時事亦多紀錄。然往往摭拾傳聞，不能核實。朱國楨《湧幢小品》嘗辨王守仁實以宸濠付張

永，而此書云責中官領狀章懋卒於嘉靖元年，守仁征廣東在嘉靖六年，其歸而卒於南安舟中，在嘉靖七年，而此書乃云守仁廣東用兵回經蘭溪見懋，懋有所請託，又懋卒時其姪拯方為布政使拯為工部尚書忤旨歸里，時懋已卒十餘年，此書乃稱拯致仕時有俸餘四五百金，為懋所責，所記全為失實。又文徵明官翰林待詔日，為姚淶、楊維聰所侮一事，朱彝尊《靜志居詩話》亦力辨之，引淶所作送徵明序以證其誣，則其可以徵信者良亦寡矣。（《四庫全書總目》卷一百二十七「子部三十七·雜家類存目四」）

【何良俊傳略】何良俊，字元朗，華亭人。少而篤學，二十年不下樓，或挾策行遊，忘墮坑岸，其專勤如此。與弟良傅同學，良傅舉進士，官南祠部郎，而良俊以歲貢入胄監，時宰知其名，用蔡羽例授南京翰林院孔目。良俊好談兵，以經世自負。浮沉冗長，鬱鬱不得志，每喟然歎曰：「吾有清森閣，在東海上，藏書四萬卷，名畫百籤，古法帖鼎彝數十種，棄此不居，而僕僕牛馬走，不亦愚而可笑乎！」居三年，遂移疾歸海上，中倭留青溪者數載，年七十始還雲間。良俊風神朗徹，所至賓客填門，妙解音律，晚蓄聲伎，躬自度曲，分刌合度，秣陵金閶，都會佳麗，文酒過從，絲竹競奮，人謂江左風流復見今日也。所著《文集》及《語林》《叢說》行於世。（尤侗《明史擬稿》卷四）

【經者常也】經者常也，言常道也。故「六經」之行於世，猶日月之經天也。世不可一日無常道，猶天地不可一日無日月。一日無日月，則天地或幾乎晦矣。一日無常道，則人世或幾乎息矣。故仲尼之所以為萬代師者，功在於刪述「六經」也。先儒言經術，所以經世務，則今之學士大夫有斯世之責者，安可不留意於經術乎？世又有喜談性命說玄虛者，亦經學之流也。故以次附焉，自一以至四凡四卷。（《四友齋叢說》卷一）

【明經以為世用】孔子贊《周易》，修《詩》《書》，定禮，正樂，作《春秋》。故其言曰：「假我數年，五十以學《易》。」又曰：「興於《詩》，立於《禮》，成於《樂》。不學《詩》無以言，不學《禮》無以立。」又曰：「吾志在《春秋》，行在《孝經》。」其門弟子之所記，則曰：「子所雅言。《詩》《書》《（執）〔藝〕》《禮》皆雅言也。」《史記》引孔子曰：「六藝於治一也。《禮》以節人，《樂》以發和，《書》以道事，《詩》以達意，《易》以神化，《春秋》以義。夫六藝者，六經也。」後世以《樂經》合於《禮》，遂稱「五經」。漢「五經」皆置博士列於學官，而歷代皆以之取士。苟捨「五經」而言治，則治非其治矣。捨「五經」而言學，則學非其學矣。今「五經」具在，

而世之學者但欲假此以為富貴之階梯耳，求其必欲明經以為世用者能幾人哉？（《四友齋叢說》卷一）

【《孝經》是聖經】《孝經》相傳謂是孔子作。故孔子以《春秋》屬商，《孝經》屬參。今觀《孝經》庶人章，以用天之道，因地之利，謹身節用，以養父母，為孝之始。立身行道，揚名於後世，以顯父母，為孝之終。則是人子必須自竭其力以養，然後為孝。苟但假於人力，則雖三釜五鼎不可謂養。苟不能行道，雖位至卿相不足為顯。使非聖經，其言安能及此？校之後世以竊祿為能養，以叨名爵者為能顯其親，相去何啻天壤？（《四友齋叢說》卷一）

【讀經先須認字】《爾雅》世以為周公作，然只是小學之書。但學者若要讀經，先須認字；認字不真，於經義便錯，則何可不列於學官？聞吾松前輩顧文僖公，其平居《韻會》不去手，亦欲認字也。（《四友齋叢說》卷一）

【聖人作《易》】《周易·說卦》云：「昔者聖人之作《易》也，幽贊於神明而生蓍。」據《朱子本義》曰：「幽贊神明，猶言贊化育。」引《龜策傳》「天下和平，王道得而蓍莖長丈，其叢生滿百莖」。余甚不安其說。夫神明、化育本是二義，如何將來混解？況蓍草亦眾卉中之一物，若天下和平，則百物暢茂，蓍草自然莖長而叢密，與群卉等耳，何獨於蓍草見得聖人幽贊處？且只是生蓍草，亦把聖人幽贊神明說得小了。不如注疏云：「聖人幽贊於神明，而生用蓍求卦之法。」蓋神明欲告人以吉凶悔吝，然神明無口可以語人，故聖人幽贊其所不及。以陰陽剛柔配合成卦，又生大衍之數。以蓍鈞之，則凡占者吉得吉，占凶得凶。占吉者以趨，凶者以避，則神明所不能告人者。聖人有以告之，而幽贊之功大矣，較之《本義》其說頗長。（《四友齋叢說》卷一）

【太極在天地之先】《京房易傳》云：「《易》有太極，是生兩儀。兩儀生四象，四象生八卦。固非今日有太極，而明日方有兩儀，後日乃有四象八卦也。又非今日有兩儀而太極遁，明日有四象而兩儀亡，後日有八卦而四象隱也。太極在天地之先而不為先，在天地之後而不為後。」楊升庵以為此說精明，可補《注疏》之遺。四明黃潤玉是國朝人，所著有《經書補注》。如云：「《易》之道扶陽而抑陰，卦之位貴中而賤極。陽過乎極，雖剛不吉；陰得其中，雖柔不凶。」又曰：「《易》動而圓，範方而靜。八卦中虛故圓，九疇中實故方。」其言多有可取者。（《四友齋叢說》卷一）

【惟讀宋儒之書】香山黃廷美云：「經書注疏，《論語》：『仁者靜。』孔安

國曰:『無欲故靜。』周子取之。《易》利貞者性情。王弼曰:「不性其情何能久行其正?」程子取之。」予謂一人之心,天地之心也。一日之動,一歲之運也。喜怒哀樂未發之前,聲色臭味未感之際,所謂人生而靜,天之性也。太極渾淪之體也,及感物而動,則性蕩而情矣。群動既息,夜氣清明,然後情復於性,與秋冬歸根覆命之時亦奚異哉。故君子自脩,亦不遠復而已。予於注疏二言深有取焉。自永樂中纂修《大全》出,談名理者惟讀宋儒之書,古《注疏》自是廢矣。(《四友齋叢說》卷一)

【引申觸類】余嘗謂《詩經》與諸經不同,故讀詩者亦當與讀諸經不同。蓋詩人託物引喻,其辭微,其旨遠,故有言在於此而意屬於彼者,不可以文句泥也。孟子曰:「以意逆志,是為得之。」是以子貢言貧而無諂富而無驕。夫子告以貧而樂、富而好禮,子貢即引《衛詩》如切、如磋、如琢、如磨以證之。夫子曰:「賜也可與言詩。」子夏詠《詩》之「巧笑倩兮」「美目盼兮」「素以為絢兮」,子曰:「繪事後素。」子夏曰:「禮後乎?」夫子曰:「商也可與言《詩》。」一則許以「起予」;一則許以「告往知來」,乃知孔門之用《詩》蓋如此。他如《大學》引「綿蠻黃鳥,止于丘隅」,則曰「於止知其所止」。又曰:「穆穆文王,於緝熙敬止」,引《鳲鳩》篇「其儀一兮,正是四國」,則曰其為父子兄弟足法而後民法之,此曾子之說《詩》也。《中庸》引「鳶飛戾天,魚躍于淵」,則曰言其上下察。「衣錦褧衣」,則曰惡其文之著,此子思之說《詩》也。孔門說《詩》大率類此,亦何嘗泥於文句耶?荀卿子之言善學者必曰通倫類,蓋引申觸類,維人所用。漢人說經蓋有師授,故韓嬰作《詩外傳》,正此意也。自有宋儒傳注,遂執一定之說。學者始泥而不通,不復能引申觸類。夫不能引而伸觸類而長,亦何取於讀經哉?(《四友齋叢說》卷一)

【《詩》旨當以《小序》為據】《詩·小序》,世以為子夏作。今雖無所考,然梁《昭明集文選》,其於《毛詩大序》,亦云是子夏作。想漢、晉以來相傳如此。《夫》大序既出於子夏,則《小序》為子夏何疑?夫夫子刪《詩》,而子夏親受業於其門,且夫子亦嘗以《孝經》屬參、《春秋》屬商矣。子夏以文學稱,故夫子又以《詩》屬之。故子夏為之作序,此可以理推也。今世乃不信親有傳授之人,而必以後世推測臆度者為是,抑又何哉?縱不出於子夏,而為漢儒所作。然漢儒去聖人未遠,諸儒之授受有緒,與後之去聖人千五百年,況當絕學之後者又自有別。故《詩》旨必當以《小序》為據。(《四友齋叢說》卷一)

【鄭淡泉論《詩》】鄭淡泉長於考索，其古言中所論經傳，於考究盡有詳密處，但於義理無所發明。獨言《詩》無《燕風》有《召南》，無《宋風》有《商訟》，《魯》亦然。《周南》，周未有天下時詩也，故不曰《雅》而曰《南》。此段甚好。（《四友齋叢說》卷一）

【古人用《詩》之例】《左傳》用《詩》，茍於義有合，不必盡依本旨，蓋即所謂引申觸類者也。余錄出數條示讀詩者，使知古人用《詩》之例。周鄭交質。君子曰：「信不由中，質無益也。」君子結二國之信，行之以禮，又焉用質？《風》有「采繁采蘋」，《雅》有「行葦泂酌」，昭忠信也。隨叛楚，楚伐之取成。君子曰：「隨之見伐，不量力也。」《詩》曰：「豈不夙夜，畏行多露。」杜注云：以喻違禮而行必有污辱，則凡違禮者皆然，而《詩》之用斯廣矣。孟明增修國政。趙成子言於晉曰：「秦師又至，必將避之。懼而增德，不可當也。」《詩》曰：「無念爾祖，聿修厥德。」孟明念之矣。（《四友齋叢說》卷二）

【《禮記》非出於漢儒】《禮記》一書，後人疑其出於漢儒附會，若《檀弓》《經解》諸篇是也。即《檀弓》所載，如孔子聞伯高之喪曰：「師，吾哭諸寢。朋友，吾哭諸寢門之外。所知，吾哭諸野。於野則已疏，於寢則已重，夫由賜也見我，吾哭之賜氏。」遂命子貢為之主而哭之，曰：「為爾哭也。」來者拜之，知伯高而來者勿拜也。又，子上之母死而不喪。門人問諸子思，子思曰：「為伋也妻者，是為白也母。不為伋也妻者，是不為白也母。」只此兩節，不但文章之妙非後人可及，求之典禮，亦豈後人所能議擬哉？（《四友齋叢說》卷二）

【《經解》非後人所能道】《經解》，世疑其非本經，或後人所撰。然所論諸經要旨，亦恐非後人所能道。縱出於漢儒，當時必有所本，必非出於鑿空杜撰者。諸篇不能盡述，聊舉此以例之耳。（《四友齋叢說》卷二）

【易於叛經】今之學者易於叛經，難於違傳。寧得罪於孔孟，毋得罪於宋儒。此亦可為深痼之病，已不可救療矣，然莫有能非之者。（《四友齋叢說》卷二）

【五經四書大全】太祖時，士子經義皆用注疏，而參以程、朱傳注。成祖既修《五經四書大全》之後，遂悉去漢儒之說，而專以程、朱傳注為主。夫漢儒去聖人未遠，學有專經，其傳授豈無所據？況聖人之言廣大淵微，豈後世之人單辭片語之所能盡？故不若但訓詁其辭而由人體認，如佛家所謂

悟入，蓋體認之功深，則其得之於心也固。得之於心固，則其施之於用也必不苟。自程、朱之說出，將聖人之言死死說定，學者但據此略加敷演，湊成八股，便取科第，而不知孔孟之書為何物矣。以此取士，而欲得天下之真才，其可得乎？嗚呼！（《四友齋叢說》卷三）

【論經術】朝廷求士之心，其切如此，而有司取士之術，其乖如彼。余恐由今之日以盡今之世，但用此輩布列有位，而欲致隆古之治，是猶以鴆毒愈疾，日就羸憊，必至於不可救藥而後已耳。嗚呼！惜哉！楊升庵云：「《注疏》所稱先鄭者，鄭眾也。後鄭者，鄭玄也。觀《周禮》之注，則先鄭與後鄭十異其五。劉向治《春秋》主《公羊》，劉歆主《左氏》，故有父子異同之論。由是觀之，漢人說經，雖天親父子，不苟同也。孔子以一貫傳道，而曾子以忠恕說一貫。曾子受業孔子作《大學》，而子思受業曾子作《中庸》，則知聖賢雖師弟子，亦不苟同也。今言學者摭拾宋人之緒言，不究古昔之妙論，始則盡掃百家而歸之宋人，又盡掃宋人而歸之朱子。謂之因陋就簡則有之，博學詳說則未也。噫，曾子、子思吾不得而見之矣，安得二鄭、二劉而與之論經術哉？」（《四友齋叢說》卷三）

【經義皆聖人精微之蘊】近時之人皆言祖宗以經義取士，恐不足以盡天下之才。又以為作古詩文甚難，經義直淺淺耳，此大不然。蓋經義皆聖人精微之蘊，使為古詩文，則稍有聰明之人，略加騶括，便能成章。若聖人之言，非有待於蘊藉真積之久，其何能以措一辭乎？況必有待於蘊藉真積，則利根之人，沉鬱既久，化輕俊為敦厚。鈍根之人，磨礪已深，矯頹惰為奮迅。故賢智者不見其有餘，愚不肖者不見其不足。蓋以養天下之才，正欲得其平而用之。愚以為，自漢以後，取士之科莫善於此。但今讀舊文字之人，一用則躁競之徒一切苟且以就功名之會。而體認經傳之人，終無可進之階。祖宗良法美意遂天淵矣，其流之弊一至於此，痛哉痛哉！（《四友齋叢說》卷三）

【體認經傳】夫用傳注以剿取科第，此猶三十年前事也，今時學者，但要讀過經書，更讀舊文字千篇，則取青紫如俯拾地芥矣。夫讀千篇舊文，即取青紫，便可榮身顯親，揚名當世。而體認聖經之人，窮年白首，饑凍老死，迄無所成。人何不為其易且樂，而獨為其難且苦者哉？人人皆讀舊文，皆不體認經傳，則五經四書可盡廢矣。嗚呼！有天下之責者，可不痛加之意哉！（《四友齋叢說》卷三）

【經術乃本根】有司以近來學者全不理會經傳，但讀舊文字以取科第，

近聞欲專以後場策論為主。嗚呼！是見樹木之枝幹盡蝕便欲拔其本根而去之。殊不知拔去本根，則枝幹將曷從生哉？夫經術所以經世務，故經術，本根也。世務皆由此出，不由經術而求世務之當，得乎？故今時但當嚴立科禁，一切學者有應臺試省試者，凡用舊文字之人，痛加黜罰。如能體貼聖人旨意，雖行文或未盡善，亦須曲為襃舉。庶幾可以挽回此風。然今之主司未必非讀舊文字之人，又安得此理會經傳者而為之辨識哉？（《四友齋叢說》卷三）

【經教日湮】朝廷於有關經術之書，當遍加訪求。士大夫一遇此類，亦須極力購之。若有力便當刻行，蓋去聖日遠，則經教日湮，而後之談經者將日下一日矣。縱有小疵，亦當過而存之，使後世學士猶可取以折衷。今小說雜家，無處不刻。何獨於經傳而靳惜小費哉？（《四友齋叢說》卷三）

【漢人說經皆有師法】漢人說經皆有師法，不泥文字。蓋於言句之外，自出意見而終不失本旨。世之所行，如焦贛《易林》、孔安國《尚書大傳》、韓嬰《詩外傳》大戴《禮》，是《經》之別傳，而皆可與之並行者也。較之後世，因文立義，泥而不通者，何啻天壤？今乃欲盡廢彼而從此，抑又何耶？（《四友齋叢說》卷三）

【本之經術以求實用】宋人說經，始於劉原甫。劉有《七經》小傳，言簡理暢，尚不失漢儒之意。余始得抄本，甚珍重之。後以與朱文石司成，已刻板於南太學。劉原甫又有《春秋權衡》一書，甚好。余有一冊乃宋板，今亦在文石處。宋世名賢如范文正公、歐陽公、呂晦叔、王介甫、司馬文正公、蘇東坡、黃山谷皆言學，但皆本之經術以求實用，不空談心性，此其所以為有用之儒耶？東坡云《春秋》之學，自有妙用，學者罕能理會。若求之繩約中，乃近法家者流，苛細繳繞，竟亦何用？惟丘明識其妙用，然不能盡談。微見端兆，欲使學者自見之。」（《四友齋叢說》卷三）

【學問皆有切實工夫】漢儒尚訓詁，至唐人作《正義》，而訓詁始蕪穢矣。宋人喜說經，至南宋人作傳注，而說經遂支離矣。黃山谷在當時不甚講學，然學問皆有切實工夫。又其言甚有理趣，如其言「以我觀書，則隨處得益；以書博我，則釋卷而已茫然」，宋儒亦甚稱之。余觀集中言論更有出此上者，今盡拈出以示後人。（《四友齋叢說》卷三）

【山谷】黃山谷《與蘇大通書》云：「既在官則難得師友，又少讀書之光陰。然人生竟何時得自在飽閒散耶？三人行必有我師，此居一州一縣求師法也。讀書光陰，亦可取之鞍乘間耳。凡讀書法要以經術為主。經術深邃，則觀

史易;知人之賢不肖,遇事得失易以明矣。」此皆切實近裏工夫,其言迥出宋儒之上。又云:「公家二父學術跨天下,公當得之多,輒復貢此,此運水以遺河伯者耶?」則大通乃東坡之子佇也……山谷又云:「讀書須精治一經,知古人關揵子,然後所見書傳,知其指歸,觀世故皆在吾術內。古人所謂膽欲大而心欲小,不以世之毀譽愛憎動其心。此膽欲大也;非法不言,非道不行,此心欲小也。文章乃其粉澤,要須探其根本。根本固則世故之風雨不能漂搖。古之特立獨行者,蓋用此道耳。」(《四友齋叢說》卷三)

【求經術之士】今朝廷若欲求經術之士,廟堂諸公集議行之,亦甚不難。蓋翰林院元設有五經博士,而翰林院亦有秀才名色,當精選深於經術者為博士,招集天下之能通經者皆隸焉,公家月廩餼之。日省月試,必待精深,然後官之,則庶乎可以廣求士之門。而學者競趨於經術,亦不長文詞浮豔之習,此選舉之佳事也。蓋祖宗元有此門,舉而行之,在當事諸公有意與無意耳。如欲訪求經術之人,當令各郡太守凡遇考滿之期,各選三四人自隨,如古之所謂計偕者,與之俱至京師,送禮部考選。如計偕之人,果能通經,即算任內功績。若非其人,舉主即加黜罰,其無者聽。然亦必以有無為殿最,或庶幾可望得人。(《四友齋叢說》卷三)

【良知工夫】陽明先生拈出「良知」以示人,真可謂擴前聖所未發。蓋此良知,即孔子所謂愚夫愚婦皆可與知者,即孟子所謂「赤子之心」,即佛氏所謂「本來面目」,即《中庸》所謂「性」,即佛氏所謂「見性成佛」。乃得於稟受之初,從胞胎中帶來,一毫不假於外,故其工夫最為切近。陽明既已拈出,學者只須就此處著力,使不失本然之初,便是作聖之功。其或雜以己私,則於夜氣清明之時反觀內照,而其虛靈不昧之天,必有赧然自愧者。因此漸漸克去,損之又損,而本體自無不具矣。又何必費許多辭說哉?夫講論愈多,則枝葉日繁,流派日廣。枝葉繁而本根萎,流派廣則源泉竭。岐路之多,楊朱之所以下泣也,其於理性何益哉?(《四友齋叢說》卷四)

【以學術殺天下】今世談理性者,恥言文辭。工文辭者,厭談理性。斯二者皆非也。蓋文以紀記政事,詩以宣暢性情,此古之文詞也。後世專工靡曼,若春花豔發,但可以裝點景象,於世道元無所補。及其浮豔之極,或至於導欲宣淫。若夫談理性則玄虛要眇,間有能反觀內照,則澄汰之功,於身心不無所補。然其靜默之極,遂至於坐忘廢務。夫宣淫導欲,過止一身;坐忘廢務,禍及家國,而況乎理性未易窺測。苟有毫釐之差,乃所謂以學術殺天下

者此也。則亦豈細故哉？故學者莫若留心於經術，夫經術所以經世務，而況乎成性存存之說。精一執中之傳，使後世最善談理性者，亦豈能有加於此哉？（《四友齋叢說》卷四）

【禪鑽】昔呂申公當國，申公好禪學，一時縉紳大夫競事談禪，當時謂之禪鑽。今之仕宦，有教士長民之責者，此皆士風民俗之所表率。苟一倡之於上，則天下之人群趨影附，如醉如狂。然此等之徒，豈皆實心向學，但不過假此以結在上之知，求以濟其私耳。澆競之風，未知所屆，既入其笠，又從而招之。在上諸公，恐亦不得逃其責也。（《四友齋叢說》卷四）

【空談亡國】晉人喜談玄虛，南宋諸公好言理性，卒之典午終於不兢。宋自理宗之後，國勢日蹙，而胡虜乘恤，得以肆其竊據之謀。故當時有識者云，遂使神州陸沉，王夷甫諸人不得不任其咎。宋人亦言不講防秋講《春秋》，蓋深以為失計也。此非所謂遊談妨務禍及家國者耶？或者晉宋當偏安之朝，人主無意恢復，而豪傑之士無以展其所抱，故退處里巷，講明學術以啟迪後進，固無不可。豈有當此盛朝，士地之廣，生聚之眾，政事之繁多，既委身於國受民社之寄，日勤職業，猶懼不逮，而乃坐麇廩祿，虛冒寵榮，終日空談，全廢政務，豈非聖世之所必誅者哉？（《四友齋叢說》卷四）

【處士橫議】心性之學，吾輩亦當理，蓋本源之地，理會得明白，則應事方有分曉；然亦只是自家理會，間所有得，則箚記之以貽同志可也。豈有創立門戶，招集無賴之徒，數百為群，亡棄本業，競事空談？始於一方，則一方如狂；既而一國傚之，則一國如狂；至於天下慕而傚之，則天下如狂。正所謂處士橫議，惑世誣民，即孔子所誅少正卯。所謂言辨而偽、行僻而堅者，正此類也。其何以能容於聖世耶？（《四友齋叢說》卷四）

【講學施於政術】我朝薛文清、吳康齋、陳白沙諸人亦皆講學，然亦只是同志。薛文清所著《讀書錄》，康齋、白沙俱有語錄。正門人箚記之以貽同志者，何嘗招集如許人？唯陽明先生從遊者最眾。然陽明之學自足聳動人，況陽明不但無妨於職業，當桶岡橫水用兵之時，敵人偵知其講學，不甚設備，而我兵已深入其巢穴矣。蓋用兵則因講學而用計，行政則講學兼施於政術。若陽明者真所謂天人，三代以後豈能多見？而後世中才，動輒欲傚之。嗚呼！幾何其不貽譏於當世哉？陽陽同時如湛甘泉者，在南太學時講學，其門生甚多。後為南宗伯，揚州儀真大鹽商亦皆從學。甘泉呼為行窩中門生，此輩到處請託，至今南都人語及之，即以為談柄。甘泉且然，而況下此者乎？宜乎

今之謗議紛紛也。(《四友齋叢說》卷四)

【聖人全體工夫】《中庸》尊德性章，此是聖人全體工夫。蓋德性乃吾所受於天之正理，尊者，所以體而全之也。若欲全此德性，必待問學以充之。問學而非廣大，則規模狹隘，將泥而不通，故必致廣大。廣大者，易至於闊略，故必盡精微。非高明，則志意沉滯，將鬱而不暢，故必極高明。高明者，常失於亢屬，故必道中庸。涵養尋繹，此溫故也。然於舊知之中，又能引申觸類，潛滋暗長，故曰知新。淳龐磅礴，此敦厚也。然於混淪之中，又能節目周詳，文理密察，故曰崇禮。工夫大約有此數者，然於數者之中初無差別，亦無漸次，必欲會其全功，又須打做一片，方是聖人之學。如何分做存心、致知兩截？又云，蓋非存心無以致知，而存心者又不可以不致知。此解支離破碎，全失立言之意。況曰日知日謹，加一日字，便有漸次之意在。(《四友齋叢說》卷四)

【高遠之蔽】楊升庵云：「騖於高遠，則有躐等憑虛之憂；專於考索，則有遺本溺心之患。故曰君子以尊德性而道問學，蓋高遠之蔽，其究也以六經為注腳，以空索為一貫，謂形器法度皆芻狗之餘，視聽言動非性命之理。所謂其高過於大學而無實，世之禪學以之。考索之蔽，其究也涉獵記誦，以雜博相高；割裂裝綴，以華靡相勝。如華藻之繪明星，伎兒之舞研鼓，所謂其功倍於小學而無用，世之俗學以之。」(《四友齋叢說》卷四)

【尋繹本文】余小時讀經書，皆為傳注纏繞，無暇尋繹本文，故於聖人之言茫無所得。今久不拈書本，傳注皆已忘卻。閒中將白文細細思索，頗能得其一二，乃知傳注害人亦自不少。(《四友齋叢說》卷四)

【經史原無所分】史之與經，上古元無所分。如《尚書》之《堯典》，即陶唐氏之史也。其《舜典》，即有虞氏之史也。《大禹》《皋陶謨》《益稷》《禹貢》，即有夏氏之史也。《湯誓》《伊訓》《太甲》《說命》《盤庚》，即有殷氏之史也。《泰誓》《牧誓》《武成》《金縢》《洛誥》《君牙》《君奭》諸篇，即有周氏之史也。孔子修書，取之為經，則謂之經。及太史公作《史記》，取之以為五帝三王紀，則又謂之史。何嘗有定名耶？陸魯望曰：「《書》則記言之史，《春秋》則記事之史也。記言記事，前後參差。曰經曰史，未可定其體也。」案《經解》則悉謂之經，區而別之，則《詩》《易》為經，《書》與《春秋》實史耳。及孔子刪定「六經」之後，天下不復有經矣。而周天王及各國皆立史官，如周有史佚、太史儋、內史過、內史叔興、叔服，虢有史嚚，衛有史華，

晉有史蘇、史狐、史墨，魯有史克，世掌史事而遂有專史矣。當時各國皆有史。《魯史》偶經孔子筆削，寓一王之法，故獨傳耳。漢興，司馬談、司馬遷世為太史令；東漢則班彪父子世領史職，而二氏卒能整齊漢事，成一家言。今亦與「六經」並行矣。後世雖代有紀言、紀事之官，然作史者又未必即若人也。今二十一代史具在，其得失是非可考而知也。至於近代之事，其世道之盛衰，人物之升降，風俗之隆替，皆史之流也。其大者，則領史職者載之。若夫識其小者，則不賢者之責也。故備錄以俟史氏之闕文，自五以至十四，共十卷。歷代之史，其不在十九代正史之數者，在古則有《帝王世紀》，在兩漢則有司馬彪《續漢書》、謝承《後漢書》、華嶠《後漢書》、袁山松《後漢書》，在魏則有魚豢《魏書》《江表傳》，在晉則有王隱《晉書》、臧榮緒《晉書》、陸機《晉書》、曹嘉之《晉書》《晉中興書》，在宋則有徐爰《宋書》。（《四友齋叢說》卷五）

【序六家要旨】《史記》序六家要旨，進道德，紬儒術，誠有如班孟堅所譏者。然其述六家之事，指陳得失，有若案斷，歷百世而不能易，又其文字貫串，累累如貫珠，粲然奪目。文章之奇偉，孰有能過此者耶？太史公作《五帝本紀》，其堯舜紀全用二典成篇。中間略加點竄，便成太史公之文。左氏之文□非不奇，但嫌其氣促耳。至《史記》季札觀樂一段，全用《左傳》語，但增點數字，而文字便覺舒徐。乃知此者胸中自有一副爐韝，其點化之妙不可言也。（《四友齋叢說》卷五）

【司馬遷憤激著書處】《史記》遊俠傳序論，此正是太史公憤激著書處。觀其言，以術取宰相卿大夫，輔翼世主，功名俱著者為無可言，而獨有取於布衣之俠。又以虞、舜井廩，伊尹鼎俎，傅說板築，呂尚賣食，夷吾、百里桎梏飯牛，以至孔子畏匡之事，以見緩急人所時有。世有如此者，不有俠士濟而出之，使拘學抱咫尺之義者，雖累數百何益於事？又引鄙語，何知仁義，已享其利者為有德，蓋言世之所謂有德者未必真有德也。故竊鉤者非，誅之是矣。而竊國者天下之大非也，則宜為誅首矣而為諸侯。夫為諸侯，則天下之為仁義者爭趨之。仁義所往遂謂之仁義，不復計其昔之大非矣。此不曰「侯之門仁義存」耶？故曰，已享其利者為有德。然則世之所是者，果真是耶？世之所非者，果真非耶？此正如莊子之俶詭博達，謬悠其說以舒其輕憤不平之氣。而世之不知者遂以為此太史公之莊語也。豈所謂癡人前說夢耶？（《四友齋叢說》卷五）

【百家衣】自唐以前諸史，唯《晉書》最為冗雜。正以其成於眾人之手也，此之謂百家衣、骨董羹。夫布褐雖至粗惡，然使其為完衣，則猶可適體。今或以布褐與錦綺雜綴成服，其得為觀美乎？蓋經五胡雲擾之後，晉事或多遺漏。而王隱之書，晉人元陋其淺鄙，唐之諸公遂以郭頒《世語》、劉義慶《世說新語》諸小說綴緝成書，其得謂之良史乎？（《四友齋叢說》卷五）

【欲刪改《宋史》】史至宋、元、遼、金四家而鄙猥極矣。余在南都時，趙大周先生嘗議欲刪改《宋史》，余以為非同志三四人不可。蓋列傳中有事不關於朝廷，又非奇偉卓絕之行，或武臣之業，非以勞定國以死勤事，而其功但在一方者，皆不得立傳。須削去數百人，其有一事或相關數人，而彼此互載重複太甚者，當盡數抹去。或一人傳中其一二事可錄，而因及他事有猥瑣不足紀載者，亦盡數抹去。然後以宋朝諸名公小說可以傳信者，以次添入，則庶乎其書可傳。大周深以為是。後大周以內艱去，余亦羈旅落拓，無可共事者，其事遂寢。（《四友齋叢說》卷五）

【「三楊」之中文貞最劣】楊文貞公之子，居家暴橫，鄉民甚苦之，人不敢言。王抑庵直是文貞同鄉且相厚，遂極言之。後文貞以展墓還家，其子穿硬牛皮靴青布直身，迎之於數百里外。文貞一見，以為其子敦樸善人也，抑庵忌其功名，妄為此語，大不平之。後事敗，鄉民奏聞朝廷，逮其子至京，處以重典。文貞始知其子之詐，然文貞猶以舊憾，抑庵在吏部十餘年終不得入閣者，人以為文貞沮之也。由前二事觀之，則「三楊」之中文貞為最劣矣。（《四友齋叢說》卷七）

【實錄率略】隆慶初政，獨纂修實錄一節殊為率略，恐後日不能無遺憾也。嘗記得小時，余年十六歲為正德辛巳，武宗昇遐。至次年壬午，世宗皇帝改元嘉靖，武宗好巡遊，其政跡本少，又世宗以藩王入繼，然猶差進士二員來南直隸纂修。二進士皆徐姓，余猶能記之。若世宗皇帝在位最久，又好講求典禮，故四十五年之中，其大建置大興革何所不有。況昔年海上如秦璠、王艮作耗，近來倭奴犯境，用兵兩次，其有功與死事之人以及冒破錢糧臨陣敗北者，何可枚舉。倘一時軍門奏報不實，或史局傳聞失真，專賴纂修官博採輿論，奏聞改正，庶為實錄。又如松江府分建青浦縣，其分建之由，必有所為。初建議者何人，後廢格不行者又何人，當建與否，博訪民間之論，一一修入，庶朝廷有所考據持循。何至建而廢，廢而復建，議論紛紜，漫無畫一哉？是皆纂修率略之故也。昔年纂修《武宗實錄》時，蘇州府聘楊儀部（循吉）主

之。楊長於修書，其立例皆有法。其所修有《吳郡纂修實錄志》一冊，舊是刻本，後毀於回祿，板不存矣。余聞世宗賓天，即多方購之。後得一本，甚喜，以為倘修實錄，其凡例據此為式可也。後聞不差纂修官，亦不聘問郡中文學掌故，但發提學御史。御史行郡縣，郡縣行學，學官令做，禮生秀才扭搵進呈，此是朝廷大典章，便差一纂修官所費幾何，乃靳惜小費，而使世宗四十五年大政令，與夫郡縣官師人物地方大事，不知寫作甚麼模樣也。(《四友齋叢說》卷八)

【還債討債】洪武間秀才做官，吃多少辛苦，受多少驚怕，與朝廷出多少心力，到頭來小有過犯，輕則充軍，重則刑戮，善終者十二三耳。其時士大夫無負國家，國家負天下士大夫多矣，這便是還債的。近來聖恩寬大，法網疏闊，秀才做官，飲食、衣服、輿馬、宮室、子女、妻妾多少好受用。幹得幾許事，事來到頭全無一些罪過。今日國家無負士大夫，天下士大夫負國家多矣，這便是討債的。夫還債、討債之說，固是佛家緒餘。然謂今日士大夫有負朝廷，則確論也，省之不能無愧。(《四友齋叢說》卷九)

【不失其赤子之心】吳少君曰：「蘭溪人言我金華深山中，此等人甚多。恐章文懿亦未足為異。」余語之曰：君所謂知其一不知其二也。夫豈謂今世無此輩人？蓋人生之初，其本來面目無不如此。但一讀書知事，涉於世網，富貴之心一動其中，則無所不至。而本然之初毫髮無復存矣。故山中時有此等人。君試言仕宦中如此等者有幾人哉？孟子曰：「大人者不失其赤子之心者也。」唯大人而不失赤子之心，此其所以可貴耳。(《四友齋叢說》卷十)

【蘇州有個沈石田】吳匏庵為吏部侍郎時，蘇州有一太守到京朝覲。往見匏庵，匏庵首問太守曰：「沈石田先生近來何如？」此太守元不知蘇州有個沈石田，茫無所對。匏庵大不悅曰：「太守一郡之主，郡中有賢者尚不能知，餘何足問？」此猶是盛朝事。若在今日，則舉朝訕笑，以為迂妄不急矣。(《四友齋叢說》卷十)

【以九徵論人】朝廷之官莫重於冢宰。冢宰賢，則百司得職，而天下之事理矣。余觀中世以下，士鮮全才。其嚴於律己者，每傷於刻；其寬以應物者，常失之通。聰明者，見事速而短於持循；敦篤者，守法堅而缺於裁變；遲鈍之士，可以固而有常；佻狡之徒，亦能權以濟事。苟當其材，則尺寸之木皆適於用。若違其任，則雖合抱亦無所施。故必有崔琰、毛玠之公，山巨源之識，然後可以無憾。魏劉劭作《人物志》，以「九徵」論人。其言曰：「凡人之

質量，中和最貴矣。中和之質，必平淡無味，故能調成五材，變化應節。是故觀人察質，必先察其平淡，而後求其聰明。聰明者，陰陽之精。陰陽清和，則中睿外明。聖人淳耀，能兼二美，自非聖人莫能兩遂。故明白之士，達動之機而暗於玄慮。玄慮之人，識靜之原而困於速捷。」若官人者，能以劉劭之言參之，則庶乎司其契矣。(《四友齋叢說》卷十三)

【論海瑞】海剛峰不怕死，不要錢，不吐剛茹柔，真是錚錚一漢子。但祇是有些風顛，又寡深識，動輒要煞癖，殊無士大夫之風耳。○海剛峰第一不知體，既做巡撫，錢糧是其職業，豈有到任之後，不問丈田均糧，不清查糧裏侵收，卻去管閒事？○海剛峰之意無非為民。為民，為朝廷也，然不知天下之最易動而難安者，人心也。刁詐之徒，禁之猶恐不緝，況導之使然耶？今習詐得志，人皆效尤。至於亡棄家業，空里巷而出，數百為群，闔門要索，要索不遂，肆行劫奪。吾恐更一二年不止，東南之事必有可言者。幸而海公改任，此風稍息。然人心動搖，迄今未定也。○海剛峰愛民，只是養得習惡之人。若善良百姓，雖使之詐，人尚然不肯，況肯乘風生事乎？然此風一起，士夫之家，不肯買田，不肯放債；善良之民，坐而待斃。則是愛之實陷之死也，其得謂之善政哉？○海老既去之後，復有辯本，疏中言今滿朝皆婦人也。其言雖為切直，然豈可謂秦無人？夫卿相則雍雍，百僚則侃侃，古盛朝事也。豈有滿朝之人，終日忿忿，為足以了公家事耶？且大臣去國，固自有道。豈有既斥之婦，依棲門庭，但去尋鬧？古無此事，亦是不識體耳。(《四友齋叢說》卷十三)

【土崩瓦解之勢】余謂正德以前，百姓十一在官，十九在田，蓋因四民各有定業。百姓安於農畝，無有他志。官府亦驅之就農，不加煩擾。故家家豐足，人樂於為農。自四五十年來，賦稅日增，由役日重，民命不堪，遂皆遷業。昔日鄉官家人亦不甚多，今去農而為鄉官家人者已十倍於前矣。昔日官府之人有限，今去農而蠶食於官府者五倍於前矣。昔日逐末之人尚少，今去農而政業為工商者三倍於前矣。昔日原無游手之人，今去農而游手趁食者又十之二三矣。大抵以十分百姓言之，已六七分去農。至若太祖所編戶口之數，每里有排年十人分作十甲。每甲十戶，則是一里總一百戶。今積漸損耗，所存無幾。故各里告病而有重編里長之說，則當就其中斟酌損益，通融議處，或並圖可也，或以富貴者僉替可也。今一甲所存無四五戶，復三四人朋一里長，則是華亭一縣，無不役之家，無不在官之人矣。況府縣堂上與管糧官四

處比限，每處三限，一月通計十二限；則空一里之人，奔走絡繹於道路，誰復有種田之人哉？吾恐田卒汙萊，民不土著，而地方將有土崩瓦解之勢矣。可不為之寒心哉？（《四友齋叢說》卷十三）

【經緯二冊之說】余始創為經緯二冊之說，今亦採用之。但當時不曾講求，失其初意。蓋經冊是戶冊，即太祖黃冊，以戶為主而田從之，戶有定額，而田每年有去來。緯冊乃田冊也，以田為主而戶從之，田有定額，而業主每歲有更革。田有定額，則糧有定數。每年只將經冊內各戶平米總數合著緯冊內田糧總數，照會計輕重派糧，則永無飛走陷匿之弊矣。（《四友齋叢說》卷十四）

【沿海屯田防守】沿海防守之處，起自吳淞。所歷川、沙、南、匯、青村、柘林，而西抵金山衛營堡，凡五處，中間所設之兵，雖多寡不同，大率每處五百名。五處總二千五百名，亦有稍多之處，大約不出三千名。每名月給銀八錢，則一年總計兵餉銀三萬兩矣。但所募之人皆非土著，恐一朝有事，人皆瓦解？此其所可慮者一也。每領兵餉，則吏胥隊長蠶食其中，而兵無實惠，此其所可慮者二也。兵人坐食兵銀，漸成驕惰，散操之餘，游手生事，因而亂法，此其所可慮者三也。常年春汛之後，五百之兵革去其半，待來春重募，亦為重惜兵餉也。然每年新兵，教習武藝，亦自不易，況革去之人，素習驕悍，不能保其無他，此其所可慮者四也。今海上無警，宿兵無用之地，而每年秋糧中加派銀數萬，使百姓坐而待困，此其所可慮者五也。故為今之計，莫善於屯田。（《四友齋叢說》卷十四）

【尋前輩舊事】余最喜尋前輩舊事。蓋其立身大節，炳如日星，人人能言之；獨細小者人之所忽，故或至於遺忘耳。然賢者之一嚬一笑，與人自是不同。嘗觀先儒，如司馬文正公《涑水紀聞》、范蜀公《東齋日記》、邵氏《聞見錄》、朱弁《曲洧舊聞》與諸家小說，其所記亦皆一時細事也。故余於前輩之食、息、言、動，雖極委瑣者，凡遇其子弟親舊，必細審而詳扣之，必欲得其情實。況識其小者，又不賢之責也。（《四友齋叢說》卷十五）

【嚇得邵寶撒尿】劉瑾擅國日，邵二泉先生與同官一人以公事往見。此人偶失劉瑾意，瑾大怒，以手將桌子震地一拍，二泉不覺蹲倒，遺溺於地。二泉甫出，而蘇州湯煎膠繼至。瑾與湯最厚，常以兄呼之。瑾下堂執湯手而入，因指地下濕處語湯曰：「此是你無錫邵寶撒的尿。」蓋二泉本正人，但南人惟怯，一震之威乃可至此。則《宋史》載楊文公便液俱下事，庸亦有之。然楊公

亦正人也。人言瑾元無反謀，只此一事，雖族滅亦豈為過。此事聞之王雅宜。（《四友齋叢說》卷十五）

【中山狼傳】李空同與韓貫道草疏，極為切直。劉瑾切齒，必欲置之於死，賴康澣西營救而脫。後澣西得罪，空同議論稍過嚴刻，馬中錫作《中山狼傳》以詆之。（《四友齋叢說》卷十五）

【衡山作《語林序》】余求衡山作《語林序》，序中曰：「元朗貫綜深博，文詞粹精。其所論撰，偉麗宏淵，自足名世。此特其緒餘耳。輔談式藝，要不可以無傳也。」先生方嚴質直，最慎與可。苟非其人，必不肯輕許一字。某誤蒙獎飾，實為過當。故每自砥礪，期以無負先生知人之明，乃今筋力衰憊，竟無可稱。每一思之，面赤髮汗。（《四友齋叢說》卷十五）

【此真蹟也】衡山精於書畫，尤長於鑒別。凡吳中收藏書畫之家，有以書畫求先生鑒定者，雖贗物，先生必曰：「此真蹟也。」人問其故，先生曰：「凡買書畫者必有餘之家。此人貧而賣物，或待此以舉火。若因我一言而不成，必舉家受困矣。我欲取一時之名，而使人舉家受困，我何忍焉？」同時有假先生之畫求先生題款者，先生即隨手書與之，略無難色。則先生雖不假位勢，而吳人賴以全活者甚眾。故先生年至九十而聰明強健如少壯人。方與人書墓誌，甫半篇，投筆而逝。無痛苦，無恐怖，此與屍解者何異，孰謂佛家果報無驗耶？（《四友齋叢說》卷十五）

【蘇州士風】吾松江與蘇州連壤，其人才亦不大相遠。但蘇州士風，大率前輩喜汲引後進，而後輩亦皆推重先達。有一善，則褒崇讚述無不備至，故其文獻足徵。吾松則絕無此風，前賢美事皆湮沒不傳，余蓋傷之焉。今據某聞見所及，聊記數事，恨不能詳備也。（《四友齋叢說》卷十六）

【不負初志】風俗日壞，可憂者非一事。吾幸老且死矣，惟顧念子孫，不能無老嫗態。吾家本農也，復能為農，上策也。杜門窮經，應舉聽命，次策也。捨此則無策矣。吾兒玄之，略涉經史，樂親善人，似可與進者。第其性不諧俗，故歸而結廬海上，修我耒耜，期不失先人素業耳。舊有一春聯云：「誦詩讀書，由是以樂堯舜之道；耕田鑿井，守此而為羲皇之民。」廬成，攜子孫同處其中，尤不負初志。但時事慘惡，恐不能逸此暮景也。（《四友齋叢說》卷十八）

【孔子之學最正】自「六經」之外，世之學者各以其道術名家。雖《語》《孟》《學》《庸》皆子也，但孔子之學最正。而其言與「六經」相參，當與

「六經」並行矣。若曾子、子思、孟子，親得孔氏之傳。而《大學》《中庸》《孟子》三書，則《論語》之翼也，故今世亦與《論語》並行。自餘枝分派別，太史公定著為六家，則道德、儒、墨、名、法、陰陽六者是也。後此枝漸繁，流漸廣，益以縱橫、兵、農、醫、卜之類，又別為九流。而其目遂不可勝舉矣。余取其最著者論之。仲長統有言：「百家雜碎，請用從火。」雖無識焉，可也。凡子之類自十九至二十，共二卷。（《四友齋叢說》卷十九）

【進道德而黜儒術】太史公論六家要旨，其言道家曰：「其為術也，因陰陽之大順，採儒、墨之善，撮名、法之要；與時遷移，應物立變；化俗施事，無所不宜。」指約而易操，事少而功多，則尊之也至矣，故班固譏其進道德而黜儒術。然孔子之所欲明者亦道也，謂之曰道，正合尊之。夫所謂道云者，如黃帝、廣成子之類皆是也。今世並不傳其說，獨老子《道德》五千言，翼以《莊子》一書，遂與「六經」並行，謂之三教，歷萬世而不滅，則亦何可輕議之哉？（《四友齋叢說》卷十九）

【博大真人】《莊子》蓋本於《老子》，則知老子者宜莫若莊子矣。《莊子·天下篇》其論諸家道術，則以關尹與老子並列。其言曰：「以本為精，以物為粗，以有積為不足，澹然獨與神明俱。」古之道術有在於是者，關尹、老聃聞其風悅之。建之以常無有，主之以太一。以濡弱謙下為表，以空虛不毀萬物為實。關尹曰：「在己無居，形物自著。其動若水，其靜若鏡，其應若響。芴乎若亡，寂乎若清。同焉者和，得焉者失。未嘗先人，而嘗隨人。」老聃曰：「知其雄，守其雌，為天下谿。知其白，守其黑，為天下谷。人皆取先，己獨取後，曰受天下之垢。人皆取實，己獨取虛，無藏也故有餘。」巋然而有餘，其行身也徐而不費。無為也而笑，巧人皆求福，己獨曲全，曰苟免於咎。以深為根，以約為紀，曰堅則毀矣，銳則挫矣。常寬容於物，不削於人，可謂至極。關尹、老聃乎？古之博大真人哉！（《四友齋叢說》卷十九）

【升菴為莊子文飾】楊升庵云：「莊子，憤世嫉邪之論也。人皆謂其非堯舜、罪湯、武、毀孔子，不知莊子矣。莊子未嘗非堯舜也，非彼假堯舜之道而流為之噲者也；未嘗罪湯、武也，罪彼假湯、武之道而流為白公者也；未嘗毀孔子也，毀彼假孔子之道而流為子夏、子張氏之賤儒者也。」此升菴為莊子文飾。然莊子本意實不如此。蓋莊子之論，恢譎博達，自有此一種道術，又何必與之文飾？文飾而莊子之意蠱矣。孰謂升菴為知莊子者哉？（《四友齋叢說》卷十九）

【四民】《管子》以為士、農、工、商四民者，國之石民也，不可使雜處，雜處則其言吪其事亂。是故聖王之處士必於閒燕，處農必於田野，處工必於官府，處商必就市井。使旦暮從事於此以教其子弟，少而習焉，其心安焉，不見異物而遷焉。是故其父兄之教，不肅而成。其子弟之學，不勞而能。嗚呼，由今之世，苟四民皆有定業，則民志定矣。民志定，而天下有不治者乎？（《四友齋叢說》卷二十）

【慎子啟坑儒之禍】《慎子》曰：「法之功莫大使私不行，君之功莫大使民不爭。今立法而行私，是與法爭，其亂甚於無法。立君而尊賢，是賢與君爭，其亂甚於無君。故有道之國，法立則私善不行。君立則賢者不尊。民一於君斷法，國之大道也。」慎子之言如此，而莊子以概乎皆嘗有聞許之。余觀其說，大率李斯之柄秦，用此道也。夫其說固自有此種道理。故人之生性刻急而速於就功者，不覺入於其中。然言法立而行私是與法爭者是矣。至以尊賢為賢與君爭者，是何等語耶？李斯信之，遂啟坑儒之禍。嗚呼，此所謂以學術殺天下者，非耶？（《四友齋叢說》卷二十）

【慎子微言】余觀慎子之書，亦有切實最關於治理處。其言曰：「投鉤分財，投策分馬，非以鉤策為均也。欲使得美者不知所以德，得惡者不知所以怨，此所以塞怨望也。故著龜，所以立公言也。權衡，所以立公正也。書契，所以立公信也。法制禮籍，所以立公義也。凡立公，所以棄私也。」真可謂善於言名者矣。（《四友齋叢說》卷二十）

【醫家深明陰陽】醫家，如《素問》《中內經》與《靈樞經》之類，蓋深明於陰陽之數，而深文隱義，亦非後人可及。縱不出於岐伯雷公，或者是秦越人倉公所傳，而本之於岐伯雷公者也。其次則《八十一難》，亦皆古先聖賢之書，皆能知氣運之流變，血脈之盛衰，病因之淺深，治療之先後。必能知此，則處方投劑可以取效。今世但以朱丹溪為儒醫，學醫者皆從此入門，而不知《素》《難》為何物矣。正如學者不體認經書，但取舊人文字模仿成篇，欲取科第，亦有幸而偶中者，然學者以誤國，醫以殺人。其禍亦豈小小哉？（《四友齋叢說》卷二十）

【三教優劣】列儒、釋、道為三教，不知起於何時。嘗觀北齊時，有問三教優劣於李士謙者，士謙曰：「佛，日也；道，月也；儒，五星也。」問者不能難。又唐時凡皇帝萬壽節，則擇吾儒中之有慧辯者，與和尚道士登壇設難，則是其來已千二百年矣。夫歷千二百年以至今日，而其教卒不能滅者，是豈

欲滅之而不能，將無能之而其道自不可滅耶？黃山谷言：「王者之刑賞，以治其外。佛者之禍福，以治其內。蓋必有所取焉耳。」孔子曰：「人能弘道，非道弘人。」然釋教之所以大明於世者，亦賴吾儒有以弘之耳。（《四友齋叢說》卷二十一）

【佛教行於中國】佛氏之教，自東漢末流入震旦，遂芽蘗於此矣。其初猶未蔓延，然其道實清虛玄遠。士君之子性資高曠，易為所染，不覺浸浸入於其中。至典午氏，一時諸勝流輩喜談名理，而佛氏之教奕奕玄勝，故競相宗尚。如王丞相父子、謝太傅叔姪、劉尹、王長史、郤嘉賓、許玄度諸人，與支道林竺法深法汰於開法高座法岡諸道人，往復論難，研核宗本。其理愈為精深，而佛教始大行於中國矣。（《四友齋叢說》卷二十一）

【性命雙修之說】今世方士，大率創為性命雙修之說以哄人，而士大夫往往信之。夫佛氏以寂滅為樂，固不待論。即道家亦有一具臭骨頭如何立功課之語。蓋此身乃四大假合，畢竟歸於空寂。經云：「四大各離。」今者妄身當在何處，不知今世人要將此臭皮囊放在何處去？（《四友齋叢說》卷二十二）

【佛氏證果】佛氏證果，止於三乘。而道家所從入者，其門甚多，世傳有三千六百家。蓋劍術、符水、服金丹、御女、服日精月華、導引、辟穀、搬運、飛精、補腦、墨子服氣之類皆是，不可以一途限也。總之大道惟一而已，其餘則謂之仙，縱或得成，亦只是幻，佛氏之所甚不取者。經云：離幻即覺，亦無漸次。如是修行，則能永離於幻。乃知佛家之覺，正照幻之慧燈，破幻之法劍也。今人以幻為覺，則是認賊為子，其去大道不知幾萬由旬矣。（《四友齋叢說》卷二十二）

【輿馬】《四友齋叢說》中記前輩服官乘驢者，在正、嘉前乃常事，不為異也。頃孫家宰丕揚嘗對人言：「其嘉靖丙辰登第日，與同部進士騎驢拜客，步行入部。」先伯祖亦言隆慶初，見南監廳堂官，多步入衙門，至有便衣步行入市買物者。今則新甲科輿從烏奕長安中，首宿冷官，非鞍籠、肩輿、腰扇固不出矣。又景前溪中允為南司業時，家畜一牝騾，乘之以升監，旁觀者笑之亦不顧。今即幕屬小官，絕無策騎者，有之，必且為道傍所揶揄。憶戊戌、己亥間，余在京師猶騎馬，後壬寅入都，則人人皆小輿，無一騎馬者矣。事隨時變，此亦其一也。（顧起元《客座贅語》卷七）